#APPeal
Il fascino della rete
Tesi sul mondo del gioco nel ventunesimo secolo

#APPeal
Il fascino della rete
Tesi sul mondo del gioco nel ventunesimo secolo

Matteo Copia

2019

First Printing: 2019

ISBN <978-1687768599>

Bergamo, Italia, 24126

www.matteocopia.it

Ai miei figli,
che possano fare del gioco un'occasione per sbucciarsi le
ginocchia, cadere e rialzarsi grazie alla mano di un amico.

SOMMARIO

Questo lavoro è nato dalla mia esperienza personale e professionale maturata sul tema delle frequenti distorsioni comportamentali dei giovani e, nello specifico degli adolecenti, sul web. La tesi ha l'obiettivo di presentare detto fenomeno, ancora troppo poco indagato, seppure riguardante un'alta percentuale dei nostri teenagers.

L'elaborato, infatti, passa in rassegna, categorizza e spiega le più diverse manifestazioni di autolesionismo, più o meno lievi, che derivano nella maggior parte dei casi da una percezione distorta che i ragazzi hanno di sé. A generarla, purtroppo, e ad acuirla, una società che ha fatto del corpo un'icona dominante, mercificata a discapito di quelle qualità psicologiche che rendono una persona, ciascuna persona, unica e irripetibile.

Ho analizzato i risultati di diversi laboratori educativi con gli adolescenti e avviato una riflessione partendo da attività che liberano la loro parte interiore per restituirci le emozioni più autentiche. Su queste costruiamo insieme un percorso che li guida a riconoscersi opere d'arte originali, con tutti i loro pregi e anche qualche difetto che, se accettato ed elaborato, li renderà più forti e accrescerà la loro autostima. È un lavoro complesso, non privo di ostacoli, ma per loro fondamentale affinché possano riconoscersi in un modello nuovo, perfettibile e non falsamente perfetto. Per questi ragazzi il corpo ha un ruolo centrale nel loro sviluppo, condizionato dall'ambiente circostante che oggi comprende, oltre alla famiglia, alla scuola e alla comunità, anche la rete con la possibilità di infinite connessioni con altri attraverso i socialnetworks (Snapchat, Instagram soprattutto) e le applicazioni di messaggistica istantanea (WhatsApp).

Per questi giovani in crescita, la cui personalità è ancora

fragile e in via di formazione, il bisogno di approvazione si trasferisce dalla sfera privata a quella pubblica alla velocità di un clic. Qui nasce allora quel messaggio distorto che spesso li annienta.

La e-generation, come significativamente definita da Maura Manca, senza confini e senza limiti, condivide tutto, ogni giorno, in ogni momento, e il quotidiano reale si mescola al quotidiano virtuale in una perdita progressiva della consapevolezza della propria intimità. Così quel "mi piace" diviene necessario, atteso, imprescindibile; da esso dipende l'auto-stima; da esso passa l'accettazione di sé oppure... la negazione.

Negli ultimi anni molti ragazzi sono stati coinvolti nei percorsi di sensibilizzazione e prevenzione del bullismo e molti di essi hanno raccontato le loro storie di dolore: la sistematica prevaricazione diventa insopportabile al punto da creare quel bisogno di "farsi male" per smettere di sentire quel dolore più grande, più forte. Quel dolore che viene da dentro e non tace mai. Quasi a significare che nella sofferenza fisica potessero ritrovare la pace.

Per molti di loro vedere quel sangue scorrere è un sollievo: un dolore concreto, ma anche circoscritto. Così per un numero impressionante di giovani, già offesi, vilipesi e spesso picchiati, tagliarsi i polsi, le cosce, le braccia diventa l'unica distrazione possibile. Come Francesco, che in un messaggio ci scrive: «adesso mi taglio un po' e si sistema tutto».

Dentro questo atto diretto a ferirsi, intenzionalmente, c'è un urlo disperato, un grido arrabbiato. E noi adulti di riferimento, genitori, educatori, insegnanti, allenatori, siamo chiamati ad ascoltarlo. E tempo di tornare ad assumerci la responsabilità educativa, perché li abbiamo lasciati soli troppo a lungo. Abbiamo costruito una società dell'effimero, in cui l'Altro non esiste più, se non in funzione di ciò che dà: un "mi piace", un "cuoricino". Abbiamo dimenticato l'empatia, abbiamo scordato di essere gentili.

Questi valori meritano più attenzione e devono essere ripresi per essere tramandati. I nostri ragazzi hanno bisogno di noi.

È venuto il tempo di sollecitare un cambiamento culturale per ridare fiducia a una generazione che non è solo di "sdraiati" sempre connessi. Piuttosto domandiamoci perché alcuni di loro lo siano diventati. Ricominciamo invece ad attivare il dialogo con loro, disponendoci all'ascolto con interesse e desiderio di conoscerli meglio. Se muteremo il nostro sguardo scopriremo una ricchezza infinita che si fa, per noi adulti, risorsa e, per i nostri ragazzi, speranza.

Ma qual è il filo comune che collega questo esercito di "sdraiati", la rete e i socialnetworks al marketing? Ciò che l'elaborato si prefigge è lo studio dell'isolamento sociale, la sovrapposizione della realtà virtuale a quella concreta e palpabile, l'immedesimazione nel proprio avatar e con essa la quotidianità della rete con scelte, notizie, gusti, gruppi, influenze e tendenze appartenenti a quel mondo "2.0" che si insinua violentemente nei nostri ricordi degli anni '90.

IL CORPO E LE SUE MODIFICAZIONI: TRA REALE E VIRTUALE

L'uso del corpo nella società moderna

La società moderna ha rivolto sempre più attenzione all'immagine corporea tanto che gli stessi media hanno contribuito a rendere il corpo, una sorta d'icona che domina rispetto alle caratteristiche psicologiche di una persona (Spurr et al, 2013). Nel corso del tempo sono stati consacrati modelli estetici e canoni di bellezza che hanno coinciso con la possibilità di accedere al successo, alla popolarità, alla fama e alla realizzazione personale.

Il corpo rappresenta un potente strumento di comunicazione, il veicolo del nostro "essere nel mondo", luogo di espressione di aspetti personali, stati emotivi, ma anche di bisogni e sofferenze (Merleau-Ponty, 1945). Attraverso il canale non verbale, con il tono di voce, le espressioni del volto, la postura, i movimenti, i gesti e l'aspetto esteriore, il corpo comunica molto di sé (Argyle, 1972; Ekman & Friesen, 1978).

Talvolta esso costituisce il luogo privilegiato tramite il quale dar voce a conflitti e difficoltà evolutive; può essere utilizzato, quindi, come narratore di sé stessi e, in alcuni casi, come portavoce di problematiche profonde e disagi.

Il corpo rappresenta anche un mezzo attraverso cui affermare sé stessi, esprimersi, distinguersi, accrescere e rafforzare la propria autostima, specialmente in una fase evolutiva o di cambiamento in cui la persona ha bisogno di scoprire o ritrovare sé stessa (Armstrong et al., 2004; Prunas

& Sarno, 2006). Il corpo assume un ruolo estremamente centrale e delicato durante tutte le tappe dello sviluppo, ma in particolare durante la fase adolescenziale, che rappresenta un periodo di grandi trasformazioni e di strutturazioni a livello corporeo, cognitivo e identitario. Il giovane si trova, infatti, a dover fronteggiare cambiamenti importanti, che contribuiscono a definirne l'identità e l'adattamento sociale (Bbs, 1971).

Il linguaggio del corpo, la tendenza a modificarlo, a plasmarlo secondo i propri desideri, si propone quindi come lo strumento elettivo di espressione di un'identità individuale e collettiva. L'adolescenza è l'età del cambiamento, del contrasto e della contraddizione. È in questa fase che avvengono i maggiori cambiamenti corporei, in cui l'adolescente cerca di conquistare il suo posto nel mondo mentre, al contempo, si trova a gestire le diverse difficoltà determinate dalle trasformazioni che si manifestano, sia sul piano psicologico che su quello fisico. Gli eventi della crescita puberale, associati all'emergere di pulsioni, rappresentano un momento di crisi nella percezione della propria immagine corporea (Fagandini & Ricciutello, 2007).

Lo sviluppo biologico è quello più evidente: il corpo acquista una posizione centrale nello scenario mentale dell'adolescente, a causa delle modificazioni somatiche, sessuali e psicologiche. Il passaggio da bambino a uomo o donna risulta evidente all'esterno, a causa delle nuove forme e l'aspetto che il corpo stesso acquisisce. Si tratta di trasformazioni e di cambiamenti che, sul versante psichico, determinano una tempesta di emozioni e sensazioni nuove, con cui il ragazzo non solo deve confrontarsi, ma che deve anche elaborare e far proprie, integrandole nell'IO, favorendo un'identità solida con dei tratti di personalità stabili. Il corpo che cambia comporta una trasformazione globale: l'adolescente si ritrova, in un lasso di tempo molto ristretto, a vivere in una "pelle" diversa da quella precedente e deve fare i conti con una nuova e sconosciuta immagine di sé.

Inizialmente, quindi, l'approccio alla conoscenza e all'esplorazione dei cambiamenti fisici legati al proprio sviluppo può essere caratterizzata da un profondo senso di estraneità e confusione (Crocetti & Agosta, 2007). Aumenta in questo periodo l'interesse degli adolescenti per il lato più esteriore ed estetico, quello con cui si entra in relazione con il mondo, il peso e l'aspetto esteriore, a cui viene dato un significato nuovo e che viene investito di vissuti più intensi rispetto a quanto non accadesse in precedenza.

La cura per la linea, il valore della magrezza, l'ideologia delle diete, costituiscono un moderno mito collettivo (Spina, 2014). Essendo l'individuo immerso e influenzato dal contesto relazionale e culturale in cui cresce, il suo sviluppo risulta fortemente condizionato dall'ambiente che lo circonda, dai valori da esso esaltati e dai modelli proposti.

L'adolescente, infatti, si arricchisce dell'immagine che vede riflessa negli altri e il bisogno di approvazione, un tempo soddisfatto dai genitori, si rivolge in questa fase al gruppo dei pari, all'ambiente sociale, costituito ormai anche dalla rete e dai social network (Spurr et al., 2013; Boyd, 2014; Suisman et al., 2014).

Il corpo ai tempi dei socialnetwork di WhatsApp: teatro
dell'esuberanza giovanile

Nella società attuale si assiste ad un forte investimento sul corpo, sulla sua immagine e sulle diverse rappresentazioni di esso, fino ad esaltare all'estremo il suo potere all'interno della cultura occidentale. Tale dinamica, scontrandosi con il desiderio di affermazione sociale, ha portato all'enfatizzazione della corporeità che corrisponde ad un'imposizione dell'aspetto fisico su qualsiasi altra caratteristica, fino alla strumentalizzazione di esso (Davis & Gardner, 2014).

La sessualizzazione precoce, ad esempio, è un tema ricorrente dei nostri giorni. Negli ultimi anni, sono sempre più numerosi i genitori che mettono in mostra il corpo dei figli, esponendoli fin da bambini ad una condizione non idonea alla loro età e al loro sviluppo. Online si trovano immagini di bimbe riprese con vestiti e trucchi da adulte, anche in posizioni sensuali e totalmente inappropriate per l'età; basti vedere anche i video o le serie televisive presenti nel Web dove le "baby adulte" imitano con trucco, abbigliamento e movenze, attrici e soubrette. Ormai anche i centri estetici offrono servizi rivolti alle bambine, ovviamente accompagnate dai genitori, che tra uno zucchero filato e una caramella, si rifanno le unghie, la pedicure, per assomigliare ai modelli televisivi di riferimento. L'aspetto più drammatico di questa tendenza è la completa valenza diseducativa basata su un messaggio completamente distorto: apparire significa successo, fama, notorietà e magari anche guadagno senza fatica.

Le norme, gli ideali, i valori della cultura dominante, inoltre, delineano gli standard di bellezza che condizionano la percezione del proprio corpo sin dall'infanzia. In adolescenza, poi, l'attenzione viene sempre più incentrata sugli aspetti manifesti ed estetici, sul gradimento che il gruppo dei coetanei esprime, sul grado di successo raggiunto nell'essere ammirati e desiderati, anche e soprattutto sui social networks.

La e-generation o generazione hashtag è una generazione senza limiti e confini basata sulla condivisione di tutto, compreso il quotidiano, perdendo la differenziazione tra "pubblico" e "privato" (Manca, 2016). La vita privata diventa accessibile a tutti, viene pubblicata ogni tipo di immagine sul social network, da quando ci si lava, a quando ci si cambia nella propria stanza. Ci sono ragazzi che arrivano a fotografare ogni istante della loro giornata, del loro sviluppo, della crescita rischiando, in questo modo, di perdere l'aderenza con il mondo reale. Stiamo assistendo all'annientamento del concetto di intimità, tutto è in vetrina e sottoposto alla severa valutazione della macchina dei "mi piace" o dei "non mi piace". Tanti like, tante approvazioni che, per chi come loro vuole vivere esposto, accrescono l'autostima, la popolarità e quindi la sicurezza. Ovviamente, vale anche il contrario: commenti dispregiativi, pochi like, condizionano l'umore e l'autostima in negativo e, in alcuni casi, hanno anche favorito gesti estremi, come il suicidio (Manca, 2016).

Si condivide tutto anche attraverso la messaggistica istantanea con la quale i ragazzi della generazione digitale comunicano tra loro e con i familiari, districandosi tra comunicazioni individuali e di gruppo, composte da pochi o tanti elementi, tra cui famiglia, classe, sport, scuola e quant'altro.

Un problema di questi ultimi tempi è legato anche alla condivisione dei selfie, scattati nei modi più variegati, per garantirsi l'unicità e diventare popolari, e talvolta anche pericolosi, provocando numerosi feriti e morti tra gli adolescenti.

In seguito alla sproporzionata espansione dei selfie sui social network in tutte le loro varianti, si stanno diffondendo nel Web anche delle social mode o challenge piuttosto pericolose, in particolare per il rinforzo di problematiche legate alla condotta alimentare, soprattutto nelle ragazze giovanissime, a partire dai 10-11 anni.

Queste mode favoriscono l'effetto contagio, soprattutto in un'età, come quella adolescenziale, in cui i ragazzi sono alla ricerca della propria identità e autonomia, si identificano con facilità in modelli, amici e idoli e investono tutto sul corpo, utilizzato spesso come strumento per esprimere e comunicare quel che si prova e si vive nel mondo interno.

Sono numerose le social mode che dilagano nel Web legate alla *thinspiration* o "ispirazione alla magrezza", da thin "magro" e inspiration "ispirazione". Diffuse in rete negli ultimi tempi, con effetto contagio tramite la condivisione di selfie sui social network, troviamo il Thzgh Gap, il Bikini Bridge, la Belly Button Challenge, la Belly Slot, la Collarbone Challenge, la A4 Waist Challenge, la iPhone 6 Knee Challenge, la Banienote Wrist Challenge. Queste mode prendono il sopravvento soprattutto durante il periodo estivo, anche se la preparazione viene iniziata già durante i mesi invernali:

- Il Thigh Gap, chiamato anche Arc de Triomphe, viene tradotto in italiano come "spazio tra le cosce". Rappresenta la moda che ossessiona tante giovani che vogliono arrivare ad avere gambe magrissime, si modella il proprio corpo affinché si crei la giusta distanza tra loro, tale da evidenziare lo spazio tra l'una e l'altra gamba. Maggiore è la distanza, più evidente sarà l'arco, diventando il simbolo della propria magrezza.

Per ottenere questo spazio tra le gambe, le ragazze sono disposte a plasmare il proprio corpo, a modificare il proprio aspetto, consultando anche forum in cui ci si scambia suggerimenti e consigli su diete massacranti, con l'obiettivo di dimagrire anche nel più breve tempo possibile, senza farsi scoprire dai genitori. Oltretutto, ci si sottopone ad un'intensa e continuativa attività fisica e ad allenamenti estenuanti senza nutrirsi a sufficienza, andando a creare gravi danni, anche permanenti, al corpo.

- Il Bikini Bridge fa riferimento al "ponte" creato dal pezzo inferiore del costume femminile, esteso poi anche agli slip, quando poggia sulle ossa dell'anca molto sporgenti perché non ricoperte da nessun strato di grasso. Più il ponte è evidente, più significa che si è magri.

- La Belly Button Challenge rappresenta un'altra pericolosa social moda che consiste nello scoprirsi la pancia, far passare il braccio dietro la schiena e cercare di raggiungere l'ombelico con il dito. Il problema è che, per riuscire a far girare il braccio e fare la torsione, bisogna essere eccessivamente magri.

- La Belly Slot, "fessura nella pancia", anche chiamata Ab Crack, che consiste nel fotografarsi l'addome, mettendo in evidenza una specie di solco che va dal seno all'ombelico che viene a crearsi tra gli addominali scolpiti. Per ottenere questo tipo di risultato bisogna lavorare sul proprio corpo in maniera incessante tale da riuscire a scolpirlo, associando l'allenamento ad una dieta ferrea che, durante la fase dello sviluppo, può generare gravi danni strutturali se non gestita in maniera equilibrata. Il problema è che le ragazze non sono seguite da un punto di vista medico, si sostengono a vicenda, si forniscono suggerimenti e si basano sul "fai da te".

- La Collarbone Challenge è conosciuta anche come

"sfida della clavicola". Il selfie perfetto consiste nel mostrare la clavicola più sporgente. Per evidenziare tale sporgenza, le ragazze si fotografano mentre dispongono il maggior numero di monetine o altri oggetti nella cavità ossea che si crea nella zona della clavicola. Per ottenere questo tipo di risultato bisogna essere eccessivamente magre.

- La A4 Waist Challenge consiste nel mettere un foglio A4 in verticale all'altezza della vita e nel farsi un autoscatto, dimostrando la propria magrezza se il foglio riesce a coprire completamente il punto vita.

- La iPhone 6 Knee Challenge, invece, è un'altra moda di successo che vede le ragazze posizionarsi di fronte ad uno specchio e scattarsi un selfie mentre si misurano l'ampiezza delle gambe, utilizzando l'iPhone 6. Viene posizionato lo smartphone di 13 cm all'altezza delle ginocchia e, se rimangono entrambe coperte dal cellulare, significa che sono magre al punto giusto.

- Infine, la Banconote Wrist Challenge consiste nell'avvolgersi una banconota intorno al polso in modo tale da non lasciare spazio tra le due estremità o addirittura da riuscire a fare più giri. Le ragazze che ci riescono si scattano un selfie, passando poi alla fase successiva in cui si cerca di coprire il polso con banconote sempre più corte. Per ottenere questo risultato arrivano anche a perdere peso molto velocemente.

L'ossessione verso la ricerca continua di un corpo scheletrico e spigoloso rappresenta un inno alla magrezza estrema ed è alla base di queste mode. Per raggiungere questi risultati le adolescenti arrivano a mettere in atto comportamenti pericolosi per la salute, sottovalutando completamente le possibili conseguenze negative da un punto di vista fisico e psichico, non considerando l'elevato rischio di sviluppare un disturbo della condotta alimentare.

Il dato allarmante, che deve assolutamente far riflettere, è il numero esponenziale di utenti della rete che seguono queste mode sui social network, come Facebook e Instagram, e il numero impressionante di like e, quindi, di fan che queste pagine raggiungono in pochissimo tempo. L'età media delle utenti che visitano questo tipo di pagine Web è sempre più bassa e mostra un'ossessione eccessiva e preoccupante sia per la diffusione sociale di questi comportamenti sia, da un punto di vista clinico, per gli esiti psicopatologici e prognostici.

Nella società attuale, i modelli di riferimento socialmente accettati e riconosciuti sono ormai basati prettamente sull'estetica o comunque sulla strumentalizzazione del corpo. Questo è il motivo per cui le sfide social attecchiscono con grande facilità, coinvolgendo sempre più giovani e anche i bambini.

Le Body Modifications

Le pratiche di body modification o modificazione corporea hanno acquisito un significato del tutto differente rispetto al passato: diventano strumenti per fare del corpo una pagina bianca su cui ciascuno è libero di rappresentare ciò che vuole. Un involucro su cui segnare i ricordi, i momenti importanti, attraverso il quale rappresentare la propria personalità, evidenziare il proprio narcisismo ed esprimere la propria creatività.

Accanto a diete, allenamento muscolare o interventi di chirurgia estetica, la cultura giovanile contemporanea ha fatto proprie le pratiche di modificazione corporea. Da questo punto di vista, il corpo, e in particolare la pelle, arrivano a rappresentare una sorta di rivestimento narcisistico su cui l'individuo tende a proiettare la sua identità, della quale le ferite autoinflitte sono un indizio (Le Breton, 2003). Quando si parla di modificazioni corporee ci si riferisce sempre meno ai piercing o tatuaggi e si parla di tutte quelle pratiche che vanno a generare una modificazione del proprio corpo, a volte anche pericolose per la salute e molto dolorose.

Per body modification dunque si intendono tutti quei comportamenti, volti ad alterare il corpo senza alcuno scopo medico, che comprendono una serie di pratiche, la maggior parte ormai socialmente accettate, quali piercing e tatuaggi, fino a forme più estreme e permanenti come la scarnificazione, il branding (marchiare), l'impianto sottocutaneo o transcutaneo (implantation) o pratiche come l'incisione e il rimodellamento di determinate parti del corpo come la lingua biforcuta, le orecchie a punta o le limature dentali (Skegg et al., 2007; Manca, 2009). Si tratta di comportamenti diffusi in molteplici culture da centinaia di anni, a cui gli antropologi hanno assegnato il valore iniziatico delle cerimonie collettive di natura sociale e religiosa, il ruolo identificativo delle società tribali o quello distintivo dei selvaggi e dei criminali (Sanders, 1989; Myers, 1992).

Sebbene forme estreme di body modification alterino in maniera definitiva il corpo e l'immagine esteriore della persona, nella società occidentale sono vissute e definite come delle vere e proprie forme di body art, cioè comportamenti messi in atto prettamente per ragioni estetiche, per rendere unico il proprio corpo e valorizzarlo al massimo, per aumentare la propria attrattiva sessuale, per evadere dagli standard di bellezza proposti dalla società, per esprimere il proprio Sé oltre che, in alcuni casi, per provocare sconcerto e avere un forte impatto sugli altri (Prunas & Sarno, 2006).
Fino a pochi decenni fa, pratiche di modificazione corporea, erano considerate con connotazioni fortemente negative, rimandate a gruppi devianti e considerati veri e propri indicatori di disadattamento sociale. Attualmente queste distinzioni non esistono più perché le modificazioni corporee sono talmente tanto diffuse in tutti i livelli sociali che coinvolgono anche ragazzi socialmente adattati e caratterizzati da un buon funzionamento generale.

Il passaggio alla "normalizzazione" eccessiva tuttavia ha portato, in un certo senso, a sottovalutare i possibili rischi associati a questi comportamenti e a favorire la comparsa di forme sempre più estreme, invasive, drastiche e permanenti che si accostano pericolosamente alla vera e propria automutilazione (Stirn, 2003; Prunas & Sarno, 2006). Inoltre, la letteratura recente ha riportato alla luce, in alcuni casi, evidenti associazioni tra il ricorso a queste pratiche e la messa in atto di comportamenti a rischio, come uso precoce di sostanze, disturbi alimentari, comportamenti aggressivi, condotte autolesive e suicidarie, sottolineando, quindi, la necessità di indagare la presenza di una possibile matrice comune in grado di spiegare l'associazione tra tali condotte (Favazza et al., 1989; Favazza, 1998; Brooks et al., 2003; Deschesneset et al., 2006; Preti et al., 2006; Prunas & Sarno, 2006; Stirn et al, 2006).

Tecno-adolescenti: la generazione hashtag

Gli adolescenti utilizzano sempre più spesso Internet come mezzo che permette loro di comunicare, di entrare in contatto con gli altri e di instaurare nuove relazioni virtuali. Ciò che li affascina, li attrae e li calamita per ore nella rete, è il senso di libertà, di poter essere quello che si vuole, assumendo qualsiasi identità, e trovare tutto ciò di cui si ha bisogno in tempi rapidissimi (Cantelmi, 2009). Lo smartphone è diventato uno strumento che, per gli adolescenti in particolare, arriva a rappresentare una protesi della propria identità, tale da non poterne più fare a meno, da averne un bisogno costante e da provare ansia e alterazioni dell'umore, al pensiero di non poter accedere ai suoi servizi (nomofobia) (Manca, 2016).

L'abuso di tali tecnologie può comportare una serie di problemi da un punto di vista familiare, relazionale e personale:

- Familiari: per i numerosi litigi relativi alle eccessive ore diurne, e soprattutto notturne, trascorse connessi ai differenti dispositivi tecnologici e multimediali.
- Scolastici: perché diminuisce la qualità e quantità del sonno notturno, inficiando sui livelli attentivi e sulla capacità di mantenere una concentrazione adeguata sia a scuola che a casa, andando ad intaccare anche il rendimento scolastico.
- Salute psicofisica: per le differenti conseguenze negative, quali disturbi del sonno, cefalea, disturbi visivi e uditivi, sintomi neurologici, posturali e psichici legati alle

condizioni di abuso e di dipendenza.
* Relazionali: perché in tanti casi si compromettono i rapporti amicali e sentimentali, andando a limitare principalmente l'esperienza di condivisione.

Internet, videogame, smartphone e giochi online, possono creare infatti vere e proprie forme di dipendenza, come quelle da sostanze (alcol e droghe). La differenza principale consiste nell'oggetto della dipendenza stessa, che si rivela essere un comportamento o un'attività lecita e socialmente accettata, difficile da monitorare e contenere (Caretti & La Barbera, 2005).

I "nativi digitali", così definiti perché nati nell'era tecnologica, sono preparati, per apprendimento diretto e indiretto, ad utilizzare tutte le funzioni multimediali e a reinventare i mezzi di comunicazione, ridefinendone le funzioni e l'utilizzo. La tecnologia è ormai parte integrante della vita quotidiana dei ragazzi, accompagnandoli in quasi tutte le attività, fino a modificare l'organizzazione stessa del pensiero.

Il massiccio uso delle comunicazioni multimediali e il linguaggio sintetico che utilizzano possono andare ad intaccare le funzioni cognitive ed emotive degli adolescenti, ancora in via di sviluppo, predisponendoli alla strutturazione di una forma di pensiero che può risultare eccessivamente sintetica (Manca, 2016).

Vivere in multitasking, ossia compiere più azioni e utilizzare differenti dispositivi tecnologici simultaneamente, diviene la normalità, un'azione abituale, messa in atto senza neanche pensare, spinti dal concetto di "insieme o contemporaneamente", per non perdere tempo, per sfruttare al meglio ogni momento della giornata, per riempire, per colmare, per paura di gestire l'attesa e il tempo che passa e che, talvolta, sembra sfuggire (Cain et al., 2016).

La società stessa offre numerosi stimoli, li porta a concentrare differenti attività in un lasso di tempo ristretto, velocizzando le azioni, le comunicazioni e, soprattutto, annichilendo il concetto di attesa. È importante comprendere che i ragazzi sono abituati a concentrare l'attenzione sullo svolgere contemporaneamente più attività, anche differenti tra loro, come ad esempio studiare, ascoltare musica, leggere e scrivere sui social network, rispondere al telefono (van der Schuur et al, 2015).

Uno studio condotto dall'Università di Sussex, in Inghilterra, su un campione di soggetti impegnati nell'uso contemporaneo di più dispositivi tecnologici (ad esempio, inviare una mali o un sms mentre si guarda la tv), ha sottolineato come tale abitudine potrebbe determinare nel corso del tempo, delle modificazioni del cervello a livello strutturale (Loh & Kanai, 2014).

Attraverso l'utilizzo di tecniche di risonanza magnetica funzionale, i ricercatori hanno scoperto che coloro che utilizzano in modo frequente e contemporaneo differenti dispositivi tecnologici, mostrano una minore densità di materia grigia in una regione chiamata corteccia cingolata anteriore (ACC), coinvolta nell'elaborazione del pensiero e nel controllo emotivo. Sebbene non siano ancora stati evidenziati i meccanismi che sottendono tali cambiamenti, la ricerca sembra confermare le ipotesi che collegano il multitasking a ridotte capacità di attenzione, difficoltà di memorizzazione, maggior rischio di depressione e ansia e risultati più scarsi a scuola (Kovacs, 1992; Becker et al., 2013; Ralph et al., 2014).

Gli adolescenti di oggi utilizzano un nuovo modo di comunicare e di esprimersi, in particolare attraverso i social network che garantiscono un numero illimitato di connessioni e interazioni continue, sia di giorno che di notte, dando così la sensazione di non essere mai soli, che ci sia sempre qualcuno pronto a parlare e condividere anche il proprio stato d'animo. Sono piattaforme che si configurano come una vetrina in cui al centro è posta l'identità digitale delle persone, in cui ognuno può scegliere liberamente in che modo presentare e rappresentare sé stesso agli altri (Riva, 2016).

Uno studio pubblicato negli Stati Uniti (Tobin et al, 2014), condotto da un team di psicologi dell'Università di Queensland in Australia, ha evidenziato che coloro che non ricevono feedback ai propri post, messaggi, aggiornamenti dei profili sui social network, rischiano di sentirsi esclusi e non accettati.

La sensazione più diffusa è l'invisibilità, la solitudine social e una forte svalutazione di sé. Quel mancato gesto, seppur non intenzionale, può essere vissuto come un rifiuto con ripercussioni sulla propria autostima.

I social network permettono, infatti, di aumentare rapidamente il numero dei propri amici, di pubblicare aggiornamenti e informazioni, di restare continuamente connessi. Tuttavia, tale senso di appartenenza rischia di essere particolarmente vulnerabile. Nella società odierna, focalizzata sul modo in cui ciascuno raffigura e rappresenta sé stesso, attraverso selfie, commenti, immagini e video, gli altri diventano un pubblico giudicante di ciò che mettiamo in mostra, che, seppur nascosto dietro uno schermo, osserva, risponde e valuta. Se si ricevono apprezzamenti e commenti positivi viene accresciuto il senso di autoefficacia e si innalza l'autostima, ma se ciò non accade, si può generare molta frustrazione, delusione e insicurezza.

Non si deve dimenticare che l'invasione della tecnologia ha un impatto notevole, in particolare durante la fase adolescenziale, periodo in cui il ragazzo già si trova a fronteggiare forti cambiamenti che lo costringono ad entrare in contatto con aspetti nuovi di sé stesso. Si possono sperimentare sentimenti di confusione e disorientamento, che conducono alla continua e costante ricerca di conferme sociali, punti di riferimento, nuovi modelli interni ed esterni con cui confrontarsi (Nicolò & Ruggiero, 2016).

Il gruppo dei pari acquista un ruolo importante nella costruzione della propria identità e, l'immagine che il gruppo stesso attribuisce all'individuo, determina la percezione di sé e del proprio valore. In una realtà come quella virtuale, in cui s'interagisce con centinaia, migliaia di persone contemporaneamente, si è intensificato l'impatto che gli altri hanno sulla propria autostima (Lancini, 2015). Il rischio di sentirsi esclusi e incompresi è molto alto, soprattutto in un'età in cui il riconoscimento e l'accettazione sociale diventano punti fondamentali e prioritari.

La linea che separa il mondo reale dal mondo virtuale si assottiglia e il profilo sul social network rischia di diventare l'unico specchio nel quale riflettere la propria persona, in un'immagine che appare come distorta (Turkle, 2012).

L'utilizzo costante di Internet in tutte le attività quotidiane e la quasi totalitaria diffusione dei social network hanno certamente accelerato i processi di socializzazione, fornendo strumenti che facilitano le interazioni e la conoscenza di altre persone. La connessione continua sembra offrire una maggiore visibilità, nuove e diverse opportunità di relazioni, oltre che permettere di ampliare il numero di amici ed entrare in contatto con molte più persone, anche quando non si conoscono.

La rete consente di agire nel mondo digitale e virtuale per instaurare e mantenere relazioni, creare legami e avere amici fino a divenire, talvolta, una modalità alternativa di relazionarsi agli altri. Sebbene i profili sui social network costituiscano uno strumento per mantenere legami sociali precedentemente costruiti in un contesto reale, spesso un elevato numero di amici è indice della tendenza, da parte dei ragazzi, ad accettare anche sconosciuti tra i propri contatti (Lazzari & Jacono Quarantino, 2013), che genera tuttavia una serie di problemi, tra cui il rischio elevato di essere adescati da adulti malintenzionati o da pedofili (grooming).

Prerogativa delle relazioni online è ciò che viene definito *friending* e prevede la sollecitazione di relazioni amicali tra persone che si sono appena conosciute e l'accettazione di richieste di amicizia da parte di sconosciuti. La dimensione della rete degli amici virtuali può così diventare più estesa della rete di amicizie offline, anzi non c'è mai una corrispondenza e il rapporto è veramente sproporzionato.

L'ampiezza delle reti di amici sul proprio profilo sembra essere collegata ad alcuni indicatori specifici legati alle caratteristiche sociali quali: popolarità, estroversione e prestigio sociale. La relazione tra numero degli amici dichiarati e la percezione di prestigio sociale, in particolare, porta ad assumere specifici comportamenti di autopromozione, tra cui aggiornamenti del proprio status e del proprio profilo personale e scelta accurata delle foto da pubblicare (Turkle, 2012). Si tratta del tentativo da parte degli adolescenti di mantenere un controllo su quanto condiviso in rete, arrivando anche ad assumere una sorta di "non identità" e offrendo un disegno di sé talvolta poco realistico.

Il ruolo dei social network e del Web sullo sviluppo e mantenimento dell'autolesionismo

Uno dei fattori più associati a suicidi, tentativi di suicidio ed episodi di autolesionismo è la presenza di condizioni di prevaricazione, isolamento e derisione, messe in atto anche attraverso i social network, usati in maniera completamente distorta, come espressione dei lati patologici della propria personalità. Gli episodi di prevaricazione subiti possono condurre gli adolescenti presi di mira, già vulnerabili, all'isolamento, alla chiusura in sé stessi, allo sviluppo di vissuti depressivi, fobie sociali e, nei casi più gravi, al suicidio (Klomek et al., 2016). È importante sottolineare che non si arriva a commettere atti di questa gravità solo se si è presi di mira e/o aggrediti, ma anche quando si cova dentro un malessere silente che genitori, insegnanti e coetanei non vedono o non comprendono.

Come spesso accade in questa fase dello sviluppo, l'insoddisfazione rispetto alla propria immagine corporea può creare un profondo disagio nell'adolescente. Cash (2008) ha evidenziato come gli adolescenti che hanno un'immagine corporea negativa provano una forte insoddisfazione nei confronti del proprio aspetto fisico che li porta ad essere scontenti del proprio peso, dei lineamenti del proprio viso e della forma del corpo. Le stesse serate con gli amici, le feste o l'andare a scuola, possono diventare un incubo e suscitare vergogna, imbarazzo e ansia nel sentirsi costantemente osservati dagli altri e giudicati (Lancini, 2015).

Gli adolescenti sono alla ricerca di attenzione e approvazione dagli altri e tutto viene spostato sul Web e sui social network (Menduni et al., 2011).

Tiggemann & Slater (2013, 2014) hanno sottolineato come Internet e Facebook abbiano rivoluzionato la vita delle adolescenti. Il 75% delle ragazze intervistate, definite dagli autori Net-Girls, ha un profilo Facebook e utilizza questo social network sia per informarsi sulle tendenze e le mode, sia per mostrare costantemente la propria vita ai contatti (tramite post, video e foto). A cinque anni di distanza, i dati sono ulteriormente allarmanti: Instagram, la piazza virtuale di immagini e video, ha soppiantato Facebook e le utenti sono tutti giovanissime, hanno più profili e già dalla tenera età cercano di aderire alle e-tendenze.

La maggior parte di loro, inoltre, idolatra vip, modelle e fashion blogger che hanno migliaia e migliaia di follower sui social network, come veri e propri modelli estetici di riferimento, talvolta anche di vita. Non si può ignorare, dunque, l'influenza che questi mezzi di comunicazione possono avere sulla distorsione di un ideale di bellezza e sulla propria immagine corporea (Lunde, 2013).

L'aspetto più pericoloso dei social network risiede nella possibilità di ottenere facili consensi e una rapida approvazione sociale e, in modo altrettanto rapido, essere al contrario giudicati e criticati dagli altri (Hall & Baym, 2012). Se un'immagine corporea negativa si somma ad un'insicurezza personale e ad una scarsa autostima, inseriti in un ambiente familiare e sociale poco accogliente e comprensivo, possono emergere con facilità vissuti depressivi e ansiosi anche gravi.

Si tratta di vissuti negativi che vengono poi anche mostrati in rete, dove spesso i ragazzi trovano rifugi virtuali nei quali nascondersi, esprimere il proprio disagio e incontrare persone che vivono lo stesso tipo di malessere.

Per tutte le ragioni analizzate, ciò che viene visualizzato in rete e sui social media, senza gli adeguati filtri critici, che in adolescenza si stanno ancora affinando, può condizionare la psiche di questi ragazzi e li può influenzare nel loro modo di pensare e di comportarsi (O'Keefee & Clarke-Pearson, 2011).

In Italia, è stato accertato che sono migliaia i casi accertati di ragazzi che si procurano volontariamente ferite, poi condivise su chat e social network.

Un sondaggio realizzato in Gran Bretagna, da Young-Minds, ChildLine, Youthnet, Selfbarm UK (Drackford, 2015), che ha coinvolto 2461 soggetti (teenager, genitori e insegnanti) e ha analizzato siti Internet, chat e social network, ha rivelato in particolare, come sia in preoccupante crescita l'esposizione dei minori a immagini e conversazioni online sull'autolesionismo.

1 giovane su 4, tra gli 11 e i 14 anni, e 7 ragazzi su 10, tra i 18 e i 21 anni, affermano di aver visto in rete immagini di altri ragazzi che si auto feriscono. Il 60% degli adolescenti tra gli 11 e i 14 anni ha, inoltre, ammesso di aver condiviso immagini di autolesionismo sui social network.

Sono migliaia i giovani che cercano anche sostegno emotivo nelle comunità online, piuttosto che rivolgersi a genitori, insegnanti o professionisti. Le informazioni, inoltre, possono essere ricavate da diverse fonti: discussioni in chat con amici, notizie diffuse sui social network, collegamenti da Google, forum e siti Internet. Sebbene le conversazioni con gli amici siano la fonte più comune di informazioni sull'autolesionismo (45%), la condivisione online, sui siti Web, social media o blog, è in crescita e rappresenta la seconda fonte più comune (33%).

Mentre il sostegno online tra pari può, in genere, rivelarsi utile e positivo per i ragazzi, quando si tratta di autolesionismo la situazione si mostra più complessa: si evidenzia la mancanza di messaggi chiari, soprattutto nei social network. L'assenza di fonti di informazioni chiare ed esaustive fa sì che il 77% degli adolescenti intervistati ritenga di non sapere a chi rivolgersi per trovare delle risposte efficaci ed affidabili ai propri dubbi e incertezze. Tale aspetto può indurre i ragazzi a cercare e dare credibilità a fonti potenzialmente errate trovate online.

Mentre solo 1 ragazzo su 10 sente, infatti, di poter chiedere consigli a insegnanti, genitori o professionisti, la metà degli intervistati dichiara di rivolgersi prevalentemente alle ricerche online su Google o su forum in cui altri ragazzi parlano di autolesionismo.

Le immagini e le conversazioni che è possibile trovare online contengono, però, anche informazioni che possono deridere e ridicolizzare chi adotta tali comportamenti o, in alcuni casi, incoraggiare la messa in atto di condotte autolesive (Daine et al., 2013).

Giovani e giovanissimi autolesionisti, delle cui immagini e post è pieno il Web, definiscono spesso i propri comportamenti autolesivi in termini di bisogno ed esigenza impellente psicofisica, fino ad una condizione di dipendenza.

Il dolore, come ogni forte sensazione fisica, viene utilizzato per annullare la sensazione di non esistere o un profondo dolore interiore da cui distogliere a tutti i costi il pensiero.

I ragazzi condividono, così, attraverso aggiornamenti di stato, post e foto la loro esperienza di self-harmer, le loro motivazioni e le sensazioni che sperimentano e che spesso consigliano anche ad altri coetanei come unica soluzione per attenuare stati d'animo e sentimenti negativi (Murray & Fox, 2006; Rasmussen et al., 2016). Una pratica di cui ancora gran parte degli adulti non immagina nemmeno l'esistenza, che però seduce sempre più pericolosamente la fascia d'età esposta all'incertezza della propria identità: l'adolescenza.

L'estrema facilità di accesso al Web e ai siti che mostrano tali condotte, sembra rendere ancora più difficili le possibilità di monitorare e intervenire precocemente.

YouTube, social media e autolesionismo: quale relazione
e quale influenza?

Numerosi sono i siti e le fanpage, spesso con migliaia di seguaci, in cui i ragazzi condividono il proprio star male, il malessere di vivere, attraverso immagini di lamette sulla pelle, braccia insanguinate e messaggi di addio. A tali immagini si associano anche i racconti e le testimonianze dei protagonisti, generalmente carichi di rabbia e aggressività verso un mondo e una società che non li comprende, che non s'interessa a loro e in cui sperimentano continue frustrazioni.

Il massiccio utilizzo di social media, quali YouTube e Vimeo, basati sulla visualizzazione e condivisione dei video, ha favorito, inoltre, un forte incremento nella diffusione di filmati dedicati all'autolesionismo in cui i ragazzi protagonisti descrivono le proprie sensazioni ed emozioni con immagini talvolta strazianti, accompagnate da parole e musiche particolarmente commoventi. Alcuni giovani arrivano a decantare i propri comportamenti fino a spiegare le modalità con cui potersi fare del male, definendo tutta una serie di accorgimenti per non crearsi ferite particolarmente gravi che porterebbero ad un ricovero ospedaliero e per non farsi accorgere dai genitori e da chi vive con loro. Sono video che hanno numeri elevatissimi di visualizzazioni e condivisioni, soprattutto tra i più giovani (Lewis et al., 2011; 2012).

È importante sottolineare che non significa che la visione di questi filmati porti di per sé a mettere in atto comportamenti autolesionistici o ne sia la "causa" ma, se tale esposizione è sommata a variabili individuali e ambientali che favoriscono una profonda fragilità e vulnerabilità psichica, potrebbe comportare un rischio di normalizzazione, una sorta di effetto contagio perché non ci si sente più soli e incompresi, oppure di rinforzo della condotta stessa.

La comunicazione online può, infatti, avere conseguenze negative nel rafforzare le condotte autolesive, nel favorire la messa in atto di nuovi metodi di auto ferimento e nel ricevere suggerimenti su come nascondere questo disturbo alle altre persone (Whitlock et al., 2006; 2009).

Con il progressivo incremento, tra i ragazzi più giovani, dell'utilizzo di Internet per comunicare e condividere video e immagini di comportamenti autolesionistici e la crescente po-polarità di YouTube, i video sul Non-Suicidal Self-Injury hanno acquistato una portata sempre maggiore in termini di audi-ence, intensificando il rischio del contagio sociale (Whitlock et al, 2009; Boyd et al, 2011).

Utilizzando il motore di ricerca di YouTube, Lewis e altri (2011), hanno selezionato ed esaminato i 100 video più visu-alizzati sul tema dell'autolesionismo, in particolare, filmati che avevano ottenuto oltre 2 milioni di visualizzazioni. La maggior parte (80%) di essi erano, inoltre, liberamente accessibili a tutti, senza alcun tipo di avviso, restrizione o iscrizione in cui venisse almeno chiesta l'età. Il tono dei filmati era in larga parte di tipo educativo (53%) o malinconico (51%), con un esplicito riferimento al self-harm. Il 90% di questi primi filmati esaminati mostrava fotografie e immagini di condotte au-tolesive, mentre il 28% dei video, in cui erano riprese persone autolesioniste, mostrava, in modo esplicito, la messa in atto di condotte o comportamenti di auto ferimento. Il 58% di tali fil-mati non forniva alcuna avvertenza rispetto al tipo di contenuto che l'utente avrebbe visto.

Sul totale dei filmati visionati, il 64% conteneva rap-presentazioni visive (ad esempio fotografie) di condotte autolesive. Il metodo più comunemente raffigurato è il taglio o cutting, seguito da bruciature e, meno frequentemente, da azioni quali colpire, mordere, rimuovere parti della pelle e impedire la cicatrizzazione delle ferite. Le zone del corpo mostrate sono soprattutto i polsi e le braccia, seguite dalle gambe e dal tronco, mentre un minor numero di tali condotte è indirizzato al volto e al collo.

Alcuni utenti avevano pubblicato più di un video: in particolare, una ragazza di 25 anni aveva postato, nell'arco di uno specifico tempo, più di 100 video, con oltre un milione di visualizzazioni e valutazioni quasi interamente positive.

Ricerche precedenti (Whitlock et al., 2009) avevano già evidenziato come, i ragazzi che mettono in atto tali condotte, siano anche coloro che utilizzano di più i social network e i social media, aumentando notevolmente la probabilità di essere ulteriormente esposti a questi video (Mitchell & Ybarra, 2007). Gli utenti dei social, infatti, possono ottenere un grande seguito, con visite sulle loro pagine, commenti e voti favorevoli, rendendo ancora più influente il loro messaggio. Gli spettatori più vulnerabili e fragili possono identificarsi con il tono emotivo dei video o con lo stesso protagonista ed essere quindi esposti a un rischio maggiore di contagio, soprattutto se già presentano una predisposizione in termini di vulnerabilità psichica (Lewis et al, 2011; 2012).

Social network, app e rifugi virtuali: l'autolesionismo nascosto dietro un hashtag

La e-generation, la cosiddetta generazione hashtag, esprime il proprio disagio interno e le proprie difficoltà anche attraverso la rete, diventata ormai il mezzo di comunicazione prediletto. I social network, per i più giovani, rappresentano lo specchio della realtà, spazi in cui poter inserire il loro mondo, le loro emozioni ma anche il loro malessere (Valkenburg & Peter, 2011; Madden et al., 2013; Manca, 2016).

Tanti adolescenti spostano la propria vita direttamente sul Web dove spesso si nascondono, non si vogliono far vedere, aprono dei profili finti, (circa il 14% degli adolescenti), all'interno dei quali sentono di potersi esprimere liberamente, tirando fuori ciò che normalmente tendono a reprimere (Osservatorio Nazionale Adolescenza, 2016).

Ci sono spazi online che fungono da contenitori di angosce adolescenziali, in cui i ragazzi condividono e comunicano il proprio disagio interiore attraverso l'utilizzo di abbreviazioni, di nomi, dei cosiddetti hashtag o cancelletti.

Dopo il segno #, si nasconde tante volte un mondo sommerso di dolore e di sofferenza: #cut, #cutting, #selfharm, #autolesionismo, sono tutti esempi di tag che rimandano a contenuti specifici sul farsi del male intenzionalmente. Spesso sono accompagnati da altri hashtag che esprimono lo stato d'animo di questi ragazzi, come #depressione, #suicidio, #help, #solitudine e altri ancora (Manca, 2016).

Molto spesso si utilizzano anche hashtag fuorvianti, con nomi di persona o altri significati, così da rendere le problematiche ancora più difficili da smascherare per chi, come tanti genitori, non è così digitalizzato. Ad esempio, l'hashtag #sue è utilizzato per parlare di suicidio ed è associato a immagini o video che rappresentano la sofferenza di chi attacca o pensa di attaccare il proprio corpo.

Nonostante la sua ampia diffusione, dunque, l'autolesionismo resta ancora troppe volte un fenomeno nascosto (Madge et al., 2012). La mancanza di conoscenza e di comprensione di questo tipo di codici comunicativi non permette, infatti, di monitorare e di conseguenza risulta più difficile poter cogliere comportamenti a rischio, all'interno di una rete già così tanto estesa (Michelmore & Hindley, 2012).

Un notevole studio (Moreno et al, 2016) ha indagato il significato, la popolarità e i contenuti, che rimandano al Non-Suicidal Self-Injury (NSSI), presenti all'interno del social network Instagram, uno dei più popolari tra i teenager.

Nel canale di ricerca, gli autori hanno utilizzato il termine #selfharmmm per scovare tutti i post relativi al fenomeno; individuando così altri hashtag associati, molto ambigui, impossibili da trovare per coloro che non conoscono o frequentano le comunità online sul NSSI.

Sono stati identificati 10 hashtag, poco chiari, tra cui #blithe (che significa allegro), #cat (gatto) o parole che sembrava contenessero errori di battitura, #selfinjuryy. Inoltre, è stata scoperta la più ampia comunità di NSSI, chiamata #MySecretFamlly. Di tutti gli hashtag, solo 1/3 conteneva l'avviso della presenza di immagini e contenuti forti.

Bisogna sottolineare che non si può attribuire una "colpa" diretta alla rete, ma all'uso che se ne fa (Simone, 2012). Ovviamente gli adolescenti sono una delle categorie più a rischio e più facilmente condizionabili, vivono un'età in cui s'identificano con i pari, sono alla ricerca di modelli in cui immedesimarsi. Qualora ci si trovi in una condizione precedente di vulnerabilità individuale e di fragilità dell'Io o siano presenti eventi di vita importanti o fattori di rischio atti a predisporre la condotta autolesiva, il rischio di essere condizionati aumenta notevolmente e la probabilità di mettere in atto condotte autolesive anche per emulazione. Ciò perché, coloro che visionano questo tipo di materiale sull'autolesionismo, sono al contempo gli adolescenti più sensibili, che soffrono, e che sono già a conoscenza dell'argomento o che pensano e hanno pensato di farlo (Zhu et al., 2016). Vedere che tantissimi altri giovani si fanno intenzionalmente del male, li aiuta a non sentirsi "diversi" e soli. Talvolta, all'interno di queste comunità, si cerca semplicemente ascolto e comprensione e il fatto di non conoscere nella maggior parte dei casi le altre persone rappresenta un fattore che facilita l'esternazione di ciò che si ha dentro, perché non avere un contatto diretto disinibisce anche i più introversi e contiene la vergogna. Capita anche di trovare adolescenti che cercano informazioni per aiutare l'amico o genitori disperati all'inseguimento dei figli, ma la maggior parte delle volte, sono soltanto alla ricerca di rinforzo e di condivisione (Dyson et al., 2016).

Se nella realtà può risaltare difficile trovare qualcuno che condivida le stesse problematiche, in rete, basta utilizzare un motore di ricerca per abolire distanze e differenze individuali (Leone, 2009).

Ask.fm, ad esempio, uno dei siti di social network più utilizzato dai teenager, è una community dove gli utenti interagiscono in forma anonima in uno spazio in cui si possono porre domande ed ottenere risposte su qualsiasi tematica. È possibile anche qui, come in altri siti Web, trovare tanti adolescenti soli e incompresi, in preda al loro malessere e alla loro sofferenza: si viene a contatto con storie di disagio, di solitudine, richieste di aiuto e di condivisione, ma anche di consigli su come fare per tagliarsi, per coprire le ferite e non farsi accorgere dai genitori.

Sebbene tutti i social network presentino delle accortezze e delle linee guida per cercare di tutelare i più giovani, come il limite di età, il divieto di pubblicare contenuti relativi alla violenza e di promuovere post relativi all'autolesionismo e ai disturbi alimentari, la presenza di avvisi con link e numeri di telefono dove poter chiedere aiuto, i ragazzi riescono ad arginare gli ostacoli e trovare delle alternative per non farsi scovare, per cui bisogna stare sempre in allerta e non abbassare mai la guardia.

Su questo tipo di piattaforme, come anche su Facebook o Twitter, se da un lato si possono ricevere risposte di rassicurazione, sostegno e condivisione per aver vissuto le stesse esperienze, dall'altro c'è anche chi subisce derisioni e prese in giro da parte di coetanei, esperienze che rischiano di peggiorare la condizione e andare a rinforzare le condotte autolesive (Niwa & Mandrusiak, 2012; Hilton, 2016; Minkkinen et al., 2016). Per questo motivo, i social media, basati sul concetto di condivisione dei propri stati d'animo, rischiano di essere un'arma a doppio taglio.

Anche sul social network Tumblr, in cui si formano community di persone che condividono gli stessi interessi, curiosità e passioni, è possibile, attraverso i canali di ricerca e gli hashtag, venire a contatto con i contenuti più disparati, tra cui anche blog, immagini e filmati sul tema dell'autolesionismo.

Si tratta di vere e proprie comunità dove ognuno scrive la

propria storia, invia richieste di aiuto ed esprime i propri stati d'animo, come la paura della solitudine, il bisogno di condivisione e l'angoscia di essere scoperti (Cavazos-Rehg et al., 2016).

Dai post, immagini, video e racconti, si comprende come per molti ragazzi, auto lesionarsi sia diventata l'unica soluzione possibile per lenire le profonde sofferenze interiori. In questi spazi, si crede di trovare costantemente una parola di conforto o qualcuno sempre presente e connesso che possa comprendere; tuttavia, senza essere in grado di riconoscere che spesso può trattarsi di un conforto apparente che rischia, invece, di andare a rinforzare la problematica stessa (Dyson et al., 2016; Quigley et al, 2016). Solitamente nelle community, infatti, non si trovano persone in grado di contenere e aiutare ad elaborare, ma qualcuno che prova sofferenza e si fa del male allo stesso modo e che pensa, erroneamente, che tagliarsi sia l'unica strada (Messina & Iwasaki, 2011).

Tik ToK, i video e le distorsioni comportamentali della creatività riflessa

A prima vista, questa applicazione, lanciata a settembre 2016, sembra un semplice veicolo di intrattenimento. Alcuni dicono che è solo una nuova moda che durerà come Pokémon Go, perché gli utenti finiranno per stufarsene. Altri, invece, assicurano che apre una nuova forma di comunicazione. La prova che quest'ultima opzione può essere vera risiede nel fatto che, a differenza di quanto è successo con altre applicazioni cinesi che hanno avuto successo solo nel mercato locale, Tik Tok provoca furori fuori dai confini del Paese comunista: è usata in gran parte del resto dell'Asia.

Ma non tutti ne celebrano il boom. Infatti, Bytedance, la società che è dietro l'app, ha avuto più di un incontro con le autorità per il "contenuto inappropriato" di alcuni video. Persino, ha chiesto di non inserire clip troppo sensuali o di promuovere uno stile di vita "fuori delle righe". L'Indonesia, inoltre, ha reagito in modo più forte ed ha deciso di vietare questa app. "Ci sono troppi contenuti negativi e pericolosi, specialmente per i bambini", si è giustificato il Ministro dell'Informazione, Rudiantara. Sempre più persone credono che l'app debba richiedere un'età minima per poterla utilizzare.

Secondo un rapporto pubblicato da Tencent in aprile 2019, il 66% degli utenti Douyin in Cina sono donne e il 75,5% di loro ha meno di 24 anni. Secondo Bytedance, tuttavia, il 40% degli utenti ha tra i 24 e i 30 anni, un fatto che l'azienda utilizza per dimostrare di essere riuscita a superare la barriera della generazione Z e ad attrarre anche utenti più anziani.

Tuttavia, il contenuto non è l'unica cosa che preoccupa.

Viene anche criticato il fatto che l'app sia molto coinvolgente. Il 22% degli utenti la usa più di un'ora al giorno, e Bytedance stesso è consapevole di questo problema, motivo per cui ha aggiunto un allarme che viene emesso se il servizio viene utilizzato per più di un'ora e mezza in un giorno. Inoltre, l'utente può bloccarla dopo due ore di utilizzo e, in tal caso, è necessario inserire una password per continuare ad utilizzarla.

Ma questi provvedimenti sono casuali ed alcuni li considerano del tutto inadeguati. "Douyin è l'oppio del XXI secolo, un ostacolo allo sviluppo dell'essere umano", dice lo scrittore Zhang Qifang, che, nonostante sia nato nel 1995 e abbia innumerevoli fan della generazione Z, è uno dei maggiori critici di questo servizio. "Se vuoi distruggere il futuro di un bambino, lasciagli scaricare Douyin. È un algoritmo che divora il tuo tempo con contenuti vuoti. Offre orgasmi brevi e ripetitivi che intorpidiscono e minimizzano l'attenzione delle persone".

Questo è quanto sostiene per i risvolti di questa app sull'utente. Ma Zhang denuncia anche gli stili di vita che vengono incoraggiati da questa app tra i giovani. "Come è già successo con il Wanghong, Douyin ti dice che se sei carina e hai delle grandi labbra, la cosa migliore non è che studi e che ti sforzi per guadagnarti da vivere, ma che tu faccia video. È un sistema più veloce per ottenere fama e denaro facile".

Il successo dell'app. è una grande notizia per l'azienda che l'ha creata, Bytedance. Insieme al successo clamoroso del suo aggregatore di notizie, Toutiao, Douyin sta catapultando la compagnia verso la celebrità del cyberspazio cinese. Sebbene sia ancora lontano dai giganti come Tencent o Alibaba, vi si sta avvicinando rapidamente e tutto indica che chiuderà l'anno con risultati economici record.

È interessante notare che ci sono quelli che accusano

Douyin di copiare Musical.ly. Bene, per evitare problemi, Bytedance ha usato una strategia sempre più comune tra i giganti della tecnologia cinese: l'ha comprata.

In questo contesto va detto che detta produttrice ha dovuto pagare una multa enorme sull'app. perché "si comporterebbe in modo malevolo riguardo alla privacy dei bambini". Un problema evidente che ora si ripercuote anche in Europa.

L'applicazione cinese TikTok, utilizzata da 500 milioni di persone, scaricata da un miliardo in tutto il mondo, è molto apprezzata dai giovanissimi.

Questa app assomiglia parecchio alle Storie di Instagram o Snapchat (senza l'auto-distruzione del messaggio dopo 24 ore). Nell'app cinese ci sono anche "imitazioni" di YouTube: brevi video realizzati e modificati da utenti alla ricerca di notorietà digitale. Lo scorso anno TikTok si è fusa con Musical.ly, che in Italia dichiarava quattro milioni di iscritti.

La Federal trade commission americana ha individuato una mancata tutela dei dati dei minori di 13 anni. La raccolta indiscriminata di informazioni personali come nome, cognome, e-mail e la posizione, può essere sfruttata da adulti per contattare i minori nell'area circostante. La sanzione è senz'altro elevata: 5,7 milioni di dollari. La multa più onerosa mai elevata nelle violazione privacy dei più piccoli.

Altri problemi includono il fatto che non ci sono verifiche sulla circostanza che gli iscritti abbiano l'età minima per utilizzarla. Per esibirsi e commentare le esternazioni altrui occorre ottenere il consenso dei genitori inviandolo alla piattaforma.

Il problema sembra che si sia generato con la fusione di Musical.ly che aveva accumulato centinaia di milioni di utenti disinteressandosene. Inoltre, l'app non è mai intervenuta quando alcuni genitori intimavano di cancellare i video dei loro figli.

Con questa app. per i giovanissimi mentire è facile: basta scegliere un anno di nascita precedente al 2006 per cominciare a pubblicare e visionare video, senza alcun controllo.

A questo punto, dopo la clamorosa multa inflitta dagli Stati Uniti, è probabile che questa app. cinese avrà problemi anche in Europa. Come sempre il controllo di queste situazioni è sempre nelle mani dei genitori che devono tener d'occhio lo smartphone dei propri figli. Staremo a vedere ....

Wattpad e la condivisione di libri e storie su temi adolescenziali: cosa si può nascondere

Moltissimi ragazzi, con il timore di non essere compresi, di essere considerati "disturbati" e di essere attaccati, piuttosto che rivolgersi a genitori, insegnanti o professionisti, cercano sostegno emotivo nelle comunità online, attraverso gli strumenti che meglio conoscono e che più utilizzano. La condivisione di storie, che richiamano esperienze e problematiche adolescenziali, avviene anche attraverso i social network, adibiti proprio alla scrittura e alla lettura di libri e racconti di vario genere.

Ad esempio, una piattaforma social che sta riscuotendo successo tra gli adolescenti è Wattpad, dove tantissimi ragazzi utilizzano le pagine bianche virtuali per riempirle di pensieri, per narrare le loro avventure, inventare storie e scrivere romanzi, suddivisi in diversi episodi, tutto attraverso la tastiera di uno smartphone. Come tutti i social network permette, volendo, di mantenere l'anonimato, attraverso l'utilizzo di un nickname, di interagire e di esprimersi liberamente e di pubblicare ciò che si vuole, ricevere feedback e connettersi con altri scrittori e lettori.

Gli utenti sono spinti dal bisogno di sfogarsi, di raccontarsi, di pubblicare la loro storia o le loro fantasie, all'interno di un contesto libero, non filtrato, in cui si condividono interessi, aspirazioni e comportamenti comuni (Simone, 2012; Calabretta, 2013). Nei racconti vengono trattate tematiche tipicamente adolescenziali, come l'amore, l'amicizia, la scuola, le paure e i conflitti, fino al racconto di esperienze di disagio e malessere.
Spesso, infatti, gli adolescenti tendono ad utilizzare app e social meno conosciuti agli adulti, dietro i quali si rifugiano e

nei quali possono sentirsi liberi di mostrarsi, esprimendo anche il proprio disagio interiore (Valkenburg & Peter, 2011). Si trovano storie di ragazzi che si sentono soli, che hanno subito episodi di violenza, bullismo e cyberbullismo, che arrivano a farsi intenzionalmente del male e a pensare anche al suicidio.

Queste piattaforme diventano lo spazio nel quale dar voce, attraverso la scrittura, a quanto vissuto e sperimentato, considerando che la maggior parte dei ragazzi che mettono in atto condotte autolesive, non parlano con nessuno e si tengono tutto dentro. Si può creare una vera e propria comunità online, in cui le persone che scrivono e che leggono le storie interagiscono tra loro: ogni racconto può ricevere dei commenti da parte dei lettori, in cui spesso si leggono testimonianze, a partire dalla storia, delle proprie esperienze di vita. Attraverso un racconto o una storia, è più facile esprimere ciò che si ha dentro, identificarsi e trovare spazi di condivisione con altre persone (Dyson et al., 2016).

In questo modo, i social network si riempiono di commenti di ragazzi che affermano di essere dediti all'autolesionismo, senza riuscire a smettere, schiavi di un comportamento che apparentemente li scarica ma allo stesso tempo, li carica emotivamente di un dolore sempre più intenso e difficile da gestire.

È importante porre l'accento sul fatto che non siano i social network, i blog, le app. e i siti ad essere la causa della messa in atto di questi comportamenti autolesivi: tali piattaforme rappresentano soltanto una vetrina attraverso la quale vedere in maniera esplicita il mondo interno di tanti ragazzi che soffrono, che utilizzano tali strumenti per esprimere il loro dolore e che nascondono una richiesta di aiuto dietro un #, una storia, un libro, dei filmati e delle immagini.

La rete permette, tuttavia, di conoscere cosa vivono moltissimi adolescenti, di riflettere sul vissuto di solitudine che li
porta a rifugiarsi negli spazi virtuali e anche sull'impatto
psichico che può avere tutto questo, se non riescono a ricevere un sostegno adeguato.

I ragazzi, per via della fase evolutiva che stanno vivendo,
sperimentano difficoltà nell'integrazione e nelle relazioni sociali e hanno spesso una bassa autostima.

In questi casi, la capacità di giudizio può essere facilmente
manipolata, così come la realtà può essere distorta, per cui
strumenti tecnologici e social media, che amplificano in maniera radicale situazioni e vissuti, di per sé particolarmente
complessi da gestire, possono avere un effetto destabilizzante
e confusivo sulle menti già fragili di questi giovanissimi.

Considerata, tuttavia, l'ampia frequentazione degli adolescenti su queste piattaforme virtuali, sarebbe opportuno
utilizzarle, in modo strategico, in termini preventivi e di intervento, con l'aiuto di professionisti, al fine di riuscire ad offrire
un sostegno adeguato a questi ragazzi.

Storie vere di adolescenti

Le condotte autolesive esprimono dunque un profondo stato di malessere e di disagio, che viene scaricato ed espresso attraverso il proprio corpo con attacchi intenzionali e ripetitivi. Ferirsi diviene un modo per sentirsi meglio: concentrandosi sulle sensazioni e i vissuti fisici, si può distogliere l'attenzione dal dolore psicologico.

Sebbene sia sempre in agguato il rischio di emulazioni e imitazioni pericolose, il Web e i social network hanno in ogni modo dato ai ragazzi con condotte autolesive, una possibilità per dare voce a quanto sperimentato. Sono numerosissime le pagine che raccolgono queste testimonianze, luoghi in cui i ragazzi condividono le proprie storie e i vissuti emotivi, sentendosi meno soli, sperimentando, in un certo senso, una forma di sostegno e di supporto.

Una ragazza di 17 anni che si taglia da due anni, racconta le motivazioni che l'hanno condotta ad auto-ferirsi: «Ho iniziato quando i miei genitori si sono separati. Soffrivo ma lo nascondevo. Volevo restare la ragazza più che perfetta di cui erano sempre andati fieri. Ma nello studio perdevo colpi e tagliarmi mi dava sollievo».

Un'altra adolescente di 16 anni racconta invece di avere iniziato a causa del senso di isolamento sperimentato: «Mi ferivo perché non ne potevo più di essere sola. Perché le altre mi avevano isolata».

«Mi ferisco quando sto male, quando il mondo mi rifiuta, quando mi sento brutta, quando i ragazzi non mi invitano ad uscire, quando tutto mi sembra inutile. È una liberazione. È strano parlare di sollievo quando parliamo di tagli inflitti al proprio corpo. Ricordo nitidamente la sensazione: il prima e il dopo. La sensazione di rabbia, crescente, martellante, il desiderio di vendetta su di me e sul mondo. Il capro espiatorio: il mio corpo. E poi il senso di liberazione, di aver punito il giusto peccatore» (adolescente di 15 anni).

Sono numerosi i profili del social network o i blog, in cui anche in maniera anonima, i ragazzi condividono la loro esperienza, la loro storia, i processi e le situazioni che li hanno spinti verso l'autolesionismo.

«Ho dei genitori che mi vogliono bene ma non mi capiscono, non comprendono la mia felicità, abbiamo dei concetti diversi di allegria. Sì, è vero, io sono autolesionista e sto cercando di uscirne ma, prima di diventarlo, i miei genitori mi stressavano con le solite domande: "Com'è andata a scuola?", "Hai fatto i compiti?", "Hai dormito bene? "-poche volte mi hanno chiesto come sto e io ho già provato in tutti i modi a sfogarmi leggendo, scrivendo, camminando, correndo e anche piangendo ma non è servito a niente finché è arrivato quel giorno in cui decisi di tagliarmi. Sapevo che era sbagliato e che poi sarebbe stato difficile uscirne ma era tutto automatico, la mia ragione era sparita e, come se niente fosse, ho appoggiato la lametta sul polso ed ecco come sono così ora. I miei genitori dicono di starmi vicina ma poi se ne fregano se sto male, mi urlano dietro per ogni cosa, mi sono rotta di piangere e così ho iniziato a sfogarmi con i tagli. Il sangue mi fa sentire più sicura, mi fa dimenticare i problemi, la lametta non è la mia migliore amica ma la mia droga. Sono autolesionista da tempo e le cause del mio inizio sono tante: bullismo, amici che se ne vanno, cyberbullismo, stalker, problemi in famiglia, abusi, litigi».

L'insorgenza dell'autolesionismo non ha mai una sola

causa, sono la concatenazione di più fattori ambientali, individuali, familiari e anche scolastici: è spesso il sintomo dell'impossibilità di sfogare la propria rabbia, il senso di emarginazione o la frustrazione. Gli autolesionisti si auto-procurano un dolore fisico nei momenti di stress, di disperazione, di rabbia, di angoscia e di noia.

«La paura di essere scoperti; soprattutto in casa dai genitori, è fortissima e non passa mai! Ti nascondi, ti chiudi per ore in camera, non vuoi che nessuno ti veda mentre ti cambi o fai la doccia... è tremendo, duro da sopportare ma la vita da autolesionista è così. Mi nascondo da tutto e da tutti soffocando il dolore nei tagli sul mio corpo, i miei genitori non si accorgono di nulla e io continuo ad uccidermi».

«Ho iniziato 2 mesi e mezzo fa, per problemi familiari, problemi a scuola, magari, bullismo e altri motivi. A scuola da quando mi hanno scoperta i miei amici, hanno iniziato anche loro, tra cui il mio vicino di banco e il mio ex ma loro non è che si tagliano loro prendono la lametta del temperino e fanno finta di farlo per prendermi in giro.».

A volte sono gli amici stessi che possono aiutare l'adolescente a farsi il primo taglio, quello che non si scorda mai:

«Ho iniziato circa un mese e mezzo fa... ero appena tornata da scuola dopo una serie di prese in giro che non finiva più e presi il cellulare... cercai su Internet una risposta per cercare di farsi valere nella vita... però alla fine qualcosa andò storto....... iniziai a tagliarmi... me li facevo con il rasoio su braccia gambe pancia... e poi una mia amica (anche lei autolesionista) mi regalò una lametta e per il mio corpo fu la fine! I miei pomeriggi li passavo da sola in casa, in bagno seduta nella vasca piena di sangue.

Ovviamente i tagli diventarono cicatrici e un sabato mattina mio padre mi scoprì... mi vietò severamente di continuare, mi minacciò anche, ovviamente lo diceva tanto per dire... a lui non importava di me... alcuni tagli «sfuggivano ancora... Poi ci fu la goccia che fece strabordare il vaso: a scuola tutti mi prendevano in giro perché avevo dei tagli sulle braccia e adesso sono qui chiusa in me stessa e non so più che fare».

Può rappresentare anche una tacita, silente e profonda richiesta di aiuto.

«87 tagli ... alla gente non importa nulla di me, anche le amiche incontrate in chat non riescono a farmi cambiare idea, non credo di uscirne. Ho iniziato 4 anni fa, nessuno si accorge che esisto. Ho bisogno di attenzioni ma non mi taglio per far vedere agli altri cosa provo... non lo sa nessuno (amiche di chat escluse)».

Il dolore acuto stimola il cervello a produrre ormoni con effetti rilassanti, defaticanti, analgesici e con effetti antishock. Questo può portare, quindi, ad uno stato di sollievo e benessere. L'autolesionismo può, così, innescate meccanismi tipici delle dipendenze.

«Ma come fai a chiuderla una cosa del genere? Rimane sempre un po' dentro di te. Sentir male mi rilassa. Il primo taglio me l'ero procurato quasi inconsciamente ma dopo non riuscivo più a fermarmi. Quella sensazione mi faceva stare bene... Io ho paura per quest'estate quando andrò in spiaggia perché avrò tutte le cicatrici. Ho i tagli sulle gambe; quando faccio ginnastica dovrei mettere i pantaloncini corti ma metto quelli lunghi. Nessuno sa quanto è dura!».

Dal "Diario di un'autolesionista":

«Senti il freddo della lama che ti penetra la pelle, senti il freddo della solitudine che si riversa in quella stanza piena di ricordi, senti il dolore misto a piacere. Osservi nuda le tue braccia, un tempo candide perché appartenenti ad una bambina con la pelle color latte. Odi il giorno in cui tutto ha avuto inizio, odi il tuo corpo pieno di cicatrici, odi quell'amore incondizionato verso ciò che è tagliante, odi la tua mente.

Nessuno sa cosa si prova quando ti senti sola, invasa dalla rabbia, quando un amico ti tradisce e un genitore non ti capisce, quando invano cerchi qualcuno a cui appoggiarti, ma l'unico che c'è sempre è solo quello schifoso rasoio.

Hai le braccia piene di sangue e ricordi, di disprezzo e vergogna, di amore ricercato e solitudine.

Allora riguardi allo specchio e vorresti urlare e smetterla, ma mentre lo fai, abbassi lo sguardo e ti tagli ancora.»

Effetto contagio e condivisione o contenimento?

I ragazzi parlano tra loro e si confrontano sui social network sui temi più privati e personali, e anche sulle proprie problematiche, come i vissuti depressivi, lo stato dii sofferenza interna, l'autolesionismo e spesso anche sul suicidio (Boyd et al., 2011). Vi sono anche adolescenti con profondi problemi di identità e integrazione psichica, troppo sofferenti e bisognosi di essere ascoltati, riconosciuti e contenuti, la cui capacità di giudizio può essere facilmente condizionata. Questo movimento psichico porta ad una distorsione della realtà, per cui strumenti come siti e forum online, comunità e gruppi chiusi, che amplificano in modo drastico situazioni già molto difficili, potrebbero rappresentare un fattore di rischio per il rinforzo negativo e mantenimento dell'autolesionismo (Whitlock et al, 2006; 2009).

Le condotte vengono spesso agite con l'obiettivo e il desiderio di colmare un vuoto interiore, lasciare un segno, "marcare" la propria identità, in un'età in cui si è ancora alla ricerca di sé stessi, sospesi tra autonomia e dipendenza, in una società che tende sempre più alla globalizzazione della solitudine online e alla fusione tra il reale e virtuale.

Altri aspetti psicologici e/o psicopatologici da tenere in considerazione riguardano il fatto che, una contenuta tendenza all'opposizione, alla sperimentazione di sé stessi attraverso comportamenti eccessivi possa essere, in via transitoria, fisiologica in adolescenza, ma, al contempo, espressione di un forte disagio interiore (Rasmussen et al., 2016).

In un'epoca digitale, in cui limiti e confini si sono fortemente estesi, modificati e talvolta estinti, può diventare particolarmente difficile monitorare e frenare gli abusi e gli usi distorti che i ragazzi possono fare della tecnologia. I social network, nati per comunicare e agevolare i contatti tra le persone, sono diventati teatro dell'esibizionismo, del narcisismo e talvolta dell'esuberanza adolescenziale (Boyd et al., 2011). L'età dei partecipanti, inoltre, è sempre più bassa, nonostante ci sia il divieto di iscriversi prima dei 13 anni; gli stessi bambini accedono, troppo spesso incontrollati, utilizzando i profili dei genitori oppure si registrano sotto falso nome, senza che il genitore ne sia al corrente.

In una fase di sviluppo, in cui non si è ancora in grado di comprendere pienamente i propri limiti, ci si può spingere oltre con estrema facilità, rischiando di incorrere in danni che, in età adulta, possono creare problemi psicofisici, talvolta irreversibili.

Sempre più spesso si parla di catene di Sant'Antonio che rimbalzano da un profilo all'altro: sono le sfide social, in cui ogni impresa viene filmata o fotografata e successivamente inserita su pagine specifiche o private dei social network, con un successivo, immediato e allarmante effetto contagio. Nell'arco di poche ore le mode si diffondono nel Web e i giovani di tutto il mondo rispondono alle nomination per non pagare pegno, nel tentativo anche di inventare la risposta più originale, a volte anche a costo di ferirsi e di perdere la vita. La frequente ricerca di modelli di riferimento con i quali identificarsi e il bisogno dell'approvazione sociale e social, può incrementare il rischio di attivare questo tipo di comportamenti d'imitazione. La reperibilità e la facilità di accesso sul Web ad ogni contenuto permettono inoltre di far schiudere ogni realtà, anche la più intima, latente, oscura e dolorosa.

I blog e i forum dedicati all'autolesionismo sembrano differenziarsi per le finalità alle quali aspirano: i blog privati sembrano essere espressione di esibizionismo mentre i forum presentano una maggiore richiesta d'aiuto ed esprimono, seppur in modo distorto, un bisogno di relazione e di contatto seppur virtuale. Muoversi online, dietro uno schermo in cui i ragazzi possono condividere con altri le immagini del proprio corpo, delle proprie ferite, senza doversi mettere in primo piano loro come persone, ma come parti del corpo, facilita l'espressone, aiuta a superare la vergogna e la paura di non essere compresi o di essere giudicati.

Molti siti sembrano, poi, collocarsi in un'area grigia, a metà strada: professano di voler offrire supporto e sostegno ma in realtà, al contempo, offrono consigli su come prorogare le condotte autolesive (Lewis et al., 2012).

Lo stato di continua esposizione rende fruibile tutto a tutti, senza distinzione di maturità, età, cultura, capacità di discriminazione e comprensione: il rischio è che preadolescenti e adolescenti, navigando in rete, perdano il senso di realtà, in una fusione e confusione tra il reale e il virtuale (O'Keefee & Clarke-Pearson, 2011).

Il processo d'identificazione con i contenuti online si concretizza attraverso l'emulazione di ciò che altri hanno già compiuto e reso pubblico grazie alla diffusione sul Web e al fatto che può essere replicato all'infinito. Siccome «l'identità si costruisce a partire dal riconoscimento dell'altro» (Galimberti, 2007), il rischio è che queste forme di condivisione (chat, blog, siti Internet) diventino il luogo in cui si concretizza la costruzione dell'identità del minore, che ottiene riconoscimento riproducendo e diffondendo quanto appreso da altri.

La spettacolarizzazione della violenza, dell'aggressività

diretta verso sé stessi, del dolore, racchiusa nell'atto compulsivo e automatico di catturare tutto filmandolo e diffondendolo in rete, appartiene ad una modalità ormai propria dei ragazzi, utilizzata anche solo per esibirsi o, talvolta, come modalità estrema per affermare la propria esistenza. Il messaggio che si trasmette può consistere in un invito latente all'imitazione e all'emulazione e, poiché tali imprese sono video-celebrate e condivise, i ragazzi sono gratificati nell'essersi conformati e omologati ad un gruppo da cui si sentono riconosciuti e accettati.

Le dinamiche della rete possono amplificare il rischio di consolidamento e cronicizzazione delle condotte patologiche, in quanto il contatto con amici virtuali può rappresentare l'unica forma di scambio e interazione all'interno di un mondo relazionale spesso desolato e deludente. Il contatto quotidiano con coetanei che condividono le condotte autolesive, vissuto come unica o principale rete sociale di riferimento, rafforzerebbe il proseguire nell'attività e l'esclusione rispetto ad altre modalità più funzionali e adattive.

È quanto già emerso in uno studio della Cornell University (Whitlock et al., 2006), che ha evidenziato il possibile effetto del contagio sociale derivante da queste nuove forme di condivisione mediatica. L'analisi ha riguardato 3.200 messaggi su una selezione di 10 siti specializzati sull'autolesionismo (erano stati individuati circa 400 sul di questo tipo, oggi in costante aumento) ed è risultato che almeno il 6% dei messaggi scambiati, da ragazzi e ragazze di età compresa fra i 14 e i 20 anni, richiedevano informazioni sulle tecniche da utilizzare.
L'entrare in contatto con una sub-cultura che incoraggia a farsi del male può rivelarsi pericoloso, soprattutto per le personalità più fragili.

Tagliarsi può fornire l'illusione di un sollievo, a volte

euforia, come se dai tagli fuoriuscissero finalmente le emozioni che non si riescono a tollerare dentro di sé: la disperazione, la tristezza, il sentirsi rifiutati, la vergogna, la solitudine, la rabbia che diventa odio contro sé stessi e la propria incapacità nel gestire una data situazione.

Ragazzi sempre più spesso abbandonati a sé stessi fin da piccoli, che trovano in rete l'unica fonte di condivisione, in siti, blog e comunità che insegnano, tra le altre cose, anche come provocarsi ferite e tagli senza farsi scoprire dai genitori. Con delle lamette, i ragazzi si procurano piccoli tagli o graffi che poi nascondono con polsini, braccialetti, accessori vari o sotto gli abiti: questo diventa un segno di appartenenza, che poi si diffonde nel gruppo.

Uno studio della Oxford University (Daine et al, 2013) effettuato su ricerche che avevano precedentemente esaminato l'influenza della rete sulla diffusione del self-harm, ha dimostrato che i giovani più a rischio di atti di autolesionismo e suicidio, sono quelli che stanno più a lungo online, spesso per compensare il vissuto di solitudine interna che sperimentano quotidianamente.

Tante volte non bastano familiari e amici per colmare quella sensazione e quel sentimento di vuoto che li avvolge come un vestito cucito su misura per loro.

L'80% dei giovani con condotte autolesive, intervistati dai ricercatori, ha riferito di aver cercato precedentemente informazioni sul Web. Un altro studio aveva evidenziato, inoltre, che scambiarsi consigli su come farsi male e su come non farsi scoprire dagli adulti, possa normalizzare gli atti di autolesionismo nella percezione dei ragazzi (Daine et al., 2013).

Da un lato, Internet consente supporto e condivisione, ad esempio quando gli adolescenti inviano richieste di aiuto proprio attraverso questo mezzo, ma dall'altro lato, rischia di esporre adolescenti più fragili e labili a contenuti che sollecitano o incoraggiano a tagliarsi o ferirsi, ad adottare comportamenti bulimici o anoressici, a tentare in alcuni casi anche il suicidio, piuttosto che, ad esempio, ricercare consulenza medica o psicologica o supporto emotivo.

C'è da dire che gli interventi che hanno cercato di sviluppare ambienti virtuali protetti per i giovani autolesionisti, sono numerosi, soprattutto attraverso il ricorrere a meccanismi di sostegno online tra pari, fornendo la possibilità di ricevere dalla rete anche un supporto e un contenimento positivo.

Secondo Whitlock, Lader & Conterio (2007), Internet può rivelarsi, infatti, anche uno strumento molto utile per esprimere i propri vissuti e sentimenti condividendoli con gli altri. Poiché l'espressione di sé e l'interazione sociale costituiscono elementi critici nel vissuto dei ragazzi autolesionisti, i gruppi di sostegno virtuali potrebbero essere, secondo gli autori, un luogo efficace sia nel trattamento che nella prevenzione.

La narrazione, inoltre, rappresenta uno strumento di conoscenza e di costruzione del sé che può stimolare la riflessione, la riorganizzazione di eventi della propria esistenza e la capacità di attribuire loro un significato.

Studi recenti (Johnson et al., 2010) hanno evidenziato una riduzione della frequenza dei comportamenti autolesionistici dopo la partecipazione a questo tipo di comunità virtuali.

Il presupposto consiste nella possibilità, per i giovani autolesionisti, di condividere i loro problemi con altri ragazzi che presentano disagi simili, in un ambiente virtuale protetto e nel rispetto della privacy dei partecipanti. Sono emerse differenze significative nelle dimensioni relative agli aspetti emotivi e psicologici, differenze che sembrano aumentare nel corso dei vari incontri. In particolare, l'esperienza dei gruppi di supporto online potrebbe avere un effetto positivo circa la verbalizzazione e la consapevolezza delle proprie emozioni, contrastando l'utilizzo di meccanismi e strategie tese, al contrario, all'inibizione delle proprie emozioni (Frost et al, 2016).

Le comunità online, dunque, se adeguatamente strutturate e gestite, possono essere anche degli importanti alleati nei percorsi che portano al contenimento delle dinamiche che hanno favorito l'autolesionismo portando ad una remissione sintomatologica, ma possono, come è stato descritto in precedenza, costituire anche modalità che rischiano, in talune situazioni, di rafforzare tale condotta (Whitlock et al., 2006; Murray & Fox, 2006; Whiflock et al, 2009).

La battaglia della policy

I social network sono pieni di bambini ma nessuno ci fa caso

Non c'è ambito meno battuto del rapporto fra bambini, adolescenti e social network. Le questioni inerenti alle piattaforme che intersecano la nostra vita, e che anzi ne costituiscono ormai una dimensione difficilmente interscambiabile e distinguibile, sono affrontate con metriche e valutazioni di ogni genere: economiche, giuridiche, di marketing, sociali, ovviamente. Molto meno, invece, dal punto di vista della porzione più fragile dell'utenza globale, quella costituita appunto da giovani e giovanissimi che invece, per paradosso, ne sono i principali utilizzatori. E spesso i cosiddetti early adopter. Quelli che, da nativi digitali, ci sono nati e cresciuti dentro.

Ecco perché Facebook e gli altri social network sono, nella sostanza, territori popolati da bambini. Piccoli e piccolissimi per così dire "non accompagnati" e ai quali nessuno fa caso, o dei quali finge di non accorgersi. Non sappiamo infatti quanti siano, perché indagini e numeri relativi alle loro abitudini sono molto rari. Ad esempio, uno degli ultimi studi, ormai datati, raccontava di 20 milioni di minori, fra cui 7,5 milioni di under 13, presenti sulla piattaforma di Mark Zuckerberg[1]. Ragazzini con meno di 13 anni - quella la soglia minima per iscriversi, ma si tratta di un'indagine ormai superata dai fatti e dagli anni.

---

[1] Consumer Reports, giugno 2011.

Più di recente Mary Aiken, cyberpsicologa forense e professoressa aggiunta all'University College di Dublino e al Geary Institute for Public Policy, nonché consulente dello European Cyber Crime Centre dell'Europol, ne ha diffusi di più freschi. La professoressa, coinvolta anche in una quantità di atenei e istituzioni, dalla Middlesex University all'Ibm Network Science Research Centre, spiega infatti nel suo ultimo volume, The Cyber Effect[2], come, stando a un'indagine svolta in 22 Paesi europei fra il 2011 e il 2014, un quarto dei bambini fra i 9 e i 10 anni, e la metà di quelli fra gli 11 e 12, usino Facebook[3]. Cosa significa? Una sola cosa: che quattro under 13 su dieci sanno iscriversi in autonomia, al sito di Menlo Park. E sanno mentire, inserendo un'età diversa da quella reale. Non è un caso che un'altra indagine, stavolta statunitense ma limitata a soli 442 bambini fra gli 8 e i 12 anni, indichi invece in un quarto del campione la percentuale di chi bara.

Questo è il primo elemento: abbiamo un meccanismo che, come vedremo, pur disponendo formalmente di soglie minime d'età per prendervi parte, non serba di fatto alcuna "sanzione" per punire eventuali violazioni, né alcuna tecnologia per valutare se un profilo appartenga in realtà a un ragazzino. Non esistono cioè strumenti in grado di evitare - è vero nel caso dei più piccoli così come di qualsiasi altro utente che, per le ragioni più diverse, intenda aprire un profilo con informazioni differenti da quelle scritte sulla carta d'identità -, questo gioco degli anni. Basta indicare un'età diversa e si può accedere al grande show dell'ipocrisia a colpi di like.

Con una certa inquietudine, d'altronde, Aiken li ha battezzati "gli invisibili". Ci sono, ma non si vedono. E anche nelle

---

[2] Spiegel & Grau, New York 2016.
[3] Eu Kids Online, 2011-2014.

poche statistiche diffuse non hanno modo di essere tracciati e individuati. Perché, sicuramente - per la stessa conformazione del sistema - avranno un'età minima di 13 anni. Quelli appunto richiesti dalle policy, cioè dalle condizioni d'uso, di Facebook e di quasi tutti gli altri social network. Eppure, non sembrerebbe così complesso cercare di mettere a punto qualche sistema per implementare quel divieto. Per dargli cioè corpo e per esempio far passare il messaggio che se si prova a iscriversi dichiarando un'età superiore alla soglia minima consentita, ma il sistema nutre dei dubbi, si rischia di vedersi sospeso l'account. Basti pensare alle novità legate all'intelligenza artificiale e, per esempio, agli algoritmi di riconoscimento facciale. Senza contare una serie di altri elementi tipicamente legati ai profili dei bambini: questi tendono ovviamente a collegarsi con i loro coetanei e a pubblicare foto e video in cui appaiono in tutta la loro tenerissima età. E ancora: i bambini seguono certe pagine, affrontano certi argomenti. Insomma, ci sarebbero gli estremi per lanciare almeno una procedura a campione che affronti il tema. Sottoponendo a una verifica i profili che, per avere innescato una serie di allarmi, rientrino nel target che si sta cercando. C'è da scommettere che in quei due miliardi di utenti di Facebook o negli oltre 300 milioni di Twitter, così come negli oltre 700 di Instagram, scoveremmo milioni di account sensibili.

A quel punto potrebbero scattare delle procedure tanto semplici da non capire davvero per quale ragione non siano ancora state sviluppate. Si potrebbe trattare della richiesta di un documento o di una certificazione dei genitori - questa, e lo vedremo, è la strada verso cui sta viaggiando il legislatore europeo - oppure di un collegamento fra gli account di questi ultimi, sempre che ne dispongano, con quelli dei figli.

Un approccio che dovrebbe essere esteso anche ad altri ambiti che toccano la sfera del rapporto fra bambini e social network. Quello per esempio del cyberbullismo. Su questo fronte, a essere onesti, le iniziative si sprecano. Già dal 2014 Facebook ha lanciato una piattaforma - tuttora disponibile[4] - sviluppata in collaborazione con lo Yale Center for Emotional Intelligence. Si tratta di una risorsa per ragazzi, genitori e insegnanti in cerca di supporto e aiuto per risolvere problemi relativi a casi di bullismo o altri conflitti simili. Sulla piattaforma sono disponibili programmi dettagliati, indicazioni su come approcciare i giovani che sui social - e offline, anzi sempre più spesso prima in classe e poi in rete - siano incappati in simili avvenimenti. Fra le collaborazioni figurano sigle importanti come Save the Children e Telefono Azzurro.

Mary Aiken ritiene però che si potrebbe e dovrebbe fare di più. Che le piattaforme dovrebbero cioè affrontare i pericoli di fronte ai quali bambini e adolescenti vanno incontro anche con la potenza di fuoco dei loro data center. Per esempio, sviluppando algoritmi specifici in grado di identificare, magari sul profilo di un utente, l'escalation di contenuti aggressivi, lo svilupparsi di un thread, cioè di una discussione, particolarmente violento, la pubblicazione di scatti e immagini di un certo tenore. Insomma, il passaggio che ancora manca è quello che va dalla sensibilizzazione verso l'azione, sensata ma chiara, della piattaforma.

Anche perché i ragazzi non sanno difendersi da soli. In una recente indagine condotta da Facebook insieme a Skuola.net e all'Osservatorio nazionale adolescenza, il 16% degli intervistati ha infatti dichiarato di avere un profilo pubblico. Un ragazzo su sei apre volutamente le porte del proprio account a chiunque, nonostante sia possibile proteggere i propri dati personali. Il 21% del campione analizzato non ha

---

[4] https://www.facebook.com/safety/bullying

invece mai controllato chi può vedere i dati personali associati al proprio profilo e il 37% sostiene di non essere interessato a questi argomenti.

Una recente indagine del quotidiano britannico «The Guardian[5]», battezzata Facebook Files, ha svelato le cosiddette linee guida fornite da Facebook all'esercito di moderatori (7.500 persone circa, stando ai dati di Menio Park) per gestire casi di post e contenuti violenti relativi ai bambini. Per foto e video in cui gli abusi non siano di natura sessuale ma di altro genere (percosse, violenze anche molto forti) le regole oscure della piattaforma invitano i "controllori" a lasciare tutto online e, al massimo, a corredare le clip di un avviso sulla delicatezza del contenuto. E tutto con la convinzione che in questo modo i soggetti vittime di questi ignobili atti «possano essere identificati e aiutati». Strano modo di aiutare.

A testimonianza del fatto che i social network siano pieni di bambini c'è inoltre una controprova essenziale: la pagina[6] a cui si può fare ricorso per segnalare il profilo che si crede possa appartenere a un utente che non abbia ancora compiuto 13 anni. Il problema è che il meccanismo è davvero poco noto.

Per creare un account su Facebook, bisogna avere almeno 13 anni (in alcune giurisdizioni, il limite di età può essere superiore) - si legge nella pagina dedicata - la creazione di un account con informazioni false costituisce una violazione delle nostre condizioni d'uso. Lo stesso vale per gli account registrati per conto di persone sotto i 13 anni.

Se tuo figlio, che non ha ancora raggiunto l'età richiesta, ha creato un account su Facebook, puoi mostrargli come

---

[5] https://www.theguardian.com/news/series/facebook-files
[6] https://www.facebook.com/help/157793540954833

eliminare il suo account.

Se desideri segnalare un account che appartiene a qual-cuno di età inferiore ai 13 anni, compila questo modulo. Tieni presente che elimineremo gli account dei minori di 13 anni, segnalati mediante questo modulo, immediatamente.

Com'è evidente, si tratta di un meccanismo zoppo. Arriva tardi - posso accorgermi che mio figlio o mia sorella minore ha aperto un account anche dopo mesi se non anni, ammesso che abbia utilizzato il suo vero nome - e soprattutto arriva male, perché si presta a un uso strumentale. Ad esempio, stando ai termini in cui è formulato il tool, chiunque potrebbe segnalare un qualsiasi account, magari di un quattordicenne o quindicenne, al solo fine di avviarne l'immediata elimina-zione. Il che, per converso, potrebbe trasformarsi - esattamente come il meccanismo delle segnalazioni dei post che si ritengono inadatti - in un metodo di cyberbullismo e mo-lestia.

C'è evidentemente un peccato originale che, al momento e nonostante i numerosi casi di cronaca, nessuno sembra voler risolvere: cioè la volontà di eliminare all'origine la presenza dei minori di 13 anni su Facebook. E se del caso, limitare fortemente anche il raggio d'azione degli altri utenti mi-norenni fino al raggiungimento della maggiore età. Se qualche meccanismo, come dimostrano i suggerimenti, ci sarebbe, al momento è, tuttavia, ancora su carta. Periodicamente il top management di Menlo Park torna sul punto: tre anni fa Simon Milner, all'epoca policy director del social per il Regno Unito,

Medio Oriente e Africa, spiegò al «The Guardian»[7] che la piattaforma «non ha una soluzione per sradicare il problema».

Basti un esempio che tocca il cosiddetto tema dell'hate speech e quindi uno dei fronti più caldi del social network, specie per quanto riguarda i giovani, cioè l'odio online; nel maggio del 2016 la Commissione europea ha stretto un patto con Facebook, Twitter, YouTube e Microsoft, con cui ha sottoscritto un codice di condotta contenente un elenco di impegni orientati alla lotta all'hate speech. Un tema che sfiora l'utenza generica, ovviamente, ma, in misura particolare, quella più giovane. Bene, stando a un richiamo della fine dello stesso anno, le piattaforme sono state riprese dalla commissaria europea alla Giustizia Vèra Jourovà per non aver fatto abbastanza.

Secondo l'analisi condotta da Bruxelles solo il 40% delle compagnie rimuove entro 24 ore i contenuti odiosi diffusi in rete.

Questo significa che, laddove denunciati, certi contenuti rimangono troppo a lungo a disposizione del pubblico sberleffo e dell'aggressività digitale. Una situazione che evidentemente contrasta col ritornello di cui tutti i manager delle piattaforme sociali si riempiono la bocca ogni qualvolta vengono intervistati sul tema: costruire una safe zone per gli utenti, specialmente quelli più giovani. Siamo molto lontani dal fare dei social un posto sicuro dal momento che non sappiamo neanche quanti bambini ci sono, cosa fanno e con chi interagiscono.

---

[7] https://www.theguardian.com/technology/2013/jan/23/facebook-admits-powerless-young-userers

Facebook, Twitter, Instagram, Snapchat: la soglia dei 13 anni

Oltre al generale e confuso atteggiamento rispetto ai bambini, e più in generale ai minori, le principali piattaforme di social network hanno in comune anche una cifra: 13. Si tratta della soglia - sulle cui origini indagheremo più avanti - formalmente richiesta per potersi iscrivere a una di queste piattaforme. Per aprire cioè un profilo e utilizzare tutti i servizi che, in blocco, vengono resi disponibili. Compresi quelli di messaggistica che fanno parte delle funzionalità di base e non sono dunque oggetto di diverse autorizzazioni o iscrizioni.

Iniziamo da Facebook. Il social network di Mark Zuckerberg indica i 13 anni nelle «Condizioni d'uso», anzi nel vero e proprio accordo che sovrintende alla nostra presenza su Facebook. È ribattezzata anche «Dichiarazione dei diritti e delle responsabilità». Al punto 4, intitolato «Registrazione e sicurezza dell'account», vengono elencati una serie di impegni, tutti nella sostanza formali.

Gli utenti di Facebook forniscono il proprio nome e le proprie informazioni reali e invitiamo tutti a fare lo stesso. Per quanto riguarda la registrazione e al fine di garantire la sicurezza del proprio account, l'utente si impegna a non usare Facebook se non ha compiuto 13 anni.

Tutto qui. Non c'è altro. O almeno: c'è davvero poco altro sotto questo punto di vista. Perché in termini di scarico di responsabilità, invece, le precisazioni e i passaggi sono moltissimi. Come quello seguente, che nella versione originale è perfino riportato in maiuscolo.

Ci impegniamo a mantenere Facebook attivo, esente da errori e sicuro, ma l'utente accetta di utilizzarlo a suo rischio e pericolo. Facebook viene fornito così com'è, senza alcuna garanzia espressa o implicita, comprese, a titolo esemplificativo e non esaustivo, le garanzie implicite di commerciabilità, idoneità a uno scopo specifico e non violazione. Non possiamo garantire che Facebook sarà sempre sicuro o privo di errori o che funzionerà sempre senza interruzioni, ritardi o imperfezioni. Facebook non è responsabile delle azioni, dei contenuti, delle informazioni o dei dati di terzi, pertanto noi, i nostri direttori, funzionari, dipendenti e agenti siamo sollevati da qualsiasi reclamo o danno, noto o sconosciuto, derivante da o relativo a eventuali lamentele indirizzate contro detti terzi.

Questo è quanto per quel che riguarda la più popolosa piattaforma di social networking del mondo, lanciata oltre i due miliardi di utenti attivi su base mensile. Un autentico continente digitale in cui la presenza dei bambini viene affidata a una riga nei nascosti e sconosciuti «Terms of use».

Su Twitter la situazione si fa più curiosa. Nella versione italiana dei «Terms of use» la menzione ai 13 anni è stata rimossa. La piattaforma di microblogging si nasconde dietro un generico rimando alla legislazione locale: «Se non sei una persona a cui è vietato ricevere i servizi secondo le leggi della giurisdizione applicabile». In realtà, variando la lingua in cui consultare le «Condizioni d'uso», la fatidica soglia ricompare: «In any case, you must be at least 13 years old to use the Services». Questo perché si presume che la consultazione in inglese sia prevalentemente diretta a utenti statunitensi soggetti alla copertura legale del COPPA, il Children's Online Privacy Protection Act, di cui parleremo in seguito. Tecnicamente, dunque, in alcune versioni della piattaforma del passerotto vincoli di età non ce ne sono, neanche di formali.

Su Instagram, la piattaforma videofotografica controllata dal 2012 da Facebook, amatissima dalle celebrità e dai teen-ager nonché spesso teatro di tendenze più o meno inquietanti come quella dei movimenti favorevoli all'anoressia, l'impegno sembra almeno rivestire una certa importanza simbolica. Viene infatti piazzato al primo punto dei «Termini di base»: «*L'uso dei Servizi è riservato agli utenti che abbiano almeno 13 anni*». Subito viene inoltre specificato come sia «*proibito pubblicare sui Servizi foto o altri contenuti violenti, con nudità totali o parziali, discriminatori, illegali, illeciti, contenenti mes-saggi di odio, pornografici o con allusioni sessuali esplicite*».

Google, che come noto contiene al suo interno una piat-taforma di social networking - anche se mai esplosa del tutto e prossima alla chiusura definitiva - come Google+ e una mir-iade di altri servizi, dalle mappe alla posta elettronica, tutti accessibili con un unico account, differenzia un po' la situa-zione. Elencando anzitutto i requisiti minimi per un account: *13 anni negli Stati Uniti e ovunque tranne che 14 in Spagna e Corea del Sud e 16 nei Paesi Bassi*. La soglia si alza per alcuni prodotti specifici diffusi da Mountain View. Su YouTube, per esempio, si ricorda che quando a un video sono stati applicati dei limiti di età, apparirà un avviso che ne segnali la visione ai maggiori di 18 anni. I servizi pubblicitari come AdSense e Ad-Words, infine, sono vincolati al compimento dei 18 anni.

Curiosamente, Google è l'unica piattaforma in cui esiste nei «Termini d'uso» un richiamo formale ai potenziali trasgres-sori.

Se in Google+ e altri prodotti Google inserisci una data di nascita che indica che non hai l'età minima per poter avere un account Google, il tuo account potrebbe essere disattivato. Se hai inserito la data di nascita sbagliata, scopri come riattivare il tuo account Google.

E mentre Pinterest, un social network che punta tutto sulla visualità, non specifica la soglia in italiano ma solo in inglese (la sezione «Privacy» è disponibile solo in quella versione) - «Pinterest is not directed to children under 13. If you learn that your minor child has provided us with personal information without your consent, please contact us», rimandando al solito «per favore contattateci se sapete che c'è un minore di 13 anni sulla piattaforma», il gioco più contrastante arriva con le chat. Qualcosa di diverso dai social network, almeno secondo alcuni, eppure sempre più ricche di funzionalità, collegamenti, canali di distribuzione e contenuti, tanto da renderle sostanzialmente indistinguibili da Facebook. Almeno in termini di percezione.

Snapchat, la piattaforma più utilizzata fra teenager e pre-adolescenti, perché completamente organizzata intorno al concetto di contenuto effimero - le foto e i video scompaiono dopo un certo numero di secondi o possono rimanere visibili nelle cosiddette «Storie», funzionalità ricalcata da Instagram nel 2016, per 24 ore -, vieterebbe loro l'utilizzo. Snap, la società che gestisce la chat del fantasmino fondata da Evan Spiegel, spiega che «nessuno al di sotto dei 13 anni d'età può creare un account o utilizzare i Servizi. Possiamo offrire Servizi aggiuntivi ad ulteriori condizioni che potrebbero richiedere un'età anche superiore per l'utilizzo dei Servizi. Ti invitiamo quindi a leggere attentamente tutti i Termini».

Stesso discorso per la chat più utilizzata in assoluto e che ormai sfiora il miliardo di utenti, cioè WhatsApp. Anche questa è controllata da Facebook. E pure in questo caso fioccano i celeberrimi 13 anni. C'è tuttavia un aspetto curioso, solo in questo caso, che tira in ballo - ed è l'unica occasione fra le piattaforme messe sotto la lente - i genitori.

L'utente deve avere almeno 13 anni per utilizzare i Servizi (o età superiore necessaria nella sua nazione affinché sia autorizzato a usare i nostri Servizi senza il consenso dei genitori). Oltre ad avere l'età minima richiesta per usare i nostri Servizi in base alle leggi applicabili, ove l'utente non abbia l'età richiesta per poter accettare i Termini nella sua nazione, il suo genitore o il suo tutore devono accettarli a suo nome.

In buona sostanza, è come se la possibilità d'uso venisse comunque concessa con beneficio di approvazione. Della serie, puoi anche averne di meno ma in fondo se i genitori sanno che la utilizzi per noi va bene. Non c'è oggettivamente altra interpretazione possibile.

Che cos'è il Children's Online Privacy Protection Act statunitense

Il numero chiave, insomma, è il 13. Ma non nasce per caso e, come è semplice notare, è applicato su scala mondiale ai servizi offerti dai social network. Quella soglia non è stata decisa in qualche meeting dal top management di Facebook e compagnia. Tutt'altro. E in realtà il frutto di un provvedimento noto come COPPA, Children's Online Privacy Protection Act of 1998, approvato ormai vent'anni fa dal Congresso statunitense. Dal momento che la stragrande maggioranza di queste piattaforme ha sede legale in California, o comunque negli Stati Uniti, si tratta della legge che ha disegnato in questi anni la tutela, dei minori online, finendo però per produrre un paradosso di cui forse ora, dopo aver passato in rassegna le policy sull'età dei social network, ci si può rendere conto con maggiore chiarezza: si tratta del limite stabilito da una legge statunitense applicato, di fatto, a quasi tutte le giurisdizioni in cui quel servizio è disponibile. Una legge a stelle e strisce ha sovrinteso in questi due decenni le politiche di protezione dei minori di 13 anni in rete. E perfino la medesima a definizione della soglia dei 13 anni e non, per esempio, 16 o 18.

La legge è entrata in vigore il 21 aprile 2000 e regolamenta la raccolta delle informazioni personali, da persone o organizzazioni che ricadano sotto la giurisdizione USA, di bambini sotto i 13 anni. Nel provvedimento viene dettagliato ciò: che deve essere incluso nei regolamenti per la privacy dei siti internet, quando e come è necessario chiedere il consenso dei genitori o del tutore e ovviamente le responsabilità di un fornitore di servizi rispetto alla sicurezza online e alla riservatezza dei bambini.

Beninteso: la legge non proibisce la raccolta delle informazioni dagli under 13. Ma ottiene di fatto questo risultato, e con esso il divieto di utilizzo dei social network, in virtù della complessità e delle, pratiche che sarebbero necessarie per rispettare tutte le norme prescritte. Insomma, visto che dragare dati e informazioni dagli under 13 è difficile e costoso, i social media in particolare - ma non solo - hanno quasi unanimemente deciso di utilizzare quella soglia come livello minimo di accesso. Finendo per applicarla anche al resto del mondo. O quasi.

Il primo punto è chiaro: il limite dei 13 anni non è istituito con ottica di tutela rispetto ai contenuti a cui i minori di quell'età potrebbero essere sottoposti sui social network, bensì con l'obiettivo di costruire un ambiente che raccolga meno informazioni personali su quei soggetti. Tanto che, virtualmente, la possibilità di pensare un Facebook per i bambini rimane di fatto possibile.

D'altronde questa sorta di autoregolamentazione era uno degli obiettivi voluti dalla Federal Trade Commission statunitense che ha l'autorità su eventuali modifiche e regolamenti del COPPA. E proprio in virtù di questo invito la FTC ha in effetti approvato negli anni sette programmi destinati alla costruzione dei cosiddetti safe barbor cioè ambienti digitali sicuri e pensati per i più piccoli. Dal luglio 2013 il COPPA è stato rivisto e aggiornato dopo molti anni dalla sua prima applicazione: sono stati aggiunti meccanismi che richiedono il consenso e l'informativa ai genitori e incluse altre incombenze a carico delle organizzazioni che specificamente si occupano di servizi online diretti ai bambini sotto i 13 anni o che in generale raccolgano informazioni personali da persone under 13.

Gli obblighi per chi voglia muoversi nel settore sono così pesanti che si capisce il motivo per cui molte piattaforme abbiano semplicemente piazzato il limite a 13 anni. Si va dalla necessità di informare i genitori delle pratiche in uso per la raccolta dei dati fino all'obbligo. di ottenere un consenso verificabile e all'accesso ai dati da parte di papà e mamme. Senza contare la possibilità di registrare i dati per un periodo così breve da renderli forse perfino inutilizzabili sotto il fronte della profilazione, quello più interessante in termini pubblicitari. Il punto, tuttavia, è che il limite non basta.

Perché il COPPA si occupa di costruire una fitta ragnatela di garanzie nel caso dei siti che esplicitamente decidano di accogliere fra la propria utenza anche gli under 13. Nulla, tuttavia, prescrive per quelli che formalmente vietano il limite dei 13 anni. Perché basta pochissimo per sgravarsi da ogni rischio: è sufficiente che l'utente dichiari la sua data di nascita in una procedura di identificazione iniziale o risponda a domandine come «che classe fai?». Basta insomma una bugia e Facebook come gli altri è a posto.

Viceversa, come abbiamo visto, sarebbero necessarie numerose procedure fra cui quella introdotta nel 2015: l'identificazione dell'immagine di un documento di un genitore per autorizzare la raccolta dei dati. Ma al di là dei meccanismi, il punto fondamentale che bisogna sottolineare è che il COPPA nulla dice sui contenuti e sugli ambienti digitali. Si occupa semplicemente di normare l'accesso ai dati e l'autorizzazione genitoriale. Nulla di più. Invece di affrontare il problema, lo sposta.

Alcuni numeri sono stati già richiamati per quanto anche questi non siano aggiornatissimi - al solito, sono i soli disponibili - per rendersi conto della situazione reale. E di quanto la menzogna per l'iscrizione sia diffusa qualche anno fa la Advertising Standards Authority britannica denunciò esattamente questo punto. E cioè il lassismo di Facebook & Co. nelle procedure d'iscrizione, spiegando che l'80% dei bambini mente sulla propria età quando intende aprire un profilo su un qualche social network. Si trattò, in qualche modo, di un'implicita denuncia dello stesso COPPA, che finisce per applicarsi ai seguenti siti internet: quelli ospitati da server statunitensi, quelli sotto la giurisdizione USA, quelli i cui proprietari abbiano i propri quartier generali, cioè le sedi operative, sul territorio degli Stati Uniti e quelli commerciali. Considerando che sostanzialmente tutte le principali piattaforme sociali rientrano in una di queste categorie, il risultato che si ottiene è che l'infanzia internazionale è (mal) tutelata su internet da un dispositivo approvato vent'anni fa a Washington che stabilisce arbitrariamente una soglia applicata, nella sostanza, in tutto il mondo. D'altronde, come vedremo nel prossimo paragrafo, la situazione si è creata per un altro lassismo - solo per rimanere ai mercati a noi più vicini: quello del legislatore europeo.

Il consenso dei genitori: le novità del Regolamento generale europeo sulla protezione dei dati personali

Una toppa alla situazione disegnata dal Children's Online Privacy Protection Act statunitense è arrivata, per l'Europa, nel 2018. Il 25 maggio dello stesso anno, infatti, è entrato in vigore il nuovo Regolamento europeo in materia di protezione dei dati personali, quello approvato nel corso del 2016 e pubblicato sulla Gazzetta ufficiale dell'Unione europea il 4 maggio dello stesso anno. Da quella data è garantito il perfetto allineamento fra la normativa nazionale dei vari Stati membri sulla privacy e le disposizioni del regolamento.

Per quanto riguarda il tema dei bambini e dei minori, in genere alle prese con i social network figurano per la prima volta - vista la sostanziale latitanza di quasi tutte le legislazioni nazionali - alcuni provvedimenti che sembrano definire una sorta di COPPA continentale. L'articolo 8 del regolamento, su cui i Garanti hanno lavorato per mesi al fine di accompagnarne l'applicazione nei diversi Paesi, è chiarissimo.

Qualora si applichi l'articolo 6, paragrafo 1, lettera a), per quanto riguarda l'offerta diretta di servizi della società dell'informazione ai minori, il trattamento di dati personali del minore è lecito ove il minore abbia almeno 16 anni. Ove il minore abbia un'età inferiore ai 16 anni, tale trattamento è lecito soltanto se e nella misura in cui tale consenso è prestato o autorizzato dal titolare della responsabilità genitoriale.

Quindi, un primo punto fermo. La soglia europea per l'accesso ai "servizi della società dell'informazione" - ivi compresi, dunque, quelli di Facebook, Twitter e altri, così come le applicazioni di messaggistica - non è di 13 ma di 16 anni. Com'era già solo nei Paesi Bassi. Anche in questo caso il regolamento europeo prevede la necessità di un'autorizzazione genitoriale sotto quella soglia, consentendo tuttavia ai Paesi membri di modificare quel discrimine.

1. Gli Stati membri possono stabilire per legge un'età inferiore a tali fini purché, non inferiore ai 13 anni.
2. Il titolare del trattamento si adopera in ogni modo ragionevole per verificare in tali casi che il consenso sia prestato o autorizzato dal titolare della responsabilità genitoriale sul minore, in considerazione delle tecnologie disponibili.
3. Il paragrafo 1 non pregiudica le disposizioni generali del diritto dei contratti degli Stati membri, quali le norme sulla validità, la formazione o l'efficacia di un contratto rispetto a un minore.

Il secondo comma è essenziale. Informa infatti che è in capo al titolare del trattamento, dunque alla società che offre il servizio, verificare che questo consenso sia stato prestato con tutti i metodi disponibili. A questo punto basti ricordare una cifra: solo in Italia, secondo il rapporto We Are Social 2017, gli utenti italiani nella fascia d'età fra i 13 e i 18 anni sono 1,3 milioni, quasi equamente ripartiti fra maschi (52%) e femmine (48%). Una previsione del genere sarebbe una mezza rivoluzione. Significherebbe cioè che solo nel nostro Paese diverse centinaia di migliaia di profili - al netto di quelli, tanti, degli under 13 che non conosciamo - diventerebbero automaticamente fuori legge senza un'autorizzazione da parte di un genitore. A meno che, chiaramente, il legislatore italiano non decida di allinearsi ai 13 anni di americana impostazione.

In ogni caso il regolamento europeo - che è solo un tassello del più ampio Pacchetto protezione dati messo a punto da Bruxelles - rappresenta un passaggio con un elevato valore di principio. Anzitutto, svincola i Paesi membri dall'indiretta e beffarda applicazione, anche in Europa, di una soglia decisa due decenni fa negli Stati Uniti. Insomma, la Commissione e il Parlamento battono un colpo. In secondo luogo, prescrivendo il coinvolgimento dei genitori anche sotto i 16 anni chiama finalmente gli adulti alle proprie responsabilità di educatori digitali. Pone cioè loro un problema legato alla sensibilità personale e ora, invece, legato a un'incombenza genitoriale. Che, se l'Italia dovesse appunto confermare la soglia dei 16 anni, finirebbe per coinvolgere da un giorno all'altro diverse migliaia di famiglie finalmente costrette a porsi un problema di opportunità rispetto alla presenza digitale dei propri figli.

I rischi dello sharenting: l'avvertimento francese

Lo sharenting è un argomento estremamente delicato. Con questa criptica etichetta (come troppo spesso accade mutuata dall'inglese) si indica l'abuso dei social da parte dei genitori per discutere delle esistenze ed esigenze dei propri figli, spesso piccolissimi. In particolare, di uno degli atteggiamenti legati a questa bulimia genitoriale, vale a dire la condivisione di immagini e video dei bambini. In quest'ultimo caso, a soli fini esibizionistici. Insomma, quello che giornalisticamente viene sintetizzato come "le foto dei bambini sui social network".

Una modalità d'uso, per certi versi uno standard di presenza sul web - nel senso che c'è gente che non concepisce altri contenuti - tanto capillare da aver spinto in passato la piattaforma di Menlo Park a sfornare uno strumento ad hoc. Si tratta di Scrapbook, una sorta di album fotografico, condiviso fra i genitori, degli scatti dei figli, che funziona grazie a un tag di fantasia condiviso per identificare il bambino o i bambini e far confluire quel contenuto in una cartella definita per la quale impostare i parametri di riservatezza. Ne parleremo quando passeremo in rassegna una serie di tentativi di ambienti e social network dedicati ai più piccoli.

Insomma, lo sharenting è diventato una vera e propria epidemia fra mamme e papà. E ha sollevato negli anni, specialmente negli ultimi due, una serie di focose polemiche fra sostenitori e detrattori. Come capitò per esempio quando un pubblico ministero in forze all'epoca al Tribunale dei minori di Torino, Valentina Sellaroli, spiegò che pubblicare le foto dei propri bambini su Facebook o comunque su internet è pericoloso e sconsigliabile. È vero, talvolta le piattaforme possono avere dei vantaggi - per i genitori, sia chiaro, mai per i piccoli - come aiutare a sentirsi meno soli. L'aveva provato una ricerca del C.S. Mott Children's Hospital dell'Università del Michigan secondo cui nel 72% dei casi padri e madri si sfogano sui social, ma anche sui forum, per superare i problemi quotidiani come salute, alimentazione, educazione e comportamento. Ma anche, come è ovvio che sia, per rimanere in contatto con amici e parenti lontani. Tutto comprensibile, ma perché non transitare da chat e conversazioni private per documentare la crescita del proprio figlio ai nonni che vivono in un'altra città? Oppure, banalmente, utilizzare le impostazioni della privacy rendendo visibile un album fotografico di Facebook solo a certe categorie di "amici"?

Sotto a questo dubbio ne cova anche un altro, più scivoloso, di tipo cioè etico. Di quale autorità dispongono i genitori sulla vita futura del proprio figlio? In altre parole: foto e video vengono dati in pasto a tribù di contatti senza che i bambini possano aver dato la propria approvazione. Il fatto che, curiosamente, si ribalti la situazione prevista da leggi come il COPPA statunitense o il Regolamento per i dati personali europeo non deve stupire più di tanto: dà il senso dell'immaturità e dell'impreparazione che contraddistingue tutti, genitori e non solo, alle prese con ambienti digitali che, pur fondati ormai qualche anno fa, mantengono una loro totale novità antropologica.

La questione si allarga dunque a un problema di futuro: i bambini, una volta cresciuti e alle prese con la propria rete sociale, magari su quelle o altre piattaforme, si ritroveranno dotati di un fardello di contenuti digitali impropriamente pubblicati nel corso degli anni dai genitori. Senza, ovviamente, che il soggetto più importante della relazione - il bambino - avesse alcuna possibilità di dire la sua. Senza, contare che quando le immagini, e ogni altro genere di contenuto, vengono pubblicate sulle piattaforme se ne perde di fatto il controllo. Anche se al punto 2 delle «Condizioni d'uso Facebook» si ricorda che «l'utente è il proprietario di tutti i contenuti e le informazioni pubblicate [...] e può controllare il modo in cui vengono condivisi mediante le impostazioni sulla privacy e le impostazioni delle applicazioni», viene specificato in seguito che:

1. Per quanto riguarda i contenuti protetti dal diritto di proprietà intellettuale, ad esempio foto e video (Contenuti PI), l'utente ci concede le seguenti autorizzazioni, soggette alle impostazioni sulla privacy e alle impostazioni delle applicazioni: l'utente ci fornisce una licenza non esclusiva, trasferibile, che può essere concessa come sotto licenza, libera da royalty e valida in tutto il mondo, che consente l'utilizzo dei Contenuti PI pubblicati su Facebook o in connessione con Facebook (Licenza PI). Essa termina nel momento in cui l'utente elimina il suo account o i Contenuti PI presenti nel suo account, a meno che tali contenuti non siano stati condivisi con terzi e che questi non li abbiano eliminati.
2. Quando l'utente li elimina, i Contenuti PI vengono eliminati in modo simile a quando si svuota il cestino del computer. Tuttavia, è possibile che i contenuti rimossi vengano conservati come copie di backup per un determinato periodo di tempo (pur non essendo visibili ad altri).

Insomma, finché sono online quelle foto diventano anche di Facebook, per così dire, e potrebbero rimanere memorizzate in chissà quale data center di Menlo Park per un certo periodo di tempo perfino dopo l'eliminazione. Solo questo - evitando dunque di ricordare i numerosi casi di cronaca che virano su differenti fattispecie, dal digital kidnapping, il rapimento dell'identità digitale, ai materiali che finiscono nel gorgo pedopornografico e poi nel deep web - basterebbe a suggerire maggiore accortezza nel bombardamento videofotografico infantile.

Il rapimento digitale, in particolare, è uno dei nuovi inquietanti trend. Consiste nell'apertura di un profilo sui social network e in generale nell'uso - anzi, nell'abuso - di immagini di bambini e adolescenti ovviamente sottratte dai profili.

Ancora, nello studio Sharenting: children's privacy in the age of social media[8], pubblicato nella primavera del 2017 sull'«Emory law journal», Stacey Steinberg, docente di legge al Levin college of law dell'Università della Florida e direttrice del Centro per bambini e famiglie dell'istituto, ha raccontato l'episodio di una blogger che ha pubblicato le foto dei suoi gemelli mentre imparavano a usare il vasino.

In seguito, ha scoperto che degli sconosciuti avevano avuto accesso alle foto, le avevano scaricate, modificate e condivise su un sito usato da pedofili, ha spiegato Steinberg. Questa madre consiglia quindi di non pubblicare mai foto di bambini in situazioni in cui non sono vestiti, di usare le funzioni di ricerca di Google per capire se una foto pubblicata su internet è stata copiata e condivisa online e di rivedere il concetto di mamma blogger[9].

I lati della faccenda sono dunque due: pratico ed etico. E i nodi della privacy vengono sempre al pettine. Lo dimostra la storia di una diciottenne austriaca esplosa nell'autunno del 2016. La giovane, residente in Carinzia, ha denunciato i genitori per aver pubblicato su Facebook, nel corso degli anni,

---

[8]https://papers.ssrn.com/sol3/papers.cfm?abstract_id=2711442

[9]   http://www.internazionale.it/notizie/adrienne-lafrance/2016/10/21/privacy-bambini-foto-facebook

centinaia di sue foto che la ritraevano bambina, anche in momenti intimi e privati (quali non lo sono, fra l'altro, nel caso dei minori?). Ovviamente senza averla mai ascoltata sul tema. Così, dopo aver chiesto al padre e alla madre di eliminane e non aver ricevuto supporto si è rivolta a un avvocato e ha intentato una causa. Aveva avuto contezza delle immagini pubblicate intorno ai 14 anni, quando anche lei è sbarcata nel magico mondo del social blu.

D'altronde, secondo uno studio britannico circa un migliaio di foto per ogni bambino finiscono online prima che questi compia 5 anni. I genitori ne pubblicano quasi 200 ogni anno[10]. Una spaventosa eredità iconografica data in pasto a una manciata di server (il più delle volte) statunitensi. In Francia, per esempio, le autorità stanno spingendo molto anche sotto il profilo della comunicazione fin dai primi mesi dei 2016 ricordando i rischi che si corrono non solo a livello personale ma anche giudiziario. La stringente legislazione transalpina sulla privacy prevede una multa di oltre quarantacinquemila euro - e fino a un anno di reclusione - per chi divulga immagini di una persona in luogo privato, senza autorizzazione. Una previsione tranquillamente applicabile, è stato sottolineato da più parti, anche nei confronti dei figli. Anzi, dei genitori da parte dei figli. Lo prevede l'articolo 226-1 del Codice penale francese[11].

Prima del caso austriaco e dell'avvertimento francese, l'Italia aveva visto celebrarsi un processo giunto nel 2013 a una sentenza chiarissima del tribunale di Livorno: ordinava a una mamma di cancellare tutte le foto della figlia minore dalla

---

[10]   http://www.nominet.uk/todays-children-will-feature-in-almost-1000-online-photos-by-the-time-reach-age-five/
[11]https://www.legifrance.gouv.fr/affichCodeArticle.do?cidTexte=LEGITEXT000006070719&idArticle=LEGIARTI000006417929

sua pagina Facebook. Anche da noi, infatti, le tutele arrivano anzitutto dal testo unico sulla privacy (d.lgs. n. 196 del 2003) che all'articolo 23[12] prevede il trattamento dei dati personali col solo consenso dell'interessato e sanziona la violazione con la reclusione fino a due anni. Aspetti affrontati anche dagli articoli 96 e 97[13] della legge sul diritto d'autore (la n. 633 del 1941). Gli strumenti, insomma, esistono. E perfino da decenni, in certi casi, indifferenti al mutamento delle tecnologie. L'educazione digitale ha invece bisogno di essere coltivata ancora a lungo.

Più recentemente il garante italiano per la privacy Antonello Soro è tornato sul punto con una sentenza che lascia poco spazio all'immaginazione: «Secondo recenti ricerche - ha detto - la pedopornografia in rete e, particolarmente nel dark web, sarebbe in crescita vertiginosa: nel 2016 due milioni le immagini censite, quasi il doppio rispetto all'anno precedente. Fonte involontaria sarebbero i social network in cui genitori postano le immagini dei figli»[14].

---

[12] http://www.privacy.it/codiceprivacy.html#art23

[13] http://www.interlex.it/testi/141-633.htm#96

[14] http://www.repubblica.it/cronaca/2017/17/06/news/telemarketing_selvaggio_-167381439/?ref=RHRS-BH-I0-C6-P1-S1.6-T1

Social, bambini e adolescenti

I primi passi su Facebook

Appena svegli, prima di andare a dormire, in bagno, sul lavoro, a scuola, in autobus... grazie agli smartphone o ad altri dispositivi mobile è sempre possibile entrare e uscire dai vari social network, condividere e osservare, emozionarsi o arrabbiarsi, cercare il contatto di una persona o andare a vedere cosa stanno facendo i vari "amici". I social media sono diventati parte integrante della vita quotidiana di un essere umano al punto che risulta difficile, quasi impossibile, pensare che una vita possa compiersi in loro assenza. Se questo è vero per il mondo degli adulti, lo è a maggior ragione per quello dei bambini. Mark Prensky, l'inventore delle fortunate quanto criticate definizioni "nativi digitali" e "immigrati digitali", riportava questo divertente scambio tra un nonno e il suo nipotino:

- Quando avevo la tua età non avevo né il computer né il telefonino.
- E allora come facevate ad andare su internet?[15]

L'esistenza di internet, per i bambini, non è in discussione.

Del resto, se ci pensiamo, fin da neonati si trovano immersi dentro a un bagno di immagini e condivisioni. Prima ancora di nascere possono trovare un proprio spazio su Facebook, magari attraverso le parole di una madre che annuncia a tutti il proprio stato di gravidanza pubblicando le proprie ecografie. Appena nati poi, quando ancora il loro pianto non ha

---

[15] http://marcprensky.com/expanded-tweets/

cessato di testimoniarne l'arrivo sulla terra, le fotocamere degli smartphone di un padre li riprendono e li mettono in rete. Così, fin dalle prime ore di vita, cominciano a dimorare sui social network, attraverso l'immagine del braccialetto che riporta il loro nome e cognome, attraverso i commenti con cui parenti e amici mandano gli auguri, i video dei primi pianti, i racconti di mamma e papà emozionati, le fotografie di nonni e zii.

Tutto questo non deve sconvolgerci più di tanto. In un tempo dominato dai social media è normale che anche i bambini, molto prima di acquisire una propria soggettività, trovino un posto all'interno di queste reti sociali attraverso gli account dei propri genitori. Sui social le persone condividono ogni genere di esperienza e quella di essere diventati genitori non sembra fare eccezione.

L'occhio del bambino, inoltre, si accorge ben presto che una parte della vita dei genitori avviene all'interno di quello strano oggetto tenuto così spesso tra le mani. Secondo la società statunitense Dscout's[16] una persona tocca il proprio smartphone in media 2617 volte al giorno, restando con gli occhi puntati sullo schermo due ore e quaranta minuti. Nessun altro oggetto viene maneggiato con questa costanza, normale che un bambino lo consideri molto importante e che nel suo gioco a voler diventare grande imiti l'adulto che telefona o che si intrattiene con il suo oggetto intelligente. In un testo che risale al 1914, Freud[17] scrive che oggetti come gli occhiali, la parrucca e la dentiera sono «oggetti integrativi dei propri organi corporei» di cui l'essere umano si spoglia prima di coricarsi e prendere sonno. Oggi, a questi oggetti, dovremmo aggiungere anche lo smartphone che, se non sempre viene

---

[16] https://biog.dscout.com/mobiletouches

[17] Cf. S. Freud, «Supplemento metapsicologico alla teoria del sogno» (1915), in Metapsicologia, tr. it. in Opere di Sigmund Freud, vol. 8, Bollati Boringhieri, Torino 1976.

spento, quasi sempre viene almeno silenziato al momento di andare a dormire. Esattamente come gli occhiali curano il difetto della vista, lo smartphone sembra curare i limiti dell'io e, pertanto, non si può stare senza questo oggetto integrativo durante la giornata. I bambini, con il loro sguardo innocente, si accorgono di ciò quando, ancora piccoli, trattano lo smartphone allo stesso modo di un paio di occhiali: quando il genitore ne è sprovvisto fanno in modo di farglielo riavere, riconoscendo così l'importanza di quell'oggetto per la vita di un essere umano.

A questo punto, prima di procedere, occorre fermarsi un attimo, fare qualche passo indietro e andare a cercare le origini della formazione dell'identità, immaginando per un attimo che social media e smartphone non siano ancora stati inventati. Tra i 6 e i 18 mesi avviene nel bambino quello che Lacan[18] ha definito «lo stadio dello specchio». Per la prima volta il bambino vede la forma del proprio corpo attraverso l'immagine che lo specchio gli riflette, e la felicità che mostra nel giocare con la sua immagine dimostra quanto importante tale conquista sia.

Partendo da questa immagine riflessa allo specchio, il bambino incomincia a costruire i confini della propria identità, situandosi all'interno dello spazio che lo circonda e costruendo la forma del proprio corpo. Non deve sfuggire, anche alla luce del nostro obiettivo, come il processo di costruzione dell'identità parta da un'immagine riflessa su uno specchio.

---

[18] Cf. J. Lacan, Il seminario. Libro 1: Gli scritti tecnici di Freud (19531954), Einaudi, Torino 1978 e J. Lacan, «Lo stadio dello specchio come formatore della funzione dell'io» (1949), in Scritti, Vol. 1, Einaudli, Torino 1974.

Un'immagine esterna che si arricchisce di elementi simbolici, come sono le parole della mamma che dice: «Sì, sei proprio tu, sei molto carino», e che crea una certa separazione all'interno del bambino stesso. Io sono un altro, sembra dire il bambino, sono quell'immagine virtuale che vedo riflessa nello specchio; nello stesso tempo, però, quell'immagine riflessa è proprio la mia, porta il mio nome, si muove specularmente a me, non è un'immagine qualunque. L'identità del cucciolo d'uomo si forma a partire dall'immagine che il grande, altro (familiare, sociale, culturale, storico), gli restituisce attraverso lo specchio: questo legame con l'Altro è al centro della formazione della sua identità. A nessun essere umano è data la possibilità di osservarsi dall'esterno, se non, per l'appunto, attraverso lo specchio, l'Altro, e nel nostro tempo, i social network.

Torniamo quindi al presente, ovvero reinseriamo social media e smartphone all'interno della nostra immaginazione. Che cosa è avvenuto? Per prima cosa potremmo dire che lo specchio è rimasto tale e quale: i bambini, ancora oggi, si entusiasmano di fronte alla scoperta della propria immagine allo specchio. Questo significa anche che gli esseri umani continuano ad avere bisogno dell'Altro, che non è possibile farne a meno, escluderlo dalle proprie vite. A questi specchi tradizionali, però, se ne aggiungono altri, che hanno caratteristiche differenti: i social media. Apparentemente essi hanno la stessa funzione dello specchio, dal momento che, nel riflettere l'immagine del soggetto, gli permettono di "costituirsi", ovvero di collocarsi all'interno dello spazio attraverso la propria immagine. Se però osserviamo più da vicino questi nuovi media digitali a nostra disposizione, ci possiamo accorgere che hanno delle caratteristiche inedite: possono cioè rendere autonoma quella stessa immagine che riflettono. Quando si mette in tasca lo smartphone, l'immagine continua a muoversi, generando contatti, entrando in relazione con altre persone, arricchendosi o impoverendosi di significati. L'immagine sui social media sembra potersi staccare dal supporto reale e vivere di vita autonoma: non segue ad esempio i tempi del riposo di una persona quelli del lavoro o dello studio, ma logiche completamente diverse. Questo spiega perché tante volte ci si senta indispettiti quando arriva un'interruzione provocata da una notifica sullo smartphone mentre si sta affrontando una bella chiacchierata in compagnia di una persona. Allo stesso modo spiega anche il perché altre notifiche possano produrre piacere o dispiacere: i movimenti autonomi dell'immagine online hanno sempre, per struttura, una ricaduta sulla definizione dell'identità in quanto funzionano esattamente come lo specchio di cui abbiamo parlato poc'anzi.

Ma questa autonomia dell'immagine, quando diventa eccessiva e si stacca in maniera troppo netta dal soggetto, può anche produrre vissuti paranoici e, di conseguenza, sentimenti ansiosi. Molti ragazzi, probabilmente anche numerosi adulti, raccontano di fare fatica nel controllare l'ansia che gli provoca l'assenza del telefono. Quando non hanno sottomano lo smartphone si sentono agitati, in alcuni casi anche angosciati, perché non sanno che cosa sta succedendo online, hanno paura che qualcuno li stia cercando e loro non stiano prontamente rispondendo, sentono il bisogno di tenere sotto controllo il mondo dei social in cui loro, attraverso la loro immagine, si stanno muovendo. Per questo camminano sempre con il telefono in tasca e cominciano a sentirsi a disagio quando la batteria si sta scaricando e non hanno la possibilità di ricaricarla. Il termine tecnico che definisce questa sensazione, coniato questa volta da Stewart Fox-Mills, è No Mobile Fobia (Nomofobia), ovvero: paura di restare senza telefono. Come abbiamo visto questa ansia nasce da una parte dall'impossibilità di poter controllare i movimenti della propria immagine e dall'altra dal riconoscere lo stretto legame che intercorre tra quell'immagine e l'identità stessa. Come si diceva prima, il fatto che all'origine dell'identità ci sia una separazione è un fatto strutturale, ovvero normale. Il problema nasce quando la separazione diventa eccessiva e l'immagine comincia a vagare per conto proprio.

Non stupisce che in un mondo così narciso, dove viene dato ampio valore alla cura del proprio corpo, alla fine si diventi un po' paranoici e ansiosi. Narcisismo e paranoia viaggiano a braccetto, più ci si chiude sul proprio io più si ha paura dell'altro, più si mettono delle difese per garantire la propria sicurezza più si avrà il timore che essa possa venire violata. Lo stesso accade con l'identità. Nel momento in cui si perde il contatto con la propria immagine su cui tanto si era investito, quando cioè la si appoggia su una barchetta di carta adagiata sul fiume dei social media, non si ha più la possibilità di riprenderla, almeno non come la si era lasciata. Nello stesso tempo, poiché l'identità si era costituita anche a partire da quella immagine di cui si è perso il controllo, si può provare la brutta sensazione di sentirsi perduti, di non sapere più chi si è, di essere in balìa di quelle stesse onde che non si possono controllare.

Ma torniamo per un momento al mondo dei bambini. Quando mi presento nelle scuole e tratto il tema della socialità, al territoriale "immigrato digitale" di Mark Prensky, preferisco contrapporre un più "temporale" e cinematografico "jurassiko digitale", col quale sono solito definirmi ai ragazzi. Gli stessi, nella maggior parte dei casi, ammettono di essere cresciuti votati al silenzio da una tata 2.0 rappresentata da una tavoletta che, sin dai primi vagiti, li accompagna con cartoni animati, filmati demenziali e Very Internet People nati dalla pancia del web.

È così che i piccoli guardano e riguardano lo stesso filmato in un loop lungo ore, la cui interruzione, scandita dal pianto,

viene colmata dall'ulteriore disponibilità dell'aggeggio tecnologico.

Oggi, nella provincia bergamasca, in cui opero, per ogni
classe seconda o terza della scuola primaria, costituita da
circa 20/25 alunni, massimo tre non dispongono in autonomia
di uno smartphone.

Non c'è più una fascia protetta, i contenuti non vengono
filtrati e i nostri giovani trovano ogni risposta dalle stringhe dei
motori di ricerca anziché dal mondo adulto, che perde il proprio valore formativo rispetto ai motori di ricerca. La
professoressa Sarah VIOLA, psicologa e psicoterapeuta di
fama nazionale con la quale ho avuto l'onore di lavorare, in più
occasioni ha ribadito l'importanza della frase "Non sono affari
tuoi", utilizzata dagli adulti per censurare argomenti inoppor-
tuni, inadatti all'età, pericolosi per la formazione del fanciullo.
Lo stesso YouTube, apparentemente semplice contenitore di
video, è un'incubatrice social di contenuti per tutte le età capace di generare introiti a nove zeri.

Fin da piccolissimi gli spettatori diventano al contempo
emulatori, produttori e percettori di danaro.

Come pubblicato da Quotidiano.net, il servizio ha introdotto nuovi criteri per stabilire se il canale può sfruttare le
inserzioni pubblicitarie native monetizzando i video. I creatori,
per poter entrare nell'olimpo degli youtubers devono aver raggiunto 4000 ore di tempo di visualizzazione sui contenuti degli
ultimi 12 mesi e avere almeno 1000 seguaci. I canali che non
raggiungono i requisiti, anche quelli che sfruttano già la monetizzazione, non accederanno agli ad.

Un'operazione di apparente pulizia che, agli effetti reali,
comporta per i provetti imprenditori del web la necessità di
mettere in rete una quantità spropositata di contenuti, spesso
trash, che provocano reazioni, anche assolutamente negative,
ma al contempo garantiscono infinite visualizzazioni.

In precedenza l'unico criterio da rispettare per accedere al Partner Program di YouTube era raggiungere 10 mila visualizzazioni nell'intero canale, senza alcun requisito per quanto riguarda il tempo di visualizzazione annuale. Il cambiamento ha reso indiscutibilmente più difficile ottenere la possibilità di monetizzare i video per i nuovi canali più piccoli, ma al tempo stesso offre a YouTube il tempo necessario per capire se i nuovi canali rispettino le linee guida del servizio o meno.

"Siamo giunti a queste nuove soglie dopo aver compiuto nuove analisi e discusso con alcuni creatori", scrive il team. "Ci permetteranno di migliorare la nostra capacità di identificare i creatori che contribuiscono positivamente nella community e offrir loro un maggior supporto economico togliendolo a chi contribuisce negativamente".

La società non fa nomi, ma è chiaro che si riferisce a casi come quello di Logan Paul, che ha di recente pubblicato un video in cui si vedeva un cadavere riconoscibile: "Questi nuovi standard ci aiuteranno anche a impedire la monetizzazione su video potenzialmente inappropriati, che possono ridurre i guadagni di tutti". Nel caso di Logan Paul YouTube ha già provveduto ad eliminare il programma Google Preferred e sospeso la programmazione su YouTube Red per il canale. Rimangono però tantissimi casi, molti dei quali battenti bandiera tricolore, riproducenti video quantomeno censurabili.

L'ultima soluzione di YouTube ha però origini ben più radicate, visto che sono parecchi anni che i creatori si lamentano dell'apparizione dei banner pubblicitari su contenuti considerabili illegittimi. Le nuove restrizioni impediranno certamente la possibilità di guadagno a canali nati dal nulla che pubblicano contenuti inappropriati e di facile viralità, e rappresentano una delle manovre più grandi portate a compimento fra quelle pensate per rispondere a questa particolare esigenza.

Di fatto, ancora oggi, e-personaggi che si rivolgono ai più piccoli interrompono le loro "rappresentazioni" con pubblicità

pericolose e dirette, che i giovani destinatari bevono inconsciamente.

Socialdipendenti: senza non si può stare

«Un like può cambiarti la vita». A dirlo è Adele[19], una ragazza di 15 anni che frequenta la seconda superiore. Sostiene che quando pubblichi una tua foto su Facebook, ma anche su Instagram, non puoi non essere interessata ai like e ai commenti delle altre persone. Quel "mi piace", che spesso per il mondo degli adulti rappresenta solo un numero o un pollice alzato verso l'alto, può cambiare in meglio la vita di una persona rendendola felice, ma allo stesso modo un commento negativo, così come l'assenza di un numero sufficiente di like, può rappresentare un problema e far soffrire. Come moderni gladiatori i ragazzi mettono nelle mani dell'altro la propria immagine e aspettano il giudizio, nella speranza che non sia un pollice verso. Sarò stata abbastanza bella, interessante, capace, divertente? Sarò stato sufficientemente seducente, intelligente, affascinante? Avrò dato di me l'immagine che volevo dare con questa frase o con questa foto? Gli altri avranno capito che sono una persona capace di fare tante cose interessanti, che non sono una ragazza di facili costumi, che sono anche capace di leggere un libro? Queste sono alcune domande che dal centro dell'arena i ragazzi pongono ai loro spettatori mentre con ansia aspettano il responso.

Quello che molte persone si chiedono, senza peraltro accorgersi di essere a loro volta prese dentro il medesimo meccanismo, è perché, se i ragazzi arrivano a stare così male utilizzando questi social, non riescano a interromperne l'uso? Non sarebbe più semplice smettere di usare Facebook, non postare più fotografie o non raccontare più nulla della propria vita? Esiste ancora la possibilità di staccarsi dai social, di

---

[19] Adele e tutti gli altri nomi di ragazzi e bambini che si troveranno citati da qui in avanti sono nomi di fantasia mentre le storie raccontate fanno riferimento a situazioni realmente accadute e raccolte da Alberto Rossetti durante i progetti di educazione digitale da lui condotti all'interno di scuole primarie e secondarie di primo e secondo grado.

vivere solo di relazioni reali, con persone in carne e ossa, e smettere di chiedere a un pubblico un giudizio sul proprio modo di vivere?

Certamente sì, non potrebbe essere altrimenti, ma i vantaggi che si acquisiscono con l'utilizzo dei social media sono di gran lunga superiori rispetto agli svantaggi che ne possono derivare. Se a tutto questo aggiungiamo che, pur essendoci, nel corso dell'adolescenza, una valutazione del rischio simile a quella dell'età adulta, è anche presente una sensibilità molto accentuata rispetto alle gratificazioni che possono derivare da un certo comportamento[20], si comprende bene come sia difficile smettere di usare i social media nonostante in alcune situazioni possano far soffrire.

Quali sono dunque questi vantaggi derivanti dall'uso dei social network? Raggiungere tante persone, essere sotto il costante sguardo dell'altro, diventare un VIP, mettere in mostra le parti più interessanti del proprio essere... sono tutte possibilità che mettono al centro l'io della persona gratificandolo. Attraverso i social media si può avere l'illusione di conoscersi meglio. L'identità di ciascuna persona, infatti, si costituisce a partire da numerose e differenti immagini. A casa, in presenza dei genitori, un ragazzo può essere chiuso e riservato, mentre a scuola è estroverso e chiacchierone. Lo stesso ragazzo quando gioca al pallone è molto competitivo e non sopporta di perdere, cosa che invece non avviene quando è in compagnia del suo gruppo di amici e bisogna scegliere cosa fare la sera. Ancora, quando va allo stadio a tifare per la sua squadra del cuore sembra essere un'altra persona rispetto a quella che invece giurano di avere conosciuto i suoi educatori del gruppo parrocchiale. Tutto questo è normale,

---

[20] Cf. L. Steinberg, Adolescenti. L'età delle opportunità, Codice, Torino 2015.

così come lo è la difficoltà che s'incontra nel rispondere alla domanda: chi sono io?

I social media, potendo aggregare le diverse particolarità di una persona all'interno di unico profilo, riescono a mettere in risalto alcune caratteristiche dell'identità. Non solo. La componente social, ovvero il fatto che un profilo stia in relazione ad altri profili, restituisce un'immagine dinamica, in movimento, in divenire e per questo ancora più credibile. Mai prima d'ora tutto questo era stato possibile e all'essere umano non era consentito di accedere alla propria immagine se non, come abbiamo detto, passando attraverso l'incontro con l'altro. Non che tutto questo oggi non valga più, ma la possibilità che i social network offrono, attraverso i vari algoritmi che pretendono di non sbagliare un colpo, è quella di giungere a una vera e propria profilazione dell'identità. Detto in altri termini: attraverso i social si può avere la sensazione, in alcuni casi qualcosa di molto più concreto di una sensazione, di possedere una conoscenza quasi oggettiva, potremmo dire reale, di sé stessi.

Il secondo vantaggio si lega strettamente al primo. I social media, nel trasformare l'immagine in un oggetto, consentono di operare un controllo su di esso. Le persone possono infatti agire attivamente nella costruzione di quella immagine pubblica, decidendo ad esempio quale foto pubblicare e quale no, cosa omettere del proprio carattere (tendenzialmente gli aspetti negativi) e che cosa far vedere della propria vita (soprattutto le cose positive). Questo genere di controllo, impossibile prima dell'avvento dei social media, consente di eliminare i difetti, di mettere in mostra solo la parte che si preferisce, di nascondere ciò che non si vuole far vedere. La manipolazione dell'immagine può portare anche a non riconoscere la persona reale che sta dietro al profilo social. Prendiamo come esempio Anna, ragazza di 15 anni che sui social mostrava un'immagine di sé molto provocatoria, raccontando, tra le altre cose, di avere avuto numerose esperienze sessuali. La realtà era invece molto differente: Anna non riusciva neanche ad avvicinarsi a un ragazzo, perché frenata dalla timidezza e dalla paura di non piacere. Si trattava della stessa persona sul social e nella realtà? Certamente sì, solo che nella versione social riusciva a operare un controllo sulla propria immagine che nella realtà non le era consentito, pur soffrendo per le ricadute che il suo comportamento online aveva a livello della sua identità: «Ma chi sono io? - si chiedeva durante i nostri colloqui - La persona spregiudicata che vuole avere tante relazioni sessuali o questa ragazza timida che diventa rossa quando un ragazzo la guarda?».

A rendere possibile questa manipolazione è il fatto che sui social media si vive in assenza del corpo reale. Questo rappresenta il terzo vantaggio. L'assenza di limiti imposti dal corpo consente infatti di sperimentare un nuovo modo di relazionarsi, per alcuni versi più leggero, semplice e diretto. Sui social si può letteralmente essere un'altra persona, piuttosto che un concetto astratto, o anche il fake di un personaggio famoso del presente o del passato. Si possono superare quei limiti reali che il corpo impone, in modo differente, a ciascuna persona. Si pensi ad esempio a tutti quei ragazzi che, pur avendo meno di 13 anni, si registrano su un social semplicemente scrivendo un'età differente o a chi si crea un profilo identificandosi in una persona di sesso opposto.

L'assenza del corpo reale può aprire le porte a un modo di relazionarsi più libero da pregiudizi e stereotipi. Il fatto di non vedere l'immagine reale della persona che si ha di fronte, consente ad alcune persone di avere uno scambio più vero, nel quale ci si può concentrare sulle parole che l'altro sta dicendo senza sentire condizionamenti. Umberto, nel raccontare la sua predilezione per gli scambi online, sosteneva che era proprio l'anonimato a rappresentare, per lui, la possibilità di conoscere realmente l'altra persona.

Se ad esempio cominciassi a parlare con una ragazza che trovo decisamente brutta, cercherei di interrompere la conversazione il prima possibile perché il suo aspetto fisico mi condizionerebbe troppo. Magari mi sta dicendole cose più interessanti del mondo ma io sono condizionato dal suo aspetto fisico e non riesco più ad ascoltarla. Al contrario, se non so come lei è fatta e lei non sa chi sono io, possiamo parlare più liberamente e valutare se quello che ci stiamo dicendo ci interessa o meno. Quando poi ci guarderemo in faccia, magari anche mesi dopo, non faremo più caso all'aspetto fisico perché ci saremo innamorati dell'essenza dell'altro, del suo vero modo d'essere e non del suo corpo.

Questi tre vantaggi aprono le porte al quarto: le possibilità infinite. Senza limiti, senza fastidi e avendo la possibilità di conoscere e controllare il proprio modo d'essere, si può avere l'impressione di poter fare e dire tutto ciò che si vuole senza dover pagare nessuna conseguenza. Del resto, proprio il distacco tra l'immagine e l'identità culla l'illusione che l'immagine che corre tra le onde dei social e la persona seduta alla tastiera non siano esattamente la stessa cosa. Molti ragazzi, quando gli si fa notare di essere andati troppo oltre, di avere ad esempio esagerato con le offese nei confronti di un'altra persona, rispondono che stavano scherzando, che non pensavano che l'altro sarebbe stato così male, che non si erano accorti di quanto stavano scrivendo, che si trattava solo di parole scritte su un social network. È l'assenza di simmetria la componente che caratterizza detti comportamenti. Se un soggetto sferra uno schiaffo al volto di un'altra persona, o semplicemente la offende, certo potrà comprendere la reazione istantanea che nello stesso comporta proprio coetaneo, ma se lo stesso soggetto insulta, deride e offende "l'altro" in una piazza virtuale, tutto assumerà per questi il taglio dello scherzo, o peggio, della "bravata".

Vantaggi e svantaggi collegati all'uso dei social media dipendono dal fatto che, come abbiamo precedentemente visto, l'identità di ciascun essere umano si forma a partire dal legame con l'Altro. In quell'immagine riflessa allo specchio, attraverso le parole di un genitore, il bambino si costituisce come soggetto passando attraverso una separazione che non gli permetterà mai di raggiungere una sensazione di pienezza, di controllo della propria identità. Ci sarà sempre un vuoto da colmare, una questione da affrontare, un limite da superare, un punto che non si riesce ad affrontare. Questa divisione del soggetto, non risolvibile in alcun modo in quanto strutturale, parrebbe essere superata attraverso i social media: si è di nuovo padroni della propria immagine, potendola modificare a piacimento, e si è, soprattutto, sprovvisti dei limiti forniti dal corpo. Freud, in un suo celebre passo, sosteneva che «l'Io non è padrone in casa propria»[21] postulando così non solo l'esistenza dell'inconscio, ma l'impossibilità per l'io dell'essere umano di avere il controllo totale della propria identità. I social media, lo dimostra il successo che hanno e continueranno ad avere, sembrano avere ribaltato questa espressione e rimesso l'io al centro dell'abitazione. Molte delle criticità legate all'utilizzo dei social media, cyberbullismo, l'hate speech o il sexting, partono proprio da qui.

---

[21] S. Freud, «Una difficoltà della Psicoanalisi» (1916), in Opere di Sigmund Freud, vol. 8, Bollati Boringhieri, Torino 1976, p 663.

Il bambino sui social

Anita ha 9 anni e dice di sapere tutto su Facebook perché lo usano la mamma e la nonna. Non ha però un suo profilo, i suoi genitori non vogliono che lo usi essendo un «sito pieno di gente strana e cattiva, come pedofili e ladri d'identità». Andrei, invece, a 10 anni ha già un suo profilo sul più popolare dei social media perché in questo modo può parlare con i suoi cugini e parenti che vivono in Romania.

Ma non c'è solo Facebook. Instagram, Snapchat, Musical.ly, in un certo senso anche YouTube, sono tutti social media conosciuti e usati dai bambini con un'età anche molto inferiore alla fatidica soglia dei 13 anni. In pochi sanno spiegare che cosa sia un social media e come funzioni, eppure in molti lo usano o desiderano possedere un proprio profilo.

Tutte le questioni che abbiamo trattato fino a questo punto, hanno apparentemente toccato più il mondo degli adolescenti che quello degli adulti, trovano nel bambino un modo di esprimersi particolare. Prima dell'adolescenza, che alcuni autori sulla base di differenti studi fanno iniziare ormai all'età di 10 anni[22], è il gioco a indirizzare e ordinare la vita dei bambini. Attraverso il gioco i bambini danno forma al mondo che li circonda, imparando anche a sperimentarne i limiti e le regole. Non c'è quindi da stupirsi se diciamo che un bambino su un social media non fa altro che giocare. Sia l'incontro con persone adulte sia le caratteristiche dei social di cui abbiamo parlato nei precedenti paragrafi contribuiscono però a fare in modo che questo non sia lo spazio migliore per "sperimentarsi" attraverso il gioco. Il fatto che ci possano essere dei social pensati per i bambini può certamente limitare alcuni dei rischi che metteremo in luce adesso, ma nessun social, per

---

[22] Cf. L. Steinberg, *Adolescenti. L'età delle opportunità*, cit.

sua struttura, potrà mai essere il posto giusto in cui lasciare un bambino a giocare.

Quali sono dunque questi rischi che i bambini incontrano quando accedono a un social per adulti?

Si trovano in un luogo social senza accorgersene.

Molti bambini non sanno che cosa sia un social media e tendono a identificarlo con lo smartphone. ragionamento è logico: siccome Instagram è sullo smartphone, Instagram è lo smartphone. Questa confusione, assolutamente comprensibile, alimenta l'idea che le persone che si incontrano navigando siano social network, siano dentro al telefono, che non siano persone vere e che non si possano mai manifestare nella realtà. I bambini si trovano così a vivere all'interno di spazi di relazione, di incontro ma anche di scontro, senza accorgersene. Pensano cioè di essere da soli con il loro smartphone in mano e per alcuni versi non hanno tutti i torti. Il caso di Clash Royale, gioco online sviluppato da Supercell, che non è certamente un social media ma che deve parte del suo successo alla componente social presente al suo interno, è emblematico da questo punto di vista: i bambini ci giocano convinti che sia solo un gioco scaricato sul proprio telefono e sembrano non dare importanza al fatto che all'interno del gioco si incontrino persone reali.

Tra l'altro, è bene sottolinearlo, anche per giocare a Clash Royale bisogna avere più di 13 anni, nonostante il gioco sia considerato adatto ai bambini di età superiore a 7. Gli sviluppatori sembrano essere consapevoli di questo paradosso e all'interno del sito del gioco, nella sezione dedicata ai genitori, prima scrivono che «tutti i nostri giochi sono realizzati e rivolti a persone che hanno compiuto almeno i 13 anni di età» e poi aggiungono che «sia Google Play che l'App Store su iTunes di Apple pubblicano l'età consigliata per l'utilizzo delle app. Tuttavia, queste classificazioni per età o maturità si riferiscono unicamente ai contenuti dei nostri giochi»[23].

Possono venire attaccati e offesi.

Simona, una bimba di 8 anni, racconta di aver ricevuto delle offese dopo aver pubblicato un video fatto con Musical.ly. Questo video social network permette di registrare dei video di pochi secondi in cui si balla e si canta in playback – lip Sync - una canzone a propria scelta. Si può anche tenere privato il video, ma i bambini sembrano riconoscere fin da subito che il bello dei social sta nella condivisione, nel farsi vedere e nel mostrarsi.

Sempre Simona, del resto, ha paragonato lo smartphone a un palcoscenico in cui ci si può esibire di fronte ad altre persone. Tra l'altro, siccome le offese ricevute provenivano da persone che lei non conosceva direttamente, ha deciso di continuare a pubblicare i suoi video senza dire nulla ai suoi genitori.

I social possono diventare luoghi di paura

Alcuni bambini dicono di avere paura a muoversi sui social dopo che gli è stato detto di stare attenti a pedofili, persone strane, hacker e ladri di identità. Questo timore non impedisce loro di andarci in quanto la curiosità e la voglia di fare quello che fanno tutti i loro amici è maggiore, ma si chiedono dove si nascondano queste persone cattive dal momento che non riescono a vederle. Se da una parte sanno di dover stare attenti, dall'altra non hanno idea di come fare per evitare un hacker o un pedofilo e quindi continuano a muoversi come

---

[23] http://supercell.com/en/parents/it/

hanno sempre fatto, guardando con sospetto lo smartphone che hanno tra le mani.

Li usano colpevolizzandosi

«Vai pure sui social, ma comportati bene, stai attento e non dare l'amicizia agli sconosciuti». Pur non essendo pienamente consapevoli di cosa sia un social media, i bambini sembrano avere compreso che un social senza amici non è un social. In che modo si può dunque stare all'interno di un media che invita ad allargare le conoscenze e i contatti senza offrire l'amicizia a uno sconosciuto? Inoltre, il dubbio è lecito, un bambino della stessa età che magari frequenta la stessa scuola ma con cui non si è mai parlato, può essere considerato uno "sconosciuto"? Insomma, spesso i bambini si muovono su questi social media colpevolizzandosi per quanto stanno facendo, con la quasi certezza di stare infrangendo qualche regola. Del resto, al di là dell'arbitrarietà o meno del limite dei 13 anni imposto a questi social, per potersi muovere all'interno dei media hanno dovuto per forza infrangere una regola.

Possono accedere a contenuti per adulti

La facilità con cui è possibile accedere a contenuti non destinati a minori è imbarazzante. Anche su questo punto i bambini sono molto più attenti e consapevoli di molti adulti. Tommaso, 10 anni, sorridendo imbarazzato dice: «Quando su un video c'è scritto che non deve essere visto da un minore, ad esempio quelli a contenuto amoroso, basta fare finta di avere 18 anni e nessuno ti può dire nulla». Se questo ragionamento viene fatto da un adolescente non ci scandalizziamo più di tanto (anche se forse dovremmo), ma se viene fatto da chi di anni ne ha molti meno i problemi aumentano.

Inoltre, muovendosi liberamente su social destinati a un pubblico più adulto, i bambini si trovano spesso a contatto con informazioni, notizie, commenti, modi di parlare e di esprimersi, non adatti a loro. Si assiste, per dirla con altre parole, a una vera e propria adultizzazione dei bambini.

Sono facilmente influenzabili

Molti bambini, sulla scia di quanto fanno gli adulti, considerano lo smartphone un oggetto quasi magico, in grado di dire sempre la verità, di eliminare ogni sorta di dubbio e di correggere gli errori e i difetti delle persone. Si capisce bene quanto un atteggiamento del genere nei confronti di questo dispositivo possa metterli nelle condizioni di essere influenzati dalle informazioni che provengono da esso. Se poi aggiungiamo che, attraverso accurati algoritmi, i nuovi media sono in grado di fare arrivare davanti ai nostri occhi non solo le informazioni che stavamo cercando, ma in alcuni casi anche solo pensando, si capisce quanto i social media trovino terreno fertile quando a usarli sono i bambini. Più che insegnar loro a non credere a tutto quello che trovano su un social, cosa del resto già complessa anche con gli adulti, si dovrebbe cominciare a non metterli nelle condizioni di esserne influenzati in una fase della loro crescita in cui devono ancora sviluppare, o comunque migliorare, la capacità critica.

D'altronde, alla specifica richiesta di "scaricare un'app" formulata da un figlio, una delle primissime domande dei genitori riguarda il costo della stessa. Nessun interesse pare susciti l'accettazione di termini e condizioni, l'accesso a fotografie, localizzazione e microfono.

Non vi è prova dell'utilizzo dei cosiddetti hastag vocali, ma i colossi tech, Facebook, Google, Apple e Microsoft hanno ammesso di ascoltare le conversazioni dei propri utenti, ma, una volta scoperti, si sono giustificati tutti allo stesso modo: i dati raccolti sono utilizzati in forma anonima. Peccato che secondo i ricercatori dell'Imperial College di Londra abbiano documentato su Nature l'inefficacia dell'anonimizzazione, quale ad esempio lo "stripping".

Si abituano a stare in un luogo in cui si può fare a meno della parola

I social media per poter essere immediati, intuitivi e veloci spingono le persone a concentrare i loro messaggi in poche parole, a usare simboli, come lo sono ad esempio le emoji, a ridurre il proprio pensiero a un like. Lo stesso discorso vale ovviamente anche per le applicazioni di instant messaging, come ad esempio WhatsApp, molto utilizzata dai bambini. In un momento della crescita in cui, più che alla riduzione e alla semplificazione, bisognerebbe puntare alla comprensione dei propri pensieri e invitare all'espressione; i bambini si trovano spesso a utilizzare sui social parole ed emoji anche emotivamente intensi senza però essere in grado di tradurli in parole più vere, ovvero più personali. Si affida così all'altra persona il compito di tradurre quanto si è scritto utilizzando degli emoji, non preoccupandosi delle incomprensioni a cui tutto questo può condurre e soprattutto non accedendo mai a una dimensione più profonda. Il fatto che online ci si senta poco responsabili delle proprie parole ha origine proprio dalla tendenza a non dare peso a quanto si stia dicendo, a considerare cioè quella parola, quell'emoji o quella foto come non appartenente a sé.

Possono sposare mode autolesionistiche come Blue Whale

Fenomeno dalle radici del tutto confuse, Blue Whale[24] sarebbe - il condizionale è d'obbligo - una sorta di gioco dell'orrore sbocciato in Russia e composto da una cinquantina di tappe, una più raggelante dell'altra. Fino all'ultima, che consiste appunto nel togliersi la vita saltando dall'edificio più alto della propria zona. Esploso nel 2016 grazie a un approfondimento del quotidiano russo «Novaya Gazeta» è stato poi ripreso dai media e dalla nota trasmissione "Le Iene" anche in Italia fra la primavera e l'estate del 2017. A dire il vero in modo piuttosto nebuloso. Difficile provare l'origine di questo gioco del suicidio condotto da diabolici "curatori" che irretirebbero bambini e adolescenti sui social network e nel deep web, cioè la rete nascosta ai motori di ricerca, oltre che sui forum dedicati all'approccio pro choice rispetto al suicidio, accompagnandoli in questo terribile percorso autodistruttivo. Ma d'altronde il tema è ormai secondario, cioè supera il fact checking. Bufala o meno, la suggestione di questa narrazione di morte sembra aver affascinato anche in Italia alcuni adolescenti che, come hanno riportato le cronache (spesso in maniera maldestra e piuttosto superficiale, appiccicando a qualsiasi gesto di autolesionismo avvenuto negli ultimi mesi l'etichetta Blue Whale), si sarebbero procurati ferite e inflitti pratiche simili a quelle prescritte dall'elenco dell'orrore. Vittime insomma di quella che è divenuta una specie di oscura moda. Un dato allarmante è rappresentato dal fascino della morte che rivive nei giovani, tanti dei quali, direttamente intervistati dopo aver assistito ai filmati sul tema del Blue Whale, contestavano l'impossibilità di vedere il momento del suicidio, l'impatto al suolo dopo il lancio dal lastrico solare dell'edificio.

I rischi che i bambini possono incontrare quando si muovono all'interno dei social sono dunque numerosi e non tutti possono essere eliminati o ridotti muovendosi in appositi

---

[24] https://www.wired.it/attualita/media/2017/05/19/blue-whale-poco-importa-ormai-bufala-no/

social media pensati per questa fascia d'età. Certamente, con alcune attenzioni, è possibile diminuire i pericoli a cui i bambini possono andare incontro ed è compito di ogni educatore insegnare a relazionarsi in quell'ambiente così strano e affascinante allo stesso tempo. Tutto questo non deve però distogliere l'attenzione dalla questione più urgente. Il fatto che si stiano pensando social per bambini e che si debba trovare il modo di fare entrare i bambini sui social per adulti, risponde davvero a una necessità del bambino? Non si sta forse, per l'ennesima volta, rispondendo a un mercato in continua espansione che vuole impossessarsi anche dei dati dei bambini, dei loro like, dei loro gusti, delle loro condivisioni?

L'adolescente sui social

Paolo, ragazzo di 18 anni che frequenta il liceo, si dice sorpreso quando sente gli adulti, compresi i suoi genitori, criticare il modo in cui i giovani utilizzano i social media. Per lui, infatti, questi nuovi media sono «potenti, invitanti e comodi» ed è ovvio che un ragazzo li utilizzi in tutti i modi possibili e immaginabili: per relazionarsi, per sperimentarsi, per conoscere, per curiosità, per fare cose che altrimenti non avrebbe mai avuto il coraggio di fare, per criticare e insultare, per fare politica... Il problema, secondo Paolo, sta proprio qui. Questi nuovi social media sono talmente potenti, invitanti e comodi da essere diventati necessari per lui e per tutta la sua generazione, al punto che non è più immaginabile stare un pomeriggio tra amici senza doverlo condividere su un qualsiasi social o passare una giornata senza andare almeno una volta a vedere cosa gli amici hanno condiviso. Adolescenza e social sembrano essere diventati sinonimi, come del resto mette in luce la ricerca condotta da Mascheroni e

Òlafsson[25] in cui si legge che il 93% dei ragazzi italiani tra i 15 e i 16 anni possiedono almeno un account su un social media. Anche se questi numeri fanno pensare a un passaggio obbligato, potremmo quasi dire normale, all'interno del processo di crescita di un adolescente, non si può far finta di non vedere i rischi e le problematicità che emergono dall'uso di questi nuovi media in un periodo della vita così delicato. Durante l'adolescenza, infatti, le esperienze positive e quelle negative hanno un peso molto forte nella costruzione dell'identità di un ragazzo[26].

Vediamo dunque quali possono essere i rischi e i problemi che un adolescente può incontrare quando si muove sui social network.

Cyberbullismo e drama

"Durante un incontro con una classe quinta di un istituto tecnico ho chiesto ai ragazzi se si fossero mai sentiti attaccati online o, al contrario, se pensassero di aver mai fatto del male a qualcuno utilizzando i social media. Tutti hanno risposto di no a eccezione di Luca. Durante la festa dell'istituto, Luca, ragazzo piuttosto timido, aveva deciso di esibirsi suonando la chitarra insieme a un amico. L'esibizione sembrava essere andata bene e Luca era molto soddisfatto, ma una volta tornato a casa aveva trovato su Facebook foto, video e numerosissimi commenti, alcuni anche da parte dei suoi stessi compagni, in cui lui e il suo amico venivano presi in giro pesantemente. Da quel momento non ha più preso in mano la chitarra".

Non c'è dubbio che il cyberbullismo rappresenti uno dei principali rischi a cui un adolescente si trova esposto quando

---

[25] Cf. G. Mascheroni - K. Òlafsson, Net Children Go Mobile: il report italiano, OssCom, Università Cattolica del Sacro Cuore, Milano 2014.

[26] Cf. L. Steinberg, Adolescenti. L'età delle opportunità, cit.

apre un profilo su un social media. Questa parola può però confondere in quanto con cyberbullismo si intende una forma di bullismo, ovvero un'aggressione ripetuta nel tempo in cui sia presente disparità di potere tra bullo e vittima, perpetrata tramite tecnologia dell'informazione o della comunicazione. In alcuni casi, le notizie di cronaca ce lo ricordano purtroppo quasi quotidianamente ci si trova proprio di fronte a episodi di cyberbullismo, ma nella maggioranza dei casi i ragazzi devono confrontarsi con quello che Danah Boyde[27] chiamato «drama», ovvero il prendersi in giro utilizzando strumenti digitali. Le normali battute che gli adolescenti si facevano di persona ora vengono portate avanti sui social media, potenziate: dalle possibilità che questi strumenti mettono a disposizione: fra tutte la presenza sempre costante di un pubblico, che ha un ruolo centrale nel bullismo tradizionale, e la possibilità di manipolare la realtà con, molta facilità. Secondo una recente ricerca condotta su 600 ragazzi italiani tra i 12 e i 18 anni è emerso che quasi 1 su 10 degli intervistati ha diffuso informazioni tramite foto o video che umiliavano qualcuno[28]. Se a questi dati aggiungessimo tutte le persone che hanno ricevuto, visto, commentato e ricondiviso queste informazioni non c'è dubbio che le percentuali salirebbero di molto.

Il fatto che si parli di "presa in giro online" e non di cyberbullismo non significa che gli effetti possano essere meno devastanti per un ragazzo. Al contrario, tutto questo ci fa dire che è molto più facile ferire, essere parte anche inconsapevolmente di un'aggressione e sentirsi umiliati quando si viene presi in giro. Basta una foto, un commento, un giudizio

---

[27] Cf D. Boyde, It's complicated. La vita sociale degli adolescenti sul web, Castelvecchi, Roma 2014.

[28] Telefono Azzurro - Doxa Kids, 2016. Cf. http://www.azzurro.it/sites/default/files/Dossier%20cyberbullismo%20-%20teleefono%20Azurro.pdf

sommario per sentirsi attaccati molto profondamente, come è successo a Luca.

Selfie. L'importanza di apparire

Il selfie, parola entrata nel vocabolario italiano nel 2014, è una fotografia di sé stessi condivisa attraverso i social. Il termine deriva dall'inglese self che in italiano possiamo tradurre con sé, personalità, identità. Un selfie, in effetti, rappresenta il timbro di una persona all'interno del social media, una sorta di firma digitale che non lascia dubbi sull'identità di chi si è scattato la foto. Proprio da questa ambiguità, ovvero dall'idea che un'immagine possa rappresentare il self di una persona, possono sorgere alcuni problemi. L'adolescente è infatti molto attento ai pensieri e all'immagine che l'altro ha di lui, ne ha bisogno per poter costruire la propria identità. Il selfie, se vogliamo, rappresenta una scorciatoia a questo normale processo di crescita e di sviluppo. Pubblico un selfie, vedo i like che ottengo, i commenti che arrivano, le condivisioni... e potrò essere contento/a o anche molto insoddisfatto/a. Un like può cambiarti la vita, ci ricordava Adele riferendosi proprio a questo processo. Il problema di questa come di molte scorciatoie è che l'immagine sui social media è facilmente manipolabile, oltre a essere sempre attaccabile, e le risposte che un adolescente può ottenere da tutto, ciò possono non essere sempre così positive. Senza contare che la prima persona a manipolare la propria immagine attraverso il selfie può essere il diretto interessato.

Le relazioni finte

Nonostante le campagne di prevenzione e di sensibilizzazione ricordino con costanza ai ragazzi di stare attenti alle persone conosciute online, in quanto non sempre è possibile essere certi dell'identità dell'altro, fare conoscenza di estranei sui social media resta una possibilità sempre aperta. Non solo attraverso i social di incontri, come Tinder e Lovoo, ma anche su Facebook o, per stare su un gioco online, su Clash Royale. Come si spiega questo fatto? I ragazzi possono fare fatica a distinguere tra un'emozione provata di fronte a una persona e una dietro a uno schermo. In alcuni casi, anzi, sostengono di preferire gli scambi di messaggi e foto perché hanno la sensazione di una maggiore intimità e protezione. Lo stesso discorso vale con persone conosciute online che, proprio perché non presenti, non possono fare male e nello stesso tempo fanno provare emozioni molto forti. I rischi insiti in questo tipo di comportamento sono evidenti. Inoltre, questo atteggiamento di fiducia che il ragazzo ha nelle proprie emozioni lo mette nelle condizioni di essere facilmente manipolabile da chi si trova dall'altra parte dello schermo, chiunque esso sia.

Evitare l'ostacolo

«Oggi, se vuoi conoscere una ragazza, devi usare Facebook e poi WhatsApp. Non esiste che fai il primo passo di persona». A dirlo, con un filo di malinconia per un tempo mai Conosciuto, è Andrea, ragazzo di 16 anni. L'introduzione delle tecnologie della comunicazione nella vita dell'essere umano ha sostanzialmente reso più semplici, immediate e comode le comunicazioni tra le persone. Si potrebbe anche dire che con i social media la comunicazione si è spogliata di tutto ciò che era apparentemente poco utile, restando alla fine puro messaggio. Cosa si sta perdendo? In cambio di una maggiore facilità nella comunicazione si è persa la bellezza dell'inciampo, la possibilità di sperimentare parti di sé stando in relazione con un'altra persona, la conoscenza dei propri limiti. Alcuni ragazzi possono trovare nei social media un'opportunità per poter evitare le difficoltà ma, così facendo, rischiano di non trovare mai il modo e il tempo per affrontarle. Anche perché, che lo si voglia o no, la relazione tra esseri umani non è stata ancora bandita del tutto e, prima o poi, ogni persona si troverà a scontrarsi con i propri limiti. Quanto più li si è evitati, tanto più sarà difficile affrontarli quando si presenteranno.

Stare sui social, come si sarà potuto notare, pur essendo un passaggio quasi obbligato per un adolescente dei nostri tempi, può non essere semplice. Ci sono alcuni ragazzi che, per questo e altri motivi di ordine sociopolitico, decidono di fare un passo fuori da questo circo mediatico e giurano di stare molto bene. Limitando l'uso dello smartphone a WhatsApp e ad altre app che rispondono ai loro gusti, raccontano di non sentirsi esclusi da quello che sta capitando nel mondo attorno a loro e di suscitare una certa curiosità nelle persone che li circondano. Questa non è certamente una soluzione adatta a tutti, anche perché è forte in chi scrive l'idea che i social media possano essere un buono strumento di relazione tra persone. Non si può, però, far finta di non vedere le criticità o minimizzarle riconducendole a problemi della singola persona perché, come abbiamo visto, non è così.

Genitori: un'educazione ai social è possibile?

Un esempio per i figli

Il rapporto tra social media e figli rappresenta una delle sfide educative che un genitore si trova a dover affrontare. A quale età è giusto iscriverlo? E su quali social? Lo dobbiamo fare insieme o posso lasciarlo navigare da solo così fa esperienza? Devo conoscere tutti i social che frequenta mio figlio? Si potrebbe andare avanti a lungo nell'enunciare tutte le possibili domande che possono giustamente sorgere a un genitore che per la prima volta nella storia dell'uomo si trova a dover educare anche a questo nuovo ambiente. Un ambiente che, nonostante tutto, rimane ancora poco conosciuto. I genitori più spaventati parlano di figli "dipendenti dallo smartphone", non più in grado di parlarsi di persona e sempre pronti a isolarsi davanti allo schermo del dispositivo tecnologico. Quelli un po' meno preoccupati cercano di trovare gli aspetti positivi dei social media e non rinunciano a osservare le capacità relazionali ancora presenti nel figlio. Al di là di quella che può essere la posizione personale di ciascun genitore, alla luce di quanto abbiamo detto finora, possiamo sostenere che i social media contribuiscano alla costruzione identitaria e incidono nel modo di relazionarsi di ciascun essere umano.

A tale proposito una mamma, al termine di una conferenza, ha preso la parola e, con un filo di nostalgia, ha messo in luce con estrema semplicità questo paradosso della modernità: da quando lo smartphone è entrato nella nostra famiglia facciamo molta più fatica a comunicare tra noi. Ognuno passa il suo tempo libero sui social a commentare, chattare, guardare video, non ci parliamo più. Ma come, i social media sono nati per aumentare le nostre possibilità comunicative e nelle famiglie, il luogo per eccellenza in cui ci si dovrebbe relazionare, si parla di meno anche a causa loro? Come mai si continua ad anticipare l'età in cui si regala ai figli uno smartphone e un tablet se tutto questo si traduce in un peggioramento delle relazioni all'interno delle mura domestiche?

Eppure, sono sempre di più i ragazzi al di sotto dei 13 anni che possiedono uno smartphone e aprono almeno un account su un social media, cominciando così la loro navigazione, con contenuti personalizzati, in solitudine. Del resto, i dati lo dimostrano in maniera impietosa[29], a guidare la scelta di un genitore non sembrerebbe esserci una valutazione di tipo educativo, come potrebbe essere la presunta maturità del figlio, quanto piuttosto la sempre maggiore accessibilità economica di smartphone e tablet, insieme all'idea, tutta da dimostrare, che questi dispositivi siano necessari a qualunque età. Questa corsa al digitale o, potremmo dire, all'essere tutti più social, non tenendo conto della differenza generazionale, ha messo tutte le persone sullo stesso piano e creato numerose incomprensioni e difficoltà. Oggi si continua a rincorrere l'utopica idea di un'educazione digitale di tipo cognitivo e comportamentale, che insegni cioè ai ragazzi a utilizzare questi nuovi media in maniera corretta e sicura, non mettendo mai in discussione il modo in cui vengono utilizzati dagli adulti, i messaggi che essi veicolano con le loro scelte e la dimensione sociopolitica collegata a questi nuovi media della comunicazione. Cosa potrà mai pensare un bambino quando, una volta ricevuto il suo primo smartphone come regalo della prima comunione, riceverà anche l'enigmatica regola di "usarlo bene, senza esagerare" e poi vedrà i suoi genitori messaggiare mentre sono alla guida?

---

[29] .Cf. G. Mascheroni - K. Òlafsson, Net Children Go Mobile: il report italiano, cit.

Il caso dello sharenting, di cui ci siamo occupati nel primo capitolo, è da questo punto di vista emblematico. Alcuni bambini, fin dai primi giorni di vita, entrano nel flusso continuo dei social media attraverso i racconti, le foto e i video dei loro genitori. Le mamme, ma lo fanno anche i papà, raccontano i successi del figlio a scuola, ne pubblicano la pagella, riportano gli scambi avuti durante la cena, chiedono un consiglio su come comportarsi con la maestra che non sembra valorizzare troppo il figlio. Quello che si faceva prima tra un gruppo di amici oggi viene riversato sui social, con la differenza che qui il pubblico è potenzialmente senza confini. Al di là degli elementi di pericolosità, a cui si è già fatto riferimento, perché è necessario problematizzare questo tipo di comportamento?

Perché altrimenti non dovremmo scandalizzarci quando vediamo un bambino di 9 anni che pubblica un video in cui mostra agli amici la propria cameretta e la propria collezione di fumetti. O ancora, perché se è normale che un genitore parli pubblicamente della maestra del figlio, altrettanto potrà fare il figlio adolescente, magari allegando anche una bella immagine della professoressa scattata durante una lezione. Se i primi a condividere senza alcun tipo di pensiero sono i genitori, non ci si deve sorprendere di tutte quelle volte in cui i bambini e i ragazzi dimostrano di non conoscere più il significato della parola privacy, soprattutto dopo averli dotati di strumenti che invitano continuamente alla condivisione.

La differenza generazionale, ai giorni nostri, sembra essere poco funzionante, ridotta al minimo, potremmo dire quasi eliminata, e questo ha tra gli effetti collaterali il fatto che genitori e figli si trovino molto spesso a confrontarsi sullo stesso tipo di problemi. Ci sono genitori che, nel parlare della dipendenza da smartphone della figlia, non potevano fare a meno di controllare continuamente il telefono "per doverosi motivi di lavoro". Oppure ci sono nonne molto arrabbiate con le figlie perché, mentre aiutavano i propri figli a fare i compiti, continuavano a intrattenersi e distrarsi su Facebook. Infine, dietro ad alcuni grossi litigi all'interno di una classe, dovuti a dei messaggi offensivi comparsi su WhatsApp, c'erano genitori che consigliavano ai figli il modo giusto per difendersi (spingendo cioè l'altra persona a delle rivelazioni che poi, facendo uno screenshot, sarebbero dovute rimanere salvate sul telefono per un eventuale causa legale).

I primi a essere in difficoltà nella gestione dei social network sono proprio gli adulti ed è per questo inutile invocare un'educazione digitale a scuola se non si parte prima da sé stessi, dal modo di restare connessi, dal significato che si dà all'essere su un social. Bisogna cominciare da qui, dalle domande e dai dubbi che sorgono quando si decide di stare all'interno di un social network, dalle letture critiche che aiutano a comprendere il cambiamento che sta avvenendo, dall'osservazione di come questi potenti media stiano modificando il proprio modo di entrare in relazione all'altro. Da questo punto di osservazione è poi possibile chiedersi se il proprio figlio, al livello di sviluppo in cui è arrivato, abbia davvero la necessità di utilizzare il social o se sia meglio che se ne stia alla larga ancora per un po'.

Occorre che i bambini imparino a parlare prima che a utilizzare le emoji, che provino a esprimere i propri sentimenti di fronte a un altro essere umano senza utilizzare uno smartphone, che riescano a distinguere un palcoscenico dalla vita reale: per tutto questo, che piaccia o no, serve la testimonianza vera, e per questo anche imperfetta, di un adulto.

Paolo, il papà di Umberto, un ragazzino che frequenta la quinta elementare, racconta di avere scoperto da alcuni amici che suo figlio ha un canale su YouTube. Per prima cosa non ci ha creduto, convinto com'era che YouTube funzionasse come una normale televisione e che quindi non si potesse avere un proprio canale. Poi, dopo aver appreso che lo smartphone regalato al figlio permettesse anche questo genere di "diavolerie", con un po' di timore e tanta curiosità è andato su YouTube, dove ha scoperto la vena artistica del figlio. Umberto ha infatti pubblicato alcuni video in cui insegna a suonare il violino e il suo canale raduna qualche centinaio di iscritti. La paura si è improvvisamente trasformata in orgoglio, Paolo si è ricreduto sulle nuove tecnologie e si è detto che deve imparare a essere un "genitore moderno". Qualche mese più tardi, però, la maestra di Umberto racconta al padre che il figlio è perennemente preso in giro dai compagni di classe per dei video pubblicati su YouTube. Umberto è infatti un ragazzo abbastanza introverso, che fatica a relazionarsi con i coetanei, e i suoi compagni hanno cominciato a prenderlo in giro per questi video, in cui si atteggia a maestro di musica pur commettendo numerosi errori.

Paolo e Umberto rappresentano i due prototipi: immigrato digitale e nativo digitale. Bisogna ammettere che si può rimanere affascinati da questa definizione, tanto semplice quanto efficace. Osservare il modo in cui un bambino si appropria di una tecnologia, rendendo semplice ciò che per un adulto è molto complicato, può far pensare che esistano delle capacità innate. Senza dubbio c'è, da parte dei più piccoli, una maggiore propensione all'apprendimento che li porta, ad esempio, a riuscire a utilizzare già da molto piccoli smartphone e tablet lasciando a bocca aperta tutte le persone attorno. Come abbiamo visto, però, non possiamo limitare l'educazione all'utilizzo di questi nuovi dispositivi solamente ad aspetti cognitivi e comportamentali e qui, la definizione di Marc Prensky mostra i suoi evidenti limiti. Gli adulti saranno anche meno capaci di utilizzare gli strumenti digitali, ma possiedono altre capacità e competenze, dovute alla loro esperienza di vita, che è necessario mettano in gioco. Inoltre, questa definizione ha contribuito alla diffusione dell'idea che un bambino nato nell'epoca digitale debba per forza essere esposto, e quindi educato, al digitale fin dall'inizio della propria vita. Tutto questo induce a inventare dei modi per insegnare ai bambini a passare in maniera sicura parte del loro tempo di fronte a un tablet, salvo poi lamentarsi quando ci passano troppo tempo e criticarli perché, invece di correre dietro a un pallone, preferiscono tagliare i capelli a un leone giocando a Toca Hair Salon, divertente app sviluppata da Toca Boca. Oppure, qui la faccenda, come già accennato, si fa più spinosa, induce a considerare in maniera negativa quei genitori che lasciano giocare i propri figli con lo smartphone al ristorante in cambio di un po' silenzio, gradito, tra l'altro, anche a chi sta giudicando seduto nei tavoli vicini. Stanno crescendo le prime generazioni di bambini senza sbucciature sulle ginocchia, dove cioè a essere in discussione è non solo la soglia del dolore ma il valore della fatica, per cui si continua a pensare che la strada da percorrere sia quella di un'inevitabile esposizione alle nuove tecnologie.

Alla base di questa idea c'è la convinzione che, rappresentando il "digitale" il futuro, i bambini debbano entrarci il prima possibile, così da ampliare fin da subito le proprie capacità cognitive e avere poi meno problemi ad affrontare i tempi che cambiano. Non abbiamo però, a oggi, nessun tipo di evidenza in questo senso, mentre abbiamo la possibilità di osservare tutta una serie di criticità e problematicità in cui si

trovano i bambini quando sono alle prese con questi dispositivi. Abbiamo visto precedentemente come i social media
possano mettere i minori in situazioni pericolose e non si
capisce il perché debba essere giusto obbligarli a questo tipo
di esposizione.

I social non possono essere considerati una palestra di
vita, ovvero un luogo sicuro in cui si impara a relazionarsi fin
da piccoli, perché la struttura stessa del social media non consente al bambino di comprendere esattamente in che tipo di
ambiente si sta muovendo. Un gruppo di bambini di 7 anni,
tutti membri di un Clan di Clash Royale, racconta ad esempio
di essere molto selettivo nei confronti di tutte le persone esterne che chiedono di entrare a fare parte del gruppo: se sono
sconosciuti, anche se dichiarano di essere a loro volta bambini, vengono esclusi. Un atteggiamento corretto da un certo
punto di vista, in quanto, come dicono loro, nel digitale non è
mai possibile sapere esattamente chi è la persona con cui ci
si sta relazionando. Un atteggiamento che però, allo stesso
tempo, invita alla chiusura, a non fidarsi di nessuno, alla diffi-
denza nei confronti dell'altro che può essere potenzialmente
sempre pericoloso. Lo stesso non avviene, per esempio, ai
giardini pubblici, quando la relazione di persona, il fatto di poter vedere l'altro, permette una maggiore inclusione anche
delle persone sconosciute che desiderano solamente giocare
insieme. Perché, dunque, insistere nel far stare i bambini in un
ambiente in cui devono imparare, prima ancora che a relazionarsi, a essere sospettosi? Perché chiudere gli occhi
quando un bambino si espone a un numero potenzialmente
illimitato di persone, non chiedergli, invece, di insegnare a suonare il violino a scuola davanti a i propri compagni? Nel caso
di Umberto, ad esempio, così facendo non solo si sarebbero
potute evitare le prese in giro, ma si sarebbero create anche
le condizioni per aiutarlo e sostenerlo nell'affrontare la sua

paura di esporsi e relazionarsi.

Oltre ai social media più famosi, come Facebook o Snapchat, esistono numerosi social media che si popolano di bambini e adolescenti senza che i genitori ne siano a conoscenza o, magari, senza che si siano resi conto del carattere social dell'app scaricata gratuitamente sullo smartphone. Prendiamo ad esempio Ask.fm, social esploso qualche anno fa, anch'esso inutilmente vietato ai minori di 13 anni. In questo social numerosissimi minori si sfidano a colpi di domande e risposte (una sorta di gioco dell'obbligo e verità in formato digitale), e arrivano con molta facilità a farsi del male poiché il contenuto delle domande contiene spesso un fondo di malizia, come del resto è normale aspettarsi vista l'età media degli utenti di Ask. Questo social media è diventato tristemente famoso quando alcuni fatti di cronaca lo hanno portato alla ribalta[30], prima di allora pochi sapevano di che cosa si stesse parlando. Oppure possiamo prendere l'esempio del social Musical.ly, in cui i minori, che anche in questo caso dovrebbero avere più di 13 anni, registrano dei piccoli video in cui cantano in playback e ballano e poi condividono il tutto. I genitori possono essere contenti di vedere l'impegno e il divertimento dei propri figli, ma sono davvero consapevoli della natura social di questo gioco? Sanno in che modo quelle più o meno innocenti performance verranno trattate dall'arena social e l'effetto che tutto questo produrrà sui propri figli? E davvero necessario che un bambino di 8 anni passi per questa esposizione, che nasconde molti pericoli, per poter crescere?

---

[30] Il social network Ask.fm, permettendo agli utenti di esprimersi in maniera anonima, è stato più volte accostato ad alcuni suicidi di adolescenti avvenuti anche in Italia. Le vittime di suicidio erano infatti state attaccate, offese e invitate a togliersi la vita proprio attraverso le pagine di Ask. fm. L'accusa che viene fatta al social è. quella di essere uno strumento che non solo non protegge abbastanza i suoi utenti ma, al, contrario, ne scatena l'odio e la violenza.

Certamente esistono social dedicati a minori, pensati e studiati per limitare i rischi e i problemi che si possono incontrare. In parte, se si è convinti che l'educazione di un figlio debba passare dallo stare sui social, possono essere una buona alternativa. Bisogna però essere pronti a riconoscere che per un bambino, soprattutto se si avvicina all'adolescenza, questi social saranno infinitamente meno allettanti di quelli in cui stanno i ragazzi più grandi. Un po' come chiedergli di mettersi a giocare con altri, pochi, bambini, magari con una palla di gommapiuma, sotto lo stretto controllo dei genitori, mentre, a pochi metri di distanza, altri bambini della stessa età stanno giocando in libertà insieme a ragazzi più grandi. Proprio perché stiamo parlando di social, anche per un bambino è più divertente trovarsi in un luogo in cui ci sono tutti i suoi amici e pochi adulti a controllare.

Al di là delle scelte di un genitore e visto che la corsa a stare sul digitale dei bambini non sembra poter essere arrestata nonostante i rischi esistenti, è bene ribadire l'importanza di usare alcuni accorgimenti per limitare i pericoli che si possono incontrare quando ci si muove online. Per questo, per prima cosa, è essenziale sapere con esattezza che cosa fa un bambino con smartphone e tablet, quali app ha scaricato, dove si è iscritto e quali sono le attività a cui dedica più tempo. Se non si parte da queste informazioni di base non si può pensare di stare facendo un buon lavoro di tipo educativo.

Come già accennato, bisogna inoltre stare attenti alla gratuità di certe app e chiedersi sempre il perché qualcuno dovrebbe regalare un gioco a un bambino, quali interessi possa nutrire nei suoi confronti. Un adulto ha il dovere di proteggere il proprio figlio dai pericoli che possono nascere dall'uso di questi nuovi media anche, non c'è niente di scandaloso, impedendogliene l'uso o obbligandolo a utilizzare alcune piattaforme piuttosto che altre.

Anche perché, come vedremo bene nel prossimo capitolo, nonostante esistano alcune piattaforme che prestano maggiore attenzione ai minori, non esiste a oggi miglior rimedio a una certa esposizione negativa al mondo dei social che quello che un genitore attento può fornire. Certi pericoli legati all'utilizzo dei social ci saranno sempre e, proprio perché i bambini hanno grandi capacità di apprendimento, non bisogna avere fretta di introdurli in ambienti digitali in un momento della loro crescita così delicato. Ci sarà tempo per lottare su Clash Royale, per registrare video su Musical.ly e per condividere la propria vita su Facebook, o ingaggiare una battagli all'ultimo sopravvissuto su Fornite. Sempre che, una volta cresciuti, decidano di volerlo fare.

Una presenza silenziosa (dagli 11 ai 15 anni)

Il passaggio alla scuola secondaria di primo grado rappresenta un momento importante, per questo anche molto delicato, nella storia di un giovane. Non solo avvengono alcuni cambiamenti, ma a scuola, come anche a casa, aumentano le situazioni in cui insegnanti e genitori cominciano ad aspettarsi una maggiore responsabilità da parte dei ragazzi. Inizia il tempo dell'adolescenza. Tempo di scoperta del proprio corpo e delle emozioni che lo attraversano; della sessualità che irrompe e fa aprire gli occhi rispetto ad alcuni bisogni rimasti dormienti fino a quel momento; delle relazioni che mai come in questo momento della vita hanno un ruolo centrale nella costruzione dell'identità. Tempo attraversato da dubbi e perplessità, in cui le proprie capacità fisiche e relazionali sono messe alla prova dal continuo contatto con l'altro. Tempo che spaventa anche gli adulti i quali, quasi improvvisamente, si trovano di fronte un ragazzo (o una ragazza) nel pieno del suo sviluppo.

I genitori, che avevano resistito a comprare uno smartphone al figlio, possono trovarsi ora di fronte a grossi dilemmi: cosa succede quando il proprio figlio è l'unico a non possedere un dispositivo elettronico? Riuscirà lo stesso a integrarsi all'interno della classe o sarà escluso? Se tutti hanno Instagram e lui no, come farà a relazionarsi?

Tranne ormai rare eccezioni, un genitore cede. A partire da questa età, infatti, la quasi totalità dei ragazzi possiede uno smartphone e ha quindi la possibilità di muoversi in autonomia sui vari social network. Lo stesso limite di 13 anni non è vissuto dai ragazzi come un vincolo, è una sorta di non regola che può essere superata semplicemente dichiarando di avere un'età maggiore a quella richiesta per iscriversi. Se non stupisce il fatto che un adolescente si disinteressi a questa regola, lo stesso non si può dire di un adulto: perché, nonostante il social indichi un'età minima per poter accedere, un genitore non riesce a impedire che il proprio figlio di 11-12 anni si iscriva? Non è che sono proprio i genitori a non credere all'importanza di questo limite?

Eppure, come suggerisce il nuovo Regolamento europeo in materia di protezione dei dati personali si deve aspettare ancora qualche anno per iscriversi ai vari social media e ciò fa bene ai ragazzi che si trovano nel pieno della loro crescita. Se però non è possibile impedire l'accesso ai social da parte di giovani adolescenti o, la questione non cambia, se si pensa che sia giusto che il proprio figlio abbia il suo spazio online, è fondamentale che accanto a loro ci sia una presenza dei genitori discreta, silenziosa e soprattutto attenta. Al contrario, regalare uno smartphone e appellarsi alla presunta maturità del figlio significa: lasciarlo esposto a situazioni potenzialmente rischiose. Perché questo è il momento della vita in cui è più forte la ricerca identitaria e i social media, che vorrebbero offrire facili risposte ai suoi utilizzatori, possono confondere e complicare le cose.

Spesso, nei confronti Scuola/Genitori, la partita si gioca sul tema dell'"autonomia". Spiace constatare che, costantemente, il genitore confonda l'autonomia con l'abbandono sparendo dalla quotidianità del proprio figlio. Si aggiunga che, legittimando il giovane ad un comportamento contrario alle norme, seppur in alcuni casi regolamentari, si avvalla la scelta più conveniente in luogo di quella più giusta, anzi legale.

In primo luogo, è fondamentale che un genitore sappia quali sono i social utilizzati dal figlio. Troppe volte si ignora l'importanza di questa informazione e ci si limita a registrare la quantità di tempo che il figlio passa sul tablet o sullo smartphone senza porre attenzione al tipo di attività che sta portando avanti. Soprattutto quando un ragazzo è alle prime esperienze con i social è doveroso affiancano, vedere insieme come funziona il social a cui si è iscritto, capire se le persone con cui si sta relazionando sono amici, conoscenti, adulti... Il controllo delle interazioni che un ragazzo tiene su un social non è mai da considerare un buon metodo educativo ma se si dovesse osservare un comportamento un po' diverso dal solito da parte del figlio, il fatto di accedere ai contenuti dei social può servire a scongiurare eventuali situazioni di cyberbullismo e fornire uno spunto per affrontare alcuni argomenti.

Se si è deciso di regalare un dispositivo mobile al proprio figlio, in questa fascia d'età è bene che il genitore ne regolamenti l'uso. Molti ragazzi, ad esempio, utilizzano lo smartphone la notte, per chattare, stare sui social o guardare video senza che i genitori ne siano a conoscenza. Un controllo maggiore anche della quantità di tempo in cui viene utilizzato il dispositivo non deve essere considerato un limite alla libertà dei figli, ma un aiuto nella complicata gestione di uno strumento potente, invitante e comodo.

Un'attenzione particolare deve essere posta, ovviamente, anche alle offese. Non c'è da stupirsi, vista l'età degli utilizzatori, che social vengano utilizzati anche per prendersi in giro e mettere in ridicolo qualcuno, in quanto questo processo, così difficile da comprendere per un adulto, può servire a un ragazzo per distinguersi, e mostrare le differenze esistenti tra sé stesso, o il proprio gruppo, e la persona oggetto della presa in giro. I social media hanno però reso più pericoloso tutto questo poiché la dimensione social ha trasformato il banale scherzo, sempre avvenuto tra ragazzi, in una macchia, potenzialmente indelebile, che si inscrive nel percorso di crescita di un adolescente. Inoltre, anche questo aspetto non è da sottovalutare, leggere delle offese rivolte a un'altra persona e non intervenire, magari chiedendo di rimuovere il contenuto offensivo, rende in qualche modo complici dell'aggressione. Su questi aspetti, soprattutto in questo periodo, è bene che un genitore non lasci solo il figlio e che non lo giudichi: un ragazzo deve sapere che qualora ci fossero dei problemi troverà certamente il proprio padre o la propria madre pronti a sostenerlo.

Infine, le prime esperienze sui social chiamano anche in causa, forse per la prima volta, il concetto di privacy. In che modo pubblicare la propria immagine, cosa condividere e cosa no, quali aspetti della propria vita è bene che non entrino a fare parte del flusso continuo dei social. Sono tutti aspetti da affrontare e da non dare per scontato. I ragazzi possono senza dubbio faticare nel comprendere il concetto di privacy, perché sanno bene che il bello dei social sta nella condivisione. Diventa allora importante riflettere insieme sul contenuto di questa condivisione e sul senso che per un ragazzo può avere il rendere pubblica una propria foto, un pensiero o uno scambio di commenti. Il social non può e non deve diventare il luogo primario in cui un ragazzo cerca di costruire la propria identità, e un genitore può aiutare il proprio figlio a staccarsi da queste piattaforme qualora lo vedesse troppo coinvolto.

Offrire a un figlio la possibilità di iscriversi a un social media, lo si sarà compreso, richiede uno sforzo educativo maggiore da parte dei genitori. Proprio perché questa fase dell'adolescenza è molto delicata, è necessario che la scelta di aprire un profilo sia presa in maniera consapevole e non venga considerata un normale passaggio che un ragazzo deve fare a questo punto della sua crescita, oltre che un compromesso, un patto fiduciario da rispettare reciprocamente. Se un genitore dovesse scegliere diversamente, e non dare al figlio la possibilità di iscriversi a un social, è bene sottolineare che non sta facendo niente di male e che quel ragazzo avrà le stesse opportunità di tutti gli altri.

Adolescenti navigati (da 16 anni)

Patrizia, mamma di una ragazza di 16 anni, racconta di utilizzare regolarmente la geolocalizzazione per monitorare gli spostamenti della figlia. «Lei è d'accordo - mi dice - anche perché se non lo fosse non potrebbe uscire di casa la sera». Anche altri genitori utilizzano questa funzione, presente negli smartphone, che consente di individuare gli spostamenti di una persona e di localizzarli all'interno di una mappa. Ma è giusto operare questo genere di controllo sui figli adolescenti? È corretto scandagliare il profilo del proprio figlio sul social alla ricerca di informazioni che possono riguardare lui e i suoi amici?

Arrivati a questo punto, quando cioè il ragazzo ha compiuto 16 anni, bisogna certamente cominciare ad allentare la presa, lasciando che il figlio faccia le proprie esperienze, anche online. Del resto, a partire da questa età, anche secondo il nuovo Regolamento europeo un ragazzo può avere accesso liberamente ai servizi offerti dalle società dell'informazione. Ad alcune persone, genitori compresi, questo, limite di 16 anni suonerà eccessivo, una forma di censura nei confronti dei giovani. Chiediamoci però se ha senso, alla luce di ciò che abbiamo detto fino a questo punto, dare l'opportunità a un ragazzo di accedere a un social network anche prima per poi doverlo controllare, in alcuni casi spiare, per paura che possa mettersi in situazioni rischiose. Forse vale la pena mantenere un atteggiamento più rigido nei primi anni dell'adolescenza, invitando il ragazzo a cercare forme di relazione per così dire "tradizionali" e consentirgli di accedere al mondo dei social network in un periodo della sua vita in cui è dotato di una maggiore maturità.

I social media offrono la possibilità di esercitare un forte controllo nei confronti di un'altra persona. Esistono, per esempio, alcune applicazioni che consentono di tracciare gli spostamenti del proprio figlio, di avere accesso ai contenuti del suo telefono e alla sua fotocamera: il tutto senza che il ragazzo ne sia a conoscenza. Se a prima vista tutto questo potrebbe sembrare una buona soluzione, soprattutto per i genitori più ansiosi, ci si renderà conto poi che questa strada non dovrebbe mai essere percorsa. L'esercizio del controllo, soprattutto quando avviene utilizzando strumenti da servizi segreti, non è mai un buon metodo educativo perché non permette alla relazione tra genitori e figli di crescere.

Senza però arrivare a queste forme eccessive di controllo,

è piuttosto normale che un genitore entri in possesso di alcune informazioni provenienti dai canali social in cui il figlio si muove: una foto, un post scritto dal figlio e intercettato su Facebook da un amico del genitore, piuttosto che l'immagine del profilo di WhatsApp. Prima dell'avvento dei social media era più semplice per un giovane fare l'adolescente. Oggi invece, un ragazzo deve stare molto attento a quello che lui o i suoi amici postano ed è normale che si cerchino social, come Snapchat, in cui non solo gli adulti non sono presenti, ma dove è anche possibile condividere contenuti con più serenità visto che verrà tutto distrutto dallo stesso media. L'adulto, però, deve stare molto attento a non cedere alla tentazione di giudicare partendo dalla singola informazione di cui è venuto in possesso.

Troppo spesso infatti si tirano frettolose conclusioni a partire da un post letto su un social o si grida al cyberbullismo quando invece per i ragazzi si è trattato solo di uno scambio verbale un po' più acceso del solito. Inoltre, la comunicazione tramite social osserva delle logiche particolari che non possono essere viste quando si estrapola il singolo messaggio. Esattamente come capita fuori dal social, alcuni ragazzi possono mettere un like a un certo contenuto per sentirsi parte del gruppo, pur non condividendo in pieno quel tipo di messaggio. Bisogna pertanto evitare di giudicare una situazione o, ancora peggio, un adolescente a partire da ciò che viene pubblicato sul social. Può invece essere utile cercare di scambiare qualche parola, chiedere al ragazzo il perché di certe immagini, aiutarlo a vedersi dal di fuori: da questo punto di vista i social permettono di fare emergere alcune difficoltà che altrimenti rimarrebbero nascoste, ed è utile che un adulto le possa riprendere all'interno della relazione.

La vita di un ragazzo, inoltre, non può più essere divisa tra reale e virtuale. Non esiste vita che non sia, almeno in parte, attraversata dai social media e dai cambiamenti portati dalla digitalizzazione della nostra società. Quando un ragazzo parla di sé stesso, infatti, non differenzia tra social e realtà in quanto è il primo a rendersi conto che questi due ambienti, pur essendo differenti, lo riguardano allo stesso modo. Lo stesso deve cercare di fare un genitore. Se si osserva che il proprio figlio sta passando troppo tempo sui social network, ad esempio, è importante provare a capire il perché, in quel momento della vita, senta il bisogno di utilizzare di più quel tipo di strumento per relazionarsi, e che tipo di situazioni sta vivendo. Al contrario, puntare il dito contro lo smartphone, appellandosi genericamente alla dipendenza da internet, non consente di fare emergere gli eventuali problemi del ragazzo poiché riduce tutto a uno specifico problema di relazione con un oggetto. Ricordo che la frase "Stai troppo attaccato al cellulare", negli anni ottanta era "Stai troppo attaccato al televisore".

Non è facile essere genitori ai tempi dei social media. Più in generale, non è facile essere genitori in questo preciso tempo storico. La responsabilità di questa difficoltà non è però da attribuire a internet o a Instagram, pertanto la soluzione non può essere quella di eliminarli dalla vita dei ragazzi. Bisogna invece educarsi all'utilizzo dei nuovi media, conoscerli approfonditamente per accorgersi di come stiano modificando il modo di vivere degli esseri umani. Per questo occorre non aver paura di essere critici nei confronti di questi nuovi media, ma incoraggiare i ragazzi a non essere utenti passivi di queste potenti piattaforme globali. Quanto più si riuscirà a risvegliare un sentimento critico nei ragazzi, tanto più si andranno a ridurre i rischi insiti in questi media. Ma per fare questo servono adulti e genitori coraggiosi, in grado di portare avanti delle scelte anche controcorrente. Genitori che non si facciano ammaliare dall'idea che un'app possa facilitare il loro compito, che uno smartphone possa garantire un futuro al proprio figlio, che Facebook sia la soluzione ai conflitti dell'umanità e alle dittature.

I social per i minori

Google: YouTube Kids e Family Link

Nel 2015 Google ha lanciato un servizio che più di recente è stato reso disponibile, oltre che negli Stati Uniti, in diversi Paesi, inclusi Francia e India. Si tratta di YouTube Kids[31], un'applicazione che propone ai genitori una versione della più popolare piattaforma di condivisione video a misura di bambino. Disponibile sia per iOS, sistema operativo di Apple, cioè per iPhone, che per smartphone equipaggiati con Android, ha appunto iniziato dalla fine del 2016 una distribuzione su scala internazionale.

YouTube Kids è infatti disponibile in molti mercati. Dall'Argentina allo Zimbabwe passando per Australia, Brasile, Canada, Cile, Colombia, Ghana, Irlanda, Kenya, Malesia, Messico, Nuova Zelanda, Nigeria, Perù, Filippine, Russia, Singapore, Sudafrica, Spagna, Tanzania, Uganda e Regno Unito. Molti altri ne arriveranno. È stato il primo prodotto costruito da zero pensato per i più piccoli. E funziona in modo particolare: limita i contenuti a video di tema famigliare, canali e clip educative e include una serie di titoli e gruppi di video pescati anche da partner come il National Geographic Kids o DreamWorks Tv. L'interfaccia dell'applicazione è organizzata tenendo bene in testa il target che c'è dall'altra parte del display. Dunque, con grandi immagini, icone colorate e video selezionati con attenzione visibili già dalla schermata iniziale. Le sezioni sono quattro: Shows, Music, Learning ed Explore, e l'applicazione dispone anche di una serie di funzionalità

---

[31] https://kids.youtube.com/

come il timer, per limitarne l'uso a certi tempi o a orari, e una barra di ricerca che accede al database principale di YouTube debitamente filtrato in base ai contenuti sicuri. Non mancano ovviamente gli strumenti a disposizione degli adulti. Fra questi, la possibilità di disabilitare del tutto la ricerca, limitare, come si diceva, il tempo di visione e dare un tetto massimo al volume audio. C'è un po' di pubblicità anche se non ci sono i commenti. Si può ovviamente configurare l'utente tipo - bimbo in età prescolare, più grande o entrambi - e tutte le modalità sono protette da una password, per evitare che qualcuno fra i più smaliziati possa modificare la configurazione a piacimento.

Curioso anche il meccanismo architettato per la ricerca. Cliccando sull'icona, cioè la solita lente d'ingrandimento, appaiono una tastiera - per i piccoli che sanno già scrivere - e un microfono rosso con cui dettare le parole da cercare, che appaiono in tempo reale e vengono corrette in caso di eventuali errori di pronuncia.

Proprio intorno alla pubblicità si è tuttavia scatenata nel corso dei mesi qualche polemica. Sollevata in particolare da alcune associazioni per l'infanzia che hanno presentato delle lamentele alla Federal Trade Commission statunitense - ci risiamo: come spiegavamo nel primo capitolo si finisce sempre sotto la giurisdizione statunitense - relativamente ai contenuti delle (relativamente poche) pubblicità che appaiono sull'applicazione. Gli inserzionisti, aziende di cibo e bevande, avrebbero violato più volte le stesse regole che si erano date in autonomia aderendo alla Children's Food and Beverage Advertising Initiative. Quelle regole prevedono che, negli annunci promozionali rivolti a bambini di età inferiore ai 12 anni, si tenti di prediligere scelte nutrizionali più sane e attente. Secondo gli esposti, invece, un gran numero di aziende e brand - da Coca Cola a Oreo passando per Kellogg, General Mills e molte altre - non avrebbero rispettato questi impegni, infilando nei promo i loro prodotti.

Non c'è mai fine alle polemiche, in effetti. Mentre alcuni hanno definito YouTube Kids «l'inizio di una nuova era consumistica per i bambini», secondo alcuni gruppi come il CCFC, Campaign for a Commercial-Free Childhood, e il - CDD, Center for Digital Democracy, i bambini piccoli non hanno ancora sviluppato l'abilità cognitiva che consenta loro di distinguere fra pubblicità e programmazione. YouTube Kids si avvantaggerebbe di questo fatto, facendo pochi sforzi per evitare alla piccola utenza spot buoni anche per i grandi. Proprio per questo nel corso dell'estate 2016 YouTube ha lanciato anche una versione del servizio a pagamento ma totalmente priva di pubblicità. L'abbonamento, quando arriverà anche in Italia, farà parte del pacchetto YouTube Red, cioè la versione in abbonamento di YouTube che propone una serie di vantaggi fra cui quello di guardare i video quando non si ha a disposizione una connessione. Vantaggi che si applicano anche a Kids, fruibile a sua volta anche dall'app principale di YouTube. Il tutto negli Stati Uniti, in Australia e Nuova Zelanda.

Si tratta ovviamente di una piattaforma, rivolta principalmente ai bambini fra i 3 e gli 8 anni, in continuo divenire. Curioso, vero? Abbiamo dedicato un intero capitolo all'età minima degli utenti e questa piattaforma intercetta i più piccoli. I numeri, dei primi mesi parlavano di 10 milioni di download, ma sono ovviamente da rivedere oltre ogni aspettativa. Dalla versione 1.95.2 Google ha inoltre introdotto alcune altre caratteristiche come una rinnovata gestione dei canali e dei video presenti nell'app, che si possono bloccare singolarmente.

Più recentemente Google ha anche lanciato Family Link, un progetto - ufficializzato a fine maggio 2017 - che consente ai genitori di monitorare l'accesso ad alcuni servizi di Mountain View. Funziona all'interno della nuova opzione «Famiglia» con cui un amministratore può condividere app, note, calendari, musica, video e libri con altri cinque componenti: per quelli sotto i 13 anni ora si può creare un account ad hoc. Consente non solo di diversificare l'accesso ad applicazioni e servizi ma anche di tenere sotto controllo gli acquisti sul Play Store, da poco completamente rinnovato nel look e nell'organizzazione dei contenuti. Con questa specie di parental control 2.0 si può anche verificare il tempo trascorso dal bambino di fronte al display e impostare l'ora di spegnimento del dispositivo in uso.

Una mossa significativa anche se parziale: mancano altri servizi di Google - Gmail, Maps, il browser Chrome. E soprattutto la logica è un po' diversa rispetto a quanto era stato annunciato in precedenza: si era infatti detto che i genitori avrebbero potuto gestire i dispositivi tramite un'app. scaricabile da Google Play e una gemella da installare nel telefono del bambino.

Scrapbook e i progetti di Facebook

Mark Zuckerberg ha sempre avuto in testa l'ambizione di rompere quel confine dei 13 anni osservato nel primo capitolo, quello legato alle prescrizioni del Children's Online Privacy Protection Act statunitense del 1998. Ciononostante, a parte le numerose indiscrezioni, non si è mai lanciato oltre il progetto proposto nel 2015 e battezzato Scrapbook. Si tratta di un vero e proprio album di famiglia per conservare le foto dei propri figli. In italiano è noto con la traduzione "Album dei ricordi" e dunque più che un social network per i più piccoli è uno strumento a disposizione dei genitori. Anche per evitare cause legali e pasticci come quelli visti nel primo capitolo. Cioè per schivare un moltiplicarsi di battaglie fra figli adulti contro genitori che hanno pubblicato compulsivamente le immagini dei bambini piccoli sulle più diverse piattaforme.

La funzione diviene disponibile dopo aver aggiunto il proprio figlio come familiare. A lui potrà essere poi collegato un Album dei ricordi del quale si potrà rendere responsabile anche il proprio partner. Ovviamente solo se anche questa relazione è stata indicata fra le informazioni. Insomma, Facebook vuole avere ben chiaro tutto lo schema familiare. Dopo questa procedura, le foto che ritraggono il bambino possono essere taggate col suo nome: così facendo, quegli scatti finiranno direttamente nell'Album dei ricordi a lui collegato. Ovviamente l'aspetto della privacy è molto marcato: solo uno dei genitori o le persone aggiunte come contitolari dell'Album possono vedere le fotografie o taggare il bambino in un'immagine. Di certo questo meccanismo non riduce i rischi: taggare il proprio figlio in una fotografia non caricata in prima persona equivale più o meno a taggare sé stessi. Dunque, anche il pubblico degli amici verrà aggiunto al pubblico potenziale di quel contenuto.

Questo per dire che pure Scrapbook di problemi ne ha e d'altronde non è detto - anzi, è quasi certo - che ogni utente abbia una tale padronanza degli strumenti a disposizione per tutelare la privacy. Ad esempio, quando un genitore aggiunge il proprio partner nell'Album, gli amici di quest'ultimo potrebbero automaticamente finire nel pubblico delle foto in base alle sue impostazioni sui tag. E potrebbero anche loro taggare il figlio nelle foto. Tuttavia, l'Album dei ricordi - che in realtà ciascun utente potrebbe costruire da sé ricorrendo con attenzione alle impostazioni della privacy di un qualsiasi album, lo fanno molti genitori - esiste. Ed è pur meglio di niente.

Il pubblico dei preadolescenti interessa moltissimo Menlo Park, che negli ultimi anni ha dovuto affrontare la concorrenza di piattaforme sempre più competitive come Snapchat (che infatti ha tentato di acquistare più volte, vedendosi sbattere la porta in faccia dal fondatore Evan Spiegel), le quali, pur mantenendo anch'esse il famoso limite dei 13 anni, sollevano, in quanto chat, meno problemi e polemiche. Già nel 2013, per esempio, il social californiano aveva perso ogni barriera di protezione per i ragazzi nella fascia fra i 13 e i 17 anni, consentendo loro di condividere stati e immagini con qualsiasi contatto, non solo con gli amici.

Un anno dopo, proprio per affrontare i problemi sollevati dal COPPA, Facebook ha depositato una richiesta di brevetto per una specie di sistema di controllo parentale (pensato in realtà fin dal 2012): cioè un meccanismo che permettesse la sorveglianza da parte dei genitori del profilo del proprio figlio. Stando a quel progetto - poi evidentemente lasciato cadere, dal momento che la richiesta di brevetto sembra aggiornata in modi non coerenti con l'idea originaria - i primi dovevano gestire le impostazioni della privacy oltre che visionare ed eventualmente limitare l'ecosistema che ruotava intorno all'account del bambino. Lo spunto di fondo del brevetto era dunque quello di sfruttare l'intelligenza artificiale della piattaforma per effettuare una serie di verifiche automatizzate sui profili collegati. Per esempio, individuando le geolocalizzazioni di due utenti (genitore e figlio), analizzando le foto e altri tipi di post - anche eventuali collegamenti sospetti - e mettendo sotto la lente d'ingrandimento i contenuti per stabilire gli effettivi legami di parentela tra le persone. Forse nel 2014 era troppo presto per arrivarci e dal quartier generale temevano le rimostranze della Federal Trade Commission. Non è detto che non ci si possa riprovare nel giro di qualche mese.

Ciò che va tenuto in mente, alla fine, è quello che Zuckerberg ha dichiarato diversi anni fa per poi evitare (misteriosamente) di tornarci. Era il 2011, ben prima che diventasse padre della piccola Max. Nel corso di un summit in New Jersey raccontò che il limite dei 13 anni si sarebbe dovuto superare, «a un certo punto». Secondo l'ex enfant prodige di Harvard la piattaforma è così performante in termini di benefici in ambito educativo che i bambini dovrebbero essere autorizzati a frequentarla. All'epoca, il social chiudeva 20.000 profili di minori al giorno. C'è da scommettere che prima o poi il fondatore e i suoi collaboratori torneranno in qualche modo sul punto. Stavolta spuntandola.

Kiddle, il motore di ricerca per bambini (non è) di Google

Quella dei motori di ricerca è tra le sfide più delicate per l'utenza più giovane. La combinazione di query può dare origine, come in effetti accade, a ogni genere di risultato. Senza contare la possibilità di effettuare ricerche anche nel deep web attraverso motori di ricerca dedicati. Fornire ai più piccoli una risorsa in grado di filtrare i risultati per natura - un po' come il motore di ricerca interno di YouTube Kids visto in precedenza - taglierebbe all'origine alcuni dei problemi.

Per quanto non si tratti di un social network, Kiddle, "il Google dei bambini", prova a farlo. Lanciato all'inizio del 2016, non ha in realtà alcun legame ufficiale col colosso di Mountain View. Al contrario, ne sfrutta semplicemente le feature legate alla Google Safe Search, cioè il parametro che è possibile impostare nel motore di ricerca per bloccare i contenuti espliciti, sposandolo a un (presunto) lavoro di curatela gestito da un team di editor, che si occupa, in sostanza, di collocare in cima alla lista dei risultati le pagine provenienti da siti pensati appositamente per i bambini, per poi lasciare via via spazio a siti sempre sicuri e semplici (anche se non ideati per i minori) e, dopo la prima manciata di risultati, siti in ogni caso sicuri ma probabilmente complessi da capire per un bambino.

Utilizzando una barra di ricerca personalizzata di Google e incorporata nel sito, Kiddle non è ovviamente a prova di bomba. Tutt'altro. Nei primi mesi sono stati anzi riportati diversi buchi e falle, come, per esempio, molti termini offensivi o sessuali che sono riusciti a fare capolino nonostante i filtri. Molti utenti si sono divertiti a elencare su Twitter una quantità di casi e anche di fraintendimenti, come l'avviso, che si stavano cercando "bad words", "parole cattive", quando si inserivano termini come "bisexual" o "transgender". Al momento della nostra prova[32] tuttavia, molti di questi problemi sembravano risolti. Segno che il progetto è piuttosto significativo ed è migliorato nel corso dei mesi. L'offerta si completa con miniature più grandi ed evidenti nella ricerca delle immagini e nel complesso sostiene di includere fra i risultati solo siti raccomandati da «educatori, librai e genitori da tutto il mondo così come altri utilizzati dagli editori a scuola o per i compiti con bambini intorno ai 12 anni» come si spiega sul sito.

Il problema di siti come Kiddle non è tanto la qualità dei risultati, su cui si può evidentemente discutere. Il nodo vero è la trasparenza: spesso, infatti, è piuttosto complicato sapere chi vi si nasconda dietro. Cioè chi l'abbia lanciato, perché, con quali risorse e con quali obiettivi. Nel caso di un prodotto destinato ai più piccoli, il punto è evidentemente ancor più dirimente. Secondo una ricerca che abbiamo effettuato, in effetti non è dato sapere chi sia il registrante. Il dominio in questione si appoggia a servizi cloud della SoftLayer Technologies Inc., un'azienda statunitense del gruppo Ibm. Contenuti e infrastrutture sono dunque memorizzati in un server della

---

[32] Prova effettuata nel mese di maggio 2017.

società Theplanet.com Internet Services Inc. situata a Dallas, in Texas, e in realtà riconducibile alla medesima SoftLayer. Il registrante è pero classificato come: "privato" e si riesce solo a risalire a un indirizzo di Scottsdale, un sobborgo di Phoenix in Arizona, dove in realtà ha sede la Domains By Proxy, un servizio di anonimizzazione dei domini. Un brevissimo approfondimento semplicemente per dare l'idea di come chi ha lanciato Kiddle non voglia, chissà per quale ragione, manifestare la propria identità.

Ne esistono molti altri di esperimenti simili. Per fortuna non tutti contraddistinti dalla stessa opacità. E il caso di Qwant, disponibile anche in italiano e nato in realtà nel 2013, ma evolutosi tre anni più tardi con una versione per bambini battezzata Qwant Junior. In questo caso l'aspetto di maggiore interesse è la tutela della privacy. Il motore di ricerca franco-tedesco è diventato fra l'altro, nel corso del 2017, il cavallo su cui ha puntato anche la Banca europea per gli investimenti con un finanziamento da 25 milioni di euro, seguita dalla francese Caisse des Dépòts, la CDP transalpina, che ne ha aggiunti 15. L'idea è sfidare Google nel predominio delle ricerche web nel Vecchio Continente (auguri). In questo caso, tutto è chiaro dietro al progetto c'è una società per azioni parigina e sul sito sono disponibili tutte le informazioni, oltre ai disclaimer per la privacy[33]. E anche i risultati sembrano più soddisfacenti di Kiddle.

Lego Life, il social dei mattoncini

Stando a una ricerca condotta da Ipsos per Save the Children in occasione del Safer Internet Day del 2017

---

[33] https://www.qwantjunior.com

l'atteggiamento dei giovani (e non solo) in rete è piuttosto drammatico. I bambini ricevono il loro primo smartphone intorno agli 11 anni e mezzo e da quel momento il salto verso Facebook è questione di qualche mese: l'iscrizione avviene infatti a 12 anni e mezzo - nel 2015 la media era più elevata di 12 mesi - dichiarando ovviamente un'età superiore per schivare i limiti imposti dal già analizzato COPPA.

Fra gli atteggiamenti più inquietanti quelli che hanno a che fare con la propria sfera intima: un bambino su cinque invia video o immagini privatissime di sé stesso sia ai coetanei sia agli adulti conosciuti in rete o attiva la webcam in cambio di regali. Quattro giovani su dieci inviano o pubblicano immagini intime di loro conoscenti, contribuendo, così all'effetto gogna, e più di uno su tre invia o riceve messaggi con riferimenti espliciti al sesso[34]. In fondo, per otto ragazzi su dieci gli insulti sui social network sono normali, fanno cioè parte della grammatica di quelle piattaforme. Questo è un dato con cui, specialmente chi sostiene l'assoluta neutralità di questo tipo di risorse, dovrebbe confrontarsi più attentamente.

Numeri a parte, è anche per questo che diversi brand hanno tentato di dare vita ad ambienti sicuri e pensati a misura di bambino. Con esiti più o meno positivi come Disney Club Pengum, Inbee o TogheterVille. È il caso di Lego che, dopo anni in cui ha strizzato l'occhiolino al mondo degli adulti, ha lanciato nel corso del 2017 Lego Life, pensato proprio per i bambini fra i 5 e i 13 anni e disponibile anche in Italia. Dunque, per la fascia immediatamente precedente alla fatidica soglia, lo stile dell'app, disponibile per iOS e Android, è un po' quello di Instagram mescolato ad altre piattaforme notissime come il gioco Minecraft, il social Pinterest e ovviamente Facebook: gli

---

[34] http://www.avvenire.it/attualita/pagine/internet-5-profili-a-testa

utenti devono infatti condividere le proprie creazioni realizzate con i famosi mattoncini danesi, utilizzando un avatar dalle sembianze di un tipico omino del gruppo di Billund (una "minifigure") ma in un ambiente strettamente controllato. Possono commentare le opere altrui ricorrendo esclusivamente a emoji e adesivi.

Una volta creato il proprio Lego ID, cioè il profilo, con dei nomi di fantasia assegnati a caso e fornendo l'email di un genitore se si è under 13, si può iniziare a pubblicare i lavori. Ogni sezione prevede una moderazione da parte del team di Lego in carne e ossa. La regola aurea delle bacheche infatti è che non appaiano le persone ma vengano immortalate le sole creazioni in Lego. No ai link verso siti esterni. Come si vede l'ambiente è davvero chiuso: l'interazione è tuttavia garantita da una serie di azioni ludiche (non potevano mancare) come le sfide (di costruzione, decorative è quiz). C'è ovviamente anche una chat che tuttavia ricorda più un forum.

L'applicazione è disegnata, per dirla con le stesse parole di Lego, per costituire «il primo passo digitale» dei bambini: Lego Life consente ai giovani costruttori di Lego di ogni livello e interesse di collegarsi in modo sicuro con una comunità di simili appassionati per esprimere la propria creatività, condividere le creazioni con i Lego, interagire con i personaggi e ispirarsi l'uno con l'altro.

Come è evidente, l'unica soluzione che sembra possibile è quella di restringere e chiudere il più possibile lo steccato ma rendendo al contempo poco ambito il suo superamento. Dev'esserci insomma un senso forte. Bisogna cioè creare un focus molto intenso intorno a un tema - in questo caso le costruzioni con i celebri mattoncini, passione intergenerazionale senza età e senza accenno di declino - col risultato che i social network per bambini sono possibili, è vero, ma solo nella misura in cui siano di fatto profondamente tematici. Quelli generalisti sono destinati a una rapida eclissi e anche a una scarsa utilità.

Oggi i bambini si muovono senza soluzione di continuità fra gioco digitale e fisico. Lego Life è un social network innovativo per minori di 13 anni, immaginato proprio come collegamento fra queste due dimensioni. Abbiamo messo a frutto decenni di esperienza nello sviluppo di esperienze digitali sicure e pensate per i bambini sposandole alle migliori possibilità dei social. Per questo abbiamo anche stilato una Digital Child Safety Policy[35].

Sono parole di Julia Goldin, vicepresidentessa esecutiva di Lego, che ha colto l'occasione del lancio per raggruppare tutte le attività online del brand Lego sotto un unico documento pensato per i più piccoli[36]. Non solo. Viene sottolineato, una volta tanto, il ruolo dei genitori destinando loro una specifica sezione (battezzata Digital Safety) nella quale viene illustrato il modo in cui l'azienda guidata dal quarantottenne Jørgen Vig Knudstorp affronta il tema della sicurezza dei figli. Nello specifico la Digital Child Safety Policy, sviluppata sotto la guida dell'Unicef, tenta di unire l'esperienza online a quella creativa coprendo anche le attività di aziende e iniziative lanciate in partnership. Il tutto in linea con gli standard internazionali, come quelli dell'UK Council for Child Internet Safety o dell'iniziativa congiunta in difesa dei bambini della stessa Unicef insieme all'ITU, l'International Telecommunication Union[37]. Il punto più importante è la centralità dei piccoli:

---

[35] https://www.lego.com/aboutus/responsibility/innovate-for-children/digital-child-safety

[36] https://www.lego.com/it-it/aboutus/news-room/2017/february/safer-internet-day/

[37] http://www.itu.int/en/cop/Pages/default.aspx

«Riconosciamo i bambini come i principali azionisti della società e detentori di diritti». Se si decide di far ruotare tutto intorno a loro, senza dubbio si riesce a limitare i danni. E forse, come nel caso di Lego Life, a costruire qualcosa di buono.

Musical.ly, ovvero come i bambini si appropriano dei social

La storia di Musical.ly è forse una delle più emblematiche. Rivelatrice di una verità complessa da smentire: quando bambini e adolescenti individuano una piattaforma digitale che li appassiona, se ne impossessano senza appello. Non c'è legge, prescrizione o divieto che tenga, specie se - come abbiamo visto più volte - non ha modo di essere implementato. Saltano tutti gli steccati fino a spostare ancora più in basso il fenomeno del divismo sbocciato a rimorchio di YouTube. Dagli "youtuber", infatti, si sta passando ai cosiddetti "muser", cioè appunto gli utenti di Musical.ly. Il punto è che, contrariamente ai loro predecessori, questi sono ben più giovani: fra gli 8 e i 18 anni. Star sconosciute al grandissimo pubblico generalista dei genitori ma anche dei fratelli maggiori (Jacob Sartorius, Baby Ariel, Loren Gray, Kristen Ancher, Lisa e Lena, Cameron Dallas, Blake Grey sono solo alcuni dei nickname) si muovono in media sui 14-15 anni, spesso di meno. E spesso coinvolgendo bambini ben al di sotto della soglia dei 13.

Ma cos'è Musical.ly? Con una risposta breve, un karaoke muto. Cioè un'applicazione a tema musicale attraverso cui gli utenti, specialmente bambini e ragazzi, possono improvvisare performance di playback mimando il labiale su un brano scelto dalla confusa library a disposizione e, meno spesso, registrando dal vivo o caricando un proprio file audio. Il tripudio del "lip sync", insomma, cioè la sincronizzazione delle labbra, che tuttavia con il tempo ha prodotto una sua specifica grammatica anche corporea. Almeno di base: braccia e busto devono muoversi in un certo modo, speculare al movimento dello smartphone (tenuto nell'altra mano). Ma ovviamente non tutti seguono queste regole non scritte: Musical.ly, fondata dai cinesi cosmopoliti Alex Zhu e dall'amico Luyu Yang, è un autentico tripudio di creatività coreutica. Sembra un palcoscenico pubblico, un parco giochi di stile, un enorme talent show. Perché sì, anche se nel 90% dei casi gli utenti non cantano ma si limitano al playback dei loro artisti preferiti, costruiscono intorno una serie di quadri, storie, evoluzioni, coreografie da incollarti al display del telefonino. Numeri che ricordano l'enorme propulsione giovanile verso la fantasia, l'ingegno, la curiosità e, appunto, la creatività tout court perfino in un ambiente in cui, di fatto, si fa finta di essere delle popstar.

Musical.ly è stato lanciato nel 2014 ma solo nel corso del 2016 e poi dell'anno seguente ha guadagnato grande popolarità, tanto da superare nel corso del 2017 quota 100 milioni di utenti e da convincere i suoi due creatori a lanciare delle applicazioni sorelle per tentare di traghettare questa enorme e interessantissima utenza- per lo più giovanile - verso altre funzionalità. Così sono nati Live.ly, l'app sorella, in stile Periscope, per trasmettere in diretta questi show, e Ping-pong, una specie di Snapchat, cioè un programma di videomessaggistica. Eppure, come appare evidente da questo identikit, non è tutto lecito quel che luccica: Musical.ly è di, fatto una piattaforma fuori legge. Un enorme kindergarten fuori controllo dove bambini e adolescenti si sfidano a colpi di sete di popolarità. Almeno stando alle testimonianze di alcuni genitori secondo i quali, in sostanza, l'app alimenterebbe un'ossessione smodata per la notorietà, consentendo inoltre ai più piccoli di mettersi alle prese con contenuti equivoci. Insomma, scimmiottando Drake, Jay Z, Justin Bieber, Zayn, Beyoncé, Selena Gomez o una qualsiasi delle celebrità che danno la linea etica ed estetica del mondo contemporaneo, i ragazzini, o meglio le ragazzine, sarebbero portati a un'immedesimazione troppo profonda, che appunto dall'etica transita anche attraverso l'estetica.

Molti se ne sono occupati: «La stragrande maggioranza crede che sia solo un'applicazione per divertirsi - ha per esempio denunciato al «Chicago Tribune»[38] la mamma di una bambina di otto anni finita nel gorgo di una spietata competizione fra amichette -ma come tutti gli altri social ha assunto una connotazione negativa». Che abbia assunto una connotazione negativa nell'uso e nell'abuso è tutto da verificare: certo a qualcuno raggiungere soglie costituite da centinaia di migliaia o milioni di fan - sì, anche in questo caso vige il meccanismo dei seguaci - può senz'altro costare caro in termini di coscienza di sé. Il punto, tuttavia, viene prima ed è quello che si raccontava all'inizio: i bambini si appropriano delle piattaforme che più li convincono, anzi li coinvolgono, e le trasformano in spazi di esposizione. Ci spostano cioè una parte, in effetti sempre più massiccia, del loro processo di crescita. E nella stragrande maggioranza delle volte questo accade senza particolari conseguenze: «Mi piace poter pescare ogni musica del mondo e manipolarla per fare cose diverse - ha spiegato candidamente Leila, 11 anni, al quotidiano dell'Illinois - è davvero molto fico».

La posizione del fondatore Alex Zhu costituisce l'altro lato della faccenda nella sua disarmante - e per certi versi onesta - reazione. Quando interpellato sull'argomento, cioè sul fatto che la sua app sia nella quasi totalità divenuta uno strumento per l'infanzia e che per questo potrebbe fra l'altro finire nelle mire della legge federale sulla protezione dei bambini online, ha risposto di esserne a conoscenza e ha abbozzato un paio di dichiarazioni, una delle quali piuttosto debole e palesemente falsa. Perché se l'avesse pronunciata in buona fede

---

[38] http://www.chicagotribune.com/news/ct-musical-ly-app-lip-sync-met-20170129-story.html

avrebbe significato che non ha mai trascorso dieci minuti sull'app che ha creato. Nella prima ha infatti sostenuto che a suo avviso i genitori monitorino l'uso che i propri figli fanno di Musical.ly: basta un breve giro per entrare in un mondo di camerette, palestre, campus scolastici, abitazioni private e situazioni intimissime in cui i protagonisti sono soli o, nella migliore delle ipotesi, in compagnia di amici o "soci" (vanno forte le coppie grazie al fatto che in due le coreografie possibili ovviamente si moltiplicano). Nella seconda ha invece preso atto del problema con un certo candore, spiegando che «bisognerà risolvere il problema».

La realtà è che in fondo la volontà di risolverlo, il problema, non esiste. Per un tema logico: se anche il buon Zhu introducesse quei piccoli passi prescritti dal COPPA statunitense, questo non cambierebbe di una virgola l'ecosistema, popolato di minori e preadolescenti. Per questo in diverse occasioni i portavoce dell'app hanno persino rivendicato il fatto che quel dispositivo non si applichi alla loro piattaforma, che è destinata a un target generico, e che d'altronde la società non dispone di statistiche sulle età dei propri utenti. Dirsi ignari di queste informazioni e assicurare di non disporne, come hanno spiegato diversi esperti di diritti dei minori, mette tecnicamente al sicuro le piattaforme. E in fondo anche la Federal Trade Commission approfondisce di rado certe questioni.

Conclusione: a chi importa (davvero) dei bambini?

Il viaggio che ci ha condotto dalle policy dei grandi social network rispetto a bambini e adolescenti, passando per il rapporto fra piattaforme e bambini, il loro uso e controllo da parte dei genitori e le possibili conseguenze, fino agli strumenti pensati proprio per loro - anche Musical.ly, pur non ammettendolo, fa parte di questo circo - fornisce una sola conclusione: i minori sono il bersaglio prevalente e più ambito dalla maggior parte delle piattaforme. Il mondo degli adulti, però, non sembra esserne troppo consapevole oppure, potremmo dirla così, con eccessiva facilità delega alle piattaforme il compito di sorvegliare e educare i propri minori.

Intendiamoci, le piattaforme di social network possono, anzi dovrebbero, fare qualcosa di più per controllare, e se necessario ostacolare, l'accesso dei minori sui propri social. Allo stesso modo, però, un genitore non deve rinunciare al proprio mandato educativo in questo campo. Anche perché il risultato ditale situazione, ormai tragicamente sotto gli occhi di tutti, è che i social sono pieni di minori che nessuno tutela. Una sorta di "terra di mezzo" che i colossi del web rifiutano di presidiare - a volte fanno addirittura finta di non sapere dell'esistenza di questi "utenti speciali", altre volte ne bramano la presenza - ma dove anche i genitori risultano assenti, inconsapevoli dei rischi presenti e delle regole che vorrebbero tutelare i minori, per certi versi analfabeti. Per quale ragione un adulto che mai lascerebbe giocare da solo al parco il proprio figlio di 8 anni gli consente col massimo candore di aprirsi un account su Facebook, di pubblicare video su YouTube, di documentare senza sosta le sue giornate con le «Storie» di

Snapchat, magari geolocalizzandosi sulla SnapMap, e Instagram o di esibirsi su Musical.ly? Non ci troviamo ancora di fronte all'idea pericolosa, pericolosissima, che i social network siano un luogo "non reale"? Non è forse questa l'ennesima dimostrazione della fatica che l'essere umano, per quanto proiettato verso la realtà virtuale, sta facendo nel pensare a un luogo di relazione che, di fatto, esclude la dimensione del reale e del corpo?

Su questo è necessario fare un salto culturale non indifferente. L'educazione civica digitale non è poi così diversa dall'educazione civica che potremmo definire "tradizionale" (pure quella, purtroppo, assai carente nelle aule e nelle case degli italiani). Cambiano gli spazi in cui ci si muove, è vero, ma non cambiano i valori che stanno alla base dell'educazione. La conoscenza dei rischi, delle opportunità, del modo di relazionarsi e delle trasformazioni a cui va incontro il concetto di identità all'interno dei social network può certamente fornire al genitore strumenti aggiuntivi per affrontare il proprio compito educativo. Allo stesso modo, però, tutto questo deve suggerire all'adulto che una buona fetta, forse quella più grossa, della responsabilità sulla tutela dei propri figli all'interno dei social network continua a spettare a lui. Nessun altro (la scuola, le società che orchestrano i social network, men che meno, come abbiamo visto, lo Stato) può sostituire un genitore nell'educazione civica digitale del figlio.

Allo stesso modo, però, da questo discorso non possono sentirsi escluse le piattaforme sociali che, come abbiamo avuto modo di vedere, non sembrano essere troppo preoccupate della presenza di minori sui rispettivi social. Gli strumenti per difenderne la presenza online sono pressoché assenti. Di più, deludenti: ruotano intorno all'autoregolamentazione e, sostanzialmente, a un solo provvedimento statunitense nei fatti violato quotidianamente da milioni di piccoli utenti. Certo non è semplice gestire il flusso mondiale di giovani nativi digitali che scoprono ogni giorno un'attrazione e una moda diversa, ma qualche strumento, almeno in ingresso, ci sarebbe: da quelli all'antica (documenti con le relative garanzie di privacy) a quelli più sofisticati (riconoscimento facciale, intelligenza artificiale e così via). Perché non ci si muove in questa direzione?

Non è che, forse, c'è un interesse a mantenere viva una simile "terra di mezzo", in cui milioni di minori non tutelati si muovono liberamente? Una sorta di paese dei balocchi digitale, dove, come ci racconta Carlo Collodi nel suo celebre Pinocchio, "i più vecchi avevano quattordici anni, i più giovani ne avevano otto appena [...]. Branchi di monelli dappertutto: chi giocava alle noci, chi alle piastrelle, chi alla palla, chi andava in velocipede, chi sopra un cavallino di legno». Si sa però come andarono a finire le avventure del burattino e del tentatore Lucignolo in questo paese: a furia di non studiare e passando tutta la giornata a giocare, si trasformarono in ciuchini e vennero venduti al mercato".

Qualcosa di simile accade anche sui social network. Il fatto che si creino degli spazi non presidiati da adulti, dove i bambini si possono muovere in completa libertà, consente ai gestori di social network di ottenere con più facilità dati e informazioni senza dover passare per quelle leggi che vorrebbero impedire, o comunque formare, la raccolta di dati sui minori. In fondo, non sono forse i bambini un target molto facile da colpire in termini di marketing?

La realtà è che il piatto è troppo ricco per chiudere (davvero) la porta ai più piccoli.

Sui social network esistono degli spazi non presidiati da

adulti, sui quali i bambini sono liberi di muoversi in completa libertà e i gestori di piattaforme possono ottenere dati e informazioni su di loro senza passare per le leggi a tutela dei minori. E questo accade perché i bambini sono un target molto facile da colpire in termini di marketing.

Per crescere in un contesto del genere è necessario che i bambini imparino a parlare prima che a utilizzare le emoji, che provino a esprimere i propri sentimenti di fronte a un altro essere umano senza utilizzare uno smartphone, che riescano a distinguere un palcoscenico dalla vita reale, e per tutto questo, che piaccia o no, serve la testimonianza vera, e per questo anche imperfetta, di un adulto.

DIPENDENZA FISIOLOGICA O PATOLOGICA DA GIOCHI E VIDEOGIOCHI

Il marketing delle dipendenze

"Il gioco è "un'attività spontanea, che possiede un aspetto gratificante in sé e non nel fine che raggiunge o produce[39]" ed è espressione, in questo senso, del mondo interno della persona che cresce.

Il gioco, come ogni comportamento, ha una funzione comunicativa e una valenza che è specifica per ogni persona. A far diventare problematico un normale gioco è, prima di tutto, la valenza che ha il gioco stesso per colui che lo fa. Giocare d'azzardo non è sempre un problema, per molte persone infatti tentare la fortuna è una forma di svago e di socialità.

Lo sviluppo sociale del gioco problematico è favorito dalle crescenti possibilità di scelta tra una vasta gamma di tipologie di offerta, sempre più legalizzate, che rispondono ai gusti/bisogni dei giocatori con diverse propensioni e diverse personalità. Questo ci permette di differenziare, a grandi linee, i vecchi giochi (tradizionali) dai nuovi giochi (futuri), per quanto rimanga come comune denominatore, quello che Dostoevskij ha scritto nel "Giocatore" (1866):
"M'invase una terribile sete di rischio. Forse, passando attraverso tante sensazioni, l'anima non se ne sazia, fino allo spossamento definitivo (...): provavo solo una certa tremenda voluttà di riuscita, di vittoria, di potenza, non so come esprimermi."

---

[39] U. Galimberti, Dizionario di Psicologia, Utet, Torino 2004.

C'è l'inquietudine (dolorosa, ancorché positiva e vera, poiché comune) del voler, finalmente, ottenere un risultato concreto nel contrasto all'azzardo. Come? Colpendo uno degli assi portanti di un sistema che, in questi anni, ha inquinato il dibattito (incatenando i media), avvelenato il clima sociale e introdotto forme di biomarketing sempre più invasive, funzionali a un'aggressione finanziaria di famiglie e risparmi sempre più diffusa.

Quando tra la realtà rappresentata da chi trae profitto e la realtà percepita da chi in quella realtà si trova immerso, pagandone direttamente il conto, il divario diventa un abisso è inevitabile che si arrivi la resa dei conti. È quello che sta accadendo in queste ore.

Attorno alla pubblicità si muovono enormi interessi. Considerazione ovvia, si dirà. La pubblicità favorisce inedite aggregazioni (media, fondazioni, società sportive, addirittura istituzioni culturali...) creando occasioni di contatto e canali per stabilire legami che, oltre a mettere a rischio l'autonomia dei singoli, mettono in serio pericolo anche l'indipendenza dei soggetti collettivi che riteniamo alla base del benessere comune.

Su questo terreno gli interessi - cosa meno ovvia, a questo punto - sono trasversali e non riguardano solo chi fa business direttamente con l'azzardo legale. Riguardano un sistema d'interconnessioni e interdipendenze reciproche, tra case farmaceutiche, sport, gestione di sistemi di pagamento digitale, editoria, fondi di investimento, società concessionarie dello Stato italiano ma con sede anche fiscale estera e via discorrendo. Un enorme aggregato di conflitti d'interesse consolidatisi a tal punto che il conflitto non viene più nemmeno percepito come tale. Restano, allora, solo gli interessi.

Tutto questo ha allargato il divario fra "Paese legale" e "Paese reale". Finché il Paese reale ha fatto saltare un equilibrio, consolidato ma precario, che si reggeva su continue dichiarazioni di principio e zero passaggi all'atto.

Se si cambia il metro di giudizio, si sa, cambia anche il giudizio. Così se da un'arbitraria garanzia offerta al business (privato nei profitti, ma sempre capace di socializzare danni e perdite), si passa al metro costituzionale della tutela primaria di dignità e salute dei cittadini, le cose assumono subito un altro aspetto. Il re è nudo, insomma. Ma qualcuno deve dirglielo.

Ecco il perché di tanta agitazione attorno, sopra e, soprattutto, sotto il divieto di pubblicizzare l'azzardo in ogni sua forma e su ogni mezzo. Divieto peraltro - come ha ricordato l'economista Leonardo Becchetti - senza oneri per le casse dello Stato.

Il problema, per le società che operano nel settore del gambling, risiede nella natura stessa o, meglio, nell'intimo legame fra pubblicità dell'azzardo e prodotti dell'azzardo. Dalla lezione di Robert Putnam, che ne scrisse nel suo celebre Bowling Alone, sappiamo che entrambi sono moltiplicatori di degrado del capitale sociale e relazionale.

Bernie Sanders ha parlato di predatory gambling, azzardo predatorio. Se c'è un predatore c'è una preda. E se c'è una preda, c'è un'esca. Quest'esca è, strutturalmente, la pubblicità. Senza l'esca, il predatore faticherebbe molto nel far cadere in trappola le prede. Togliere l'esca a un predatore non elimina il problema, ma lo costringe a uscire allo scoperto, mostrandosi per quello che è, non come un "predatore compassionevole".

Per chi in questa logica vede non solo un problema di ordine etico e sociale, ma anche un rischio sistemico, finanziario e di pace sociale per il Paese, si tratta di porre un argine.

La grande battaglia pro o contro la pubblicità del *predatory gambling*, settore che nel 2017 ha movimentato 102 miliardi di euro nel solo settore legale, oggi si svolge su un terreno primario: la nostra mente. La questione della pubblicità dell'azzardo è tutta qui: per le aziende si tratta di attrarre clienti, alterandone le cognizioni al fine di colonizzarne le emozioni offrendo loro - come raccontava un programmatore di NGR, gli algoritmi che sono il motore di questo sistema - "esperienze a buon mercato".

Detto banalmente: la pubblicità dell'azzardo non è sussidiaria al prodotto. È parte del prodotto stesso. E il prodotto... sono i giocatori. Che vanno sedotti e, letteralmente, "costruiti" come tali. La pubblicità dell'azzardo di massa non si limita, infatti, a orientare i consumi. Costruisce vere forme - non meri stili di vita - trasformando, a piccole dosi e a bassa intensità, i consumi in desideri. E i desideri, goccia dopo goccia, diventano bisogni, *Addictions*, appunto. Ma c'è tutto il lasso temporale, spesso molto lungo, fra la fase di innesco e l'esplosione in patologie conclamate che permette di estrarre tutto ciò che è possibile estrarre da un soggetto, prima di espellerlo dal sistema facendolo entrare nella ruota della "cura".

Il terreno della mente si conquista al business attraverso una strada maestra: la costruzione di abitudini. L'abitudine è un comportamento automatico innescato da cose che incontriamo (in apparenza) casualmente sul nostro percorso e da comportamenti conseguenti a queste cose.

L'abitudine è una somma di comportamenti che mettiamo

in moto senza prestar particolare attenzione e senza che questi comportamenti arrivino alla soglia della consapevolezza. La stratificazione di questi comportamenti produce quello che in gergo si chiama "ingegnerizzazione dell'abitudine".

Elemento chiave per costruire e ingegnerizzare abitudini, in un settore come il gambling, è appunto la pubblicità. La pubblicità non è un elemento accidentale, ma è una condizione costitutiva del business dell'azzardo predatorio legale. La pubblicità consente al predatore di mimetizzarsi nell'ambiente della preda, operando in piena luce, indisturbato.

Ciò permette di:

- agire sull'immaginario sociale;
- convertire in valore qualcosa che nel senso comune è un disvalore;
- garantire una "normalità" a ciò che non è normale, definendo "patologico" le forme da cui non è più possibile estrarre valore finanziario;
- limitare l'autonomia di scelta del soggetto targettizzato, pur mantenendo un'apparenza di libertà nella scelta: è il famoso "smetto quando voglio", solo che quando si tratta di smettere, premendo il freno, ci si accorge che il freno non c'è. O, meglio, anche il pedale del freno è un acceleratore.

Nel contesto del predatory gambling la pubblicità delimita i contorni di uno scenario (frame) dentro il quale l'abitudine di consumo viene dotata di un senso attraverso narrazioni persuasive e individualizzate, dove non è più l'evento (una partita, etc.) ma il giocatore ad essere al centro della mappa.

L'azzardo di massa (gambling) deve essere raccontato come intrattenimento (gaming) per funzionare senza intoppi a livello del senso comune, mantenendo così suoi livelli di business. E deve alimentare una retorica dell'autocontrollo per incrementarli: lo "smetto quando voglio" del giocatore, dal lato del business diventa il moralistico "gioca responsabilmente". Mentre è proprio la perdita dell'autocontrollo ciò che i giocatori cercano e il biobusiness mette a valore.

Il termine inglese «hooked» letteralmente significa "uncinato", "afferrato". Attorno a questa parola l'esperto di neuromarketing Nir Eyal ha costruito un modello strategico chiamato "il gancio" che spiega esattamente quanto, semplificando, abbiamo detto finora.

La pubblicità permette inoltre di legittimare sul piano sociale ciò che già è stato – con le legalizzazioni avvenute a partire dagli anni Novanta – autorizzato sul piano formale-legislativo.

Nell'ambito dell'azzardo, specialmente online, la pubblicità di un prodotto e l'architettura di quel prodotto sono tutt'uno. Ecco il problema.

L'advertising è dunque ben più che presentazione o rappresentazione di un prodotto. L'advertising non è informazione, come vorrebbero far credere molti fra coloro che, in queste ore, si oppongono all'abolizione della pubblicità dell'azzardo che il Governo si appresta a varare. L'advertising è un tassello di una deformazione complessiva del piano di realtà operata dal predatory gambling.
La pubblicità dell'azzardo è, tecnicamente, un trigger: innesco potentissimo dell'abitudine che spinge verso prodotti-gabbia. In settori delicati dove la "fidelizzazione" del cliente sconfina spesso e sempre più con la costruzione di dipendenze, vale la formula coniata da chi questo problema l'ha

studiato davvero e l'ha studiato da dentro, la ricercatrice del MIT Natasha Dow Schull: la dipendenza è by design, è già oggettivamente insita nel prodotto, non deriva dal suo uso soggettivo scriteriato o, peggio, dall'abuso. Un problema complesso, insomma. Ma la risposta è semplice e la conosciamo tutti. Tertium non datur.

Il gioco d'azzardo e le cosiddette ludopatie

L'attività del gioco rappresenta una tradizione degli esseri umani verso la quale l'uomo è stato sempre propenso; questo anche in virtù della trasmissione ereditaria di una modalità di pensiero magico-onnipotente, in base al quale "qualunque cosa viene pensata si può magicamente realizzare". Questa forma di pensiero ha accompagnato l'essere umano nella sua evoluzione e non è mai stata completamente abbandonata. Essa caratterizza il funzionamento psichico del bambino, il quale ha bisogno proprio del pensiero magico-onnipotente per crescere e transitare nell'età adulta. In questa seconda fase della vita, in condizione di sanità, tale modalità di pensiero viene poi mitigata (se non abbandonata). Però si ripresenta nel giocatore d'azzardo patologico, e lo spinge ad associare al gioco il rischio dei propri beni e risparmi, con l'idea che quello che pensa e desidera (la vincita) si realizzerà.

È proprio su questa base che, nella storia dell'uomo, si sono sviluppate molteplici forme di giochi di rischio, associate quasi sempre al caso, e di cui esistono testimonianze nei reperti archeologici relativi all'antico Egitto, alla Cina, al Giappone e all'India, ma anche alla Grecia (giochi olimpici) e all'antica Roma (gladiatori). Il gioco d'azzardo affonda le sue radici fin nell'antichità, già a partire dal 4000 a.C. nell'antico Egitto dove, per predire il futuro, si utilizzava quello che oggi è il gioco dei dadi. Nell'antica Roma sono state rinvenute insegne recanti la scritta «panem et circenses» (pane e giochi-scommesse), legate a Giovenale, che nelle Satire affermava: «[il popolo] due sole cose ansiosamente desidera: pane e giochi circensi», a significare come nella vita quotidiana, oltre al bisogno di elementi concreti come mangiare e bere, rimanga sempre anche la necessità di giocare e scommettere, quasi fosse un bisogno primario. Inoltre, dalle ricostruzioni dell'epoca, imperatori come Claudio, Nerone e Caligola erano giocatori che oggi potremmo definire patologici.

Tra il XVI e XVII secolo nascono le lotterie, nel Settecento al filosofo e matematico Blaise Pascal viene attribuita l'invenzione della roulette; nel 1731, Clemente XII trasforma il lotto in gioco di stato, così il monopolio del gioco d'azzardo diventa una grossa risorsa finanziaria per ripianare i deficit statali. Nel 1895 l'americano Charles Fay[40] crea le prime slot machines, che in senso ampio possono essere considerate le antesignane dei videogiochi.

In Italia si stima che l'80% della popolazione giochi almeno una volta l'anno e la percentuale dei giocatori patologici sia compresa tra 1'l% e il 3%. Negli ultimi anni, d'altra parte, molto è cambiato nel consumo di azzardo. Da un punto di vista giuridico, a partire dal 1992 i giochi d'azzardo sarebbero espressamente vietati dal codice penale, ma è fatta salva la possibilità di introdurli sul mercato con apposite leggi. E così, anno dopo anno, nonostante il divieto generale, l'offerta del gioco si è ampliata: oltre al gioco del lotto, arrivato a tre estrazioni a settimana, ci sono lotterie istantanee, sale scommesse, Bingo, Superenalotto, slot, videolottery (VLT), giochi su internet e molto altro.

Il risultato: con l'aumento delle occasioni di gioco si è registrato un aumento esponenziale dei giocatori in tutte le fasce d'età. Oltre al tipo di offerta, è aumentato inoltre il numero e la varietà dei luoghi in cui è possibile giocare. Da un lato troviamo ambienti esplicitamente dedicati come le sale slot ma, molto più spesso, il gioco ha trovato casa in luoghi a "cornice familiare", raggiungendo un pubblico molto più vasto ed eterogeneo: tabaccherie, bar, supermercati, uffici postali. Ma

---

[40] Meccanico di San Francisco (1862-1944).

la vera novità degli ultimi anni riguarda l'introduzione del gioco via web, infatti con internet si può giocare in ogni momento del giorno (e della notte), e da qualunque luogo.

Nel corso degli anni, l'atteggiamento nei confronti del gioco d'azzardo è cambiato molte volte, alternando fasi di permissivismo ad altre di proibizionismo.

La condanna è stata di pertinenza religiosa in primis (giocare è peccato), per poi diventare di pertinenza del diritto (giocare è reato) fino ad arrivare, oggi, all'ambito medico e psicologico (giocare, quando avviene in modo compulsivo, è malattia). Data la dimensione drammatica della questione, già nel 1980 il gioco d'azzardo patologico è stato identificato come un problema sociale e l'Organizzazione Mondiale della Sanità l'ha individuato come disturbo mentale, ed è stato inserito nel Diagnostic and Statistical Manual of Mental Disorder (Manuale statistico e diagnostico dei disturbi mentali, DSM III), edito dall'Associazione Psichiatri Americani (APA). Nell'edizione successiva del manuale, nel 1994, il gioco d'azzardo patologico viene definito come un comportamento persistente, ricorrente e maladattivo di gioco d'azzardo, che compromette le attività personali, familiari e lavorative.

Il disagio è classificato all'interno della sezione comprendente i "Disturbi del controllo degli impulsi non classificati altrove", insieme a piromania, disturbo esplosivo intermittente, cleptomania, tricotillomania e disturbo degli impulsi non altrimenti specificato. Il GAP condivide con questi disturbi l'incapacità di resistere a un impulso o alla tentazione di compiere atti nocivi per sé stessi o per gli altri; un senso crescente di eccitazione prima di compiere l'azione e un senso di piacere mentre la si esegue.

I criteri diagnostici per il gioco d'azzardo patologico individuati da questo manuale americano, fra le altre cose, fanno riferimento a un eccessivo assorbimento dell'individuo nell'attività di gioco, ai tentativi falliti di controllare il proprio comportamento, a una tendenza a mentire e a commettere azioni illegali per finanziare il gioco.

La condizione del gioco d'azzardo patologico negli ultimi anni è cambiata ulteriormente con la pubblicazione, nel 2013, della quinta edizione del Diagnostic and Statistical Manual of Mental Disorder. Ne parleremo in modo più approfondito, trattando la dipendenza. Accanto ai giochi d'azzardo tradizionali, negli ultimi anni sono comparsi nuovi giochi con caratteristiche spesso contrapposte a quelle che caratterizzano i "vecchi" giochi d'azzardo.

In questo modo è possibile descrivere vecchi (tradizionali) giochi e nuovi (futuri) giochi.

Lo scenario del consumo del gioco d'azzardo, con l'avvento e l'aumento della pubblicità dei giochi in tv, sui giornali e sui vari media, ha facilitato la trasformazione del fenomeno da "fisiologico" a gioco problematico. Il giocatore, durante la sua attività, viene a trovarsi in uno "spazio virtuale" tra gioco e realtà, e tanto più questo è slegato dalla realtà, tanto più il giocatore si isola, tanto più il gioco diventa problematico. Ad esempio: nei videogiochi da una parte c'è il giocatore e dell'altra c'è un mezzo elettronico - come il PC, la tv, il telefono, il videopoker, la slot machine - che permette di sperimentare una realtà virtuale.

I videogiochi, così, tendono ad assolvere una funzione riempitiva di questi "spazi virtuali" rispetto ai "vuoti temporali" sperimentati dal giocatore, e questo rende possibile - e più facile - passare dall'uso del gioco virtuale all'abuso (video-abuso o videofissazione), caratterizzato da una eccessiva energia identificatoria, perché tali strumenti diventano oggetti (non più riempitivi ma sostitutivi) che suppliscono a bisogni primari di affermazione-identificazione e comunicazione, dove è possibile dimostrare di essere più forti dell'antagonista virtuale.

Questi giochi per il soggetto dunque rappresentano: speranza di vincere, avere successo, poter risolvere le difficoltà con poco sforzo, necessità di provvedere a sé stessi e alla propria famiglia, bisogno di riempire "i vuoti" delle giornate, sogno di riscatto, giusta ricompensa dalla fortuna in risposta a una vita difficile, ricerca del rischio, ma soprattutto ricerca di sensazioni di piacere e benessere. Le caratteristiche principali dei giochi realizzati con i mezzi video sono, in primo luogo, la non necessaria presenza di grandi abilità del giocatore (con la tendenza ad affidarsi per la vincita solo al "caso"), l'uso di denaro contante o di una carta prepagata, la riscossione immediata del bonus vincita, spesso convertito in denaro, e la presenza di "meccanismi positivi di rinforzo" propri dello strumento informatico (facile accessibilità al gioco, vincita, attivazione sensoriale ecc.), ricordando che la tecnica del rinforzo prevede una "ricompensa" piacevole e subitanea che consegue alla prestazione effettuata. A questo si aggiunge il "rinforzo intermittente", ovvero la prospettiva che prima o poi avverrà la vincita. Questi aspetti tendono a strutturare ancora di più la dipendenza.

Lo stato mentale di un giocatore patologico è estremamente diverso da quello di un giocatore assiduo non patologico, e si caratterizza per il raggiungimento di una condizione simile allo stato di ebbrezza, con una modificazione della percezione temporale, un rallentamento o perfino un "blocco" del tempo, che nasce dalla tendenza a raggiungere uno stato alterato di coscienza, fino a uno stato di estasi ipnotica, quando questi viene completamente assorbito dal gioco. Talvolta questa condizione della mente è rafforzata anche da un reale consumo di alcolici o di altre sostanze, associato al gioco, che alimenta la perdita di controllo della propria condotta.

Per citare ancora Il Giocatore, in un passaggio in cui mister Astley si rivolge ad Aleksej Ivarovic:

"Lei vegeta, lei non soltanto ha rinunciato ai suoi interessi personali e a quelli sociali, non soltanto ai suoi doveri di uomo e di cittadino, non soltanto ai suoi amici (eppure ne aveva), non soltanto ha rinunciato a qualsiasi fine nella vita, eccettuato quello di vincere, ma perfino ai suoi ricordi. Io ricordo di averla conosciuta in un momento forte e ardente della sua vita, ma sono convinto che lei adesso ha dimenticato tutte le sue migliori inclinazioni di allora; i suoi sogni di adesso, anche quelli più urgenti ed essenziali, ormai non vanno oltre al pair e impair, rouge, noir, la dozzina di mezzo e così via; ne sono assolutamente convinto!"

Il gioco d'azzardo è un grosso problema sociale e per questo e all'attenzione di vari organismi pubblici e privati (Ministero della Salute, Ministero dell'Interno, Ministero della Giustizia, Ministero della Difesa, Coordinamento delle Regioni e delle Province autonome, Istat, Cnr, Istituto Superiore di Sanità, Inail, esperti e rappresentanti degli organismi del privato sociale e dei servizi pubblici territoriali, consultori). A tale riguardo, il Ministero della Salute dal 2011 ha finanziato un progetto sperimentale nazionale sulle dipendenze comportamentali (insieme al gioco d'azzardo anche lo shopping compulsivo, la dipendenza da internet ecc.) per, la sorveglianza, il coordinamento e il monitoraggio degli interventi. Come abbiamo già sottolineato, la dimensione del fenomeno in Italia è difficilmente stimabile in quanto, ad oggi, non esistono studi accreditati, esaustivi e validamente rappresentativi del fenomeno.

Il numero dei giocatori (intesi come coloro che hanno praticato almeno un gioco negli ultimi 12 mesi) è pari al 49,7%, con punte di 56,0% tra gli uomini, 57,6% nella fascia d'età 25-44 anni e 61,7% tra i fumatori, evidenziando una correlazione piuttosto evidente tra l'abitudine al fumo e la pratica dei giochi d'azzardo. La dipendenza da gioco d'azzardo è considerata dalla popolazione italiana una dipendenza grave, che può essere curata con l'aiuto dello psicologo (31,1%) e presso associazioni/comunità specializzate (28,4%)[41].

La valutazione del comportamento di gioco avviene attraverso diversi strumenti clinici (colloqui e test), attraverso il calcolo di un "indice di gravità". Questo indice viene frequentemente stimato tramite la somministrazione della versione italiana validata del questionario South Oaks Gambling Screen (SOGS)[42] che è lo strumento più conosciuto e diffuso per lo screening generale dei disturbi da gioco d'azzardo. Si tratta di un questionario di auto-somministrazione composto da 20 elementi. Esso permette agli operatori di acquisire preziose informazioni su diversi aspetti legati al gioco: il tipo di gioco privilegiato, la frequenza dell'attività di gioco, la difficoltà di giocare in modo controllato, la consapevolezza circa il proprio problema di gioco, i mezzi usati per procurarsi

---

[41] Fonte: Relazione Annuale al Parlamento 2016 sullo stato delle dipendenze in Italia.

[42] Lesieur H.R., Blume S.B., «The South Oaks Gambling Screen (SOGS): A New Instrument for the Identification of Pathological Gamblers, The American Journal of Psychiatry, (1987) Sep; 144(9); pp. 1184-8.

il denaro per giocare, il tornare a giocare per tentare di recuperare le perdite, le menzogne circa le attività di gioco.

Utilizzando questa scala di misura, è stato possibile identificare una percentuale di giocatori problematici e a rischio di gioco patologico pari al 2,1%, e una quota di giocatori d'azzardo patologici pari all'1,9%. Nell'ambito di questa rilevazione si è potuto stimare, quindi, che in Italia circa il 4% dei giocatori tra i 18 e i 64 anni avesse (nei 12 mesi precedenti alla somministrazione del questionario) un approccio problematico, o addirittura patologico, al gioco d'azzardo.

È presente, inoltre, una significativa associazione tra tipologia di giocatore (sociale, problematico o patologico) e l'uso di sostanze stupefacenti consumate (sempre nei 12 mesi precedenti l'indagine). I giocatori tendono a non consumare e disapprovano completamente l'uso di ecstasy, eroina, cocaina o amfetamine/ metamfetamine, anche una sola volta nella vita, mentre tendono a provare occasionalmente hashish o, marijuana durante l'attività di gioco. Inoltre, il giocatore tende a consumare più di due bicchieri di vino/birra al giorno (19,3%). Tutti questi comportamenti trovano una disapprovazione maggiore tra le femmine e nella popolazione più adulta (35-64 anni). L'uso di sostanze illecite è percepito maggiormente pericoloso tra i non consumatori rispetto ai consumatori e in percentuale lievemente superiore tra le femmine.

Sul piano legislativo, il Ministero della Salute è intervenuto incisivamente sulla materia, facendosi promotore del decreto-legge 13 settembre 2012, recante disposizioni urgenti per promuovere lo sviluppo nel Paese mediante un più alto livello di tutela della salute (il. cd. Decreto Balduzzi[43]). L'articolo 5 del provvedimento prevede l'aggiornamento dei LEA (i Livelli essenziali di assistenza) per la prevenzione, la cura e la

---

[43] Convertito con legge 8 novembre 2012 n.189.

riabilitazione dei soggetti affetti da ludopatia.

Già da diversi anni le Regioni hanno preso in carico i soggetti affetti da disturbo da gioco d'azzardo, compatibilmente con le risorse esistenti, attraverso i propri Servizi per le Dipendenze, fornendo loro assistenza e trattamenti. Gli interventi offerti sono soprattutto il sostegno psicologico individuale e/o del nucleo familiare, e il counselling. Tutte le realtà hanno in trattamento pazienti affetti da disturbo da gioco d'azzardo patologico, che secondo il Rapporto Italia di Eurispes sembra essere un fenomeno più radicato al Sud (50,6%) seguito a distanza dal Nord del Paese (43,7% nel Nord-Ovest e 41,3% nel Nord-Est)[44]. Il rilevamento ha indagato anche la percezione dell'opinione pubblica rispetto agli strumenti di contrasto al fenomeno. Tra i provvedimenti per la lotta al gioco d'azzardo, quello considerato più efficace e indicato dagli italiani è l'eliminazione delle slot machine da bar e locali pubblici (51,8%). A seguire il divieto di fare pubblicità (34,3%), la prevenzione nelle scuole (30,6%), l'introduzione di limiti negli importi delle giocate (28,5%), fornire maggiori informazioni sui danni del gioco (27,0%) e limitare il numero delle sale gioco (26,6%). Infine, per quanto riguarda le condizioni personali che possono favorire il gioco d'azzardo, secondo la Relazione annuale sullo stato delle dipendenze, in prima linea ci sono le difficoltà economiche (35,2%), il disagio sociale (31,9%) e il desiderio di sfidare la sorte (27,4%)[45].

In uno scenario così articolato si è avvertita, evidentemente, l'esigenza di attivare un monitoraggio del fenomeno. L'articolo 7 del Decreto Balduzzi prevede l'istituzione presso

---

[44] Eurispes, Rapporto Italia 2017.
[45] Fonte: Relazione Annuale al Parlamento 2016 sullo stato delle dipendenze in Italia.

l'Agenzia delle Dogane e dei Monopoli un "Osservatorio sui rischi di dipendenza da gioco", finalizzato a valutare le misure più efficaci per contrastare la diffusione del gioco d'azzardo patologico e il fenomeno della dipendenza grave. Tale Osservatorio ha già iniziato le sue attività e sta lavorando per mettere a punto una serie di misure preventive atte al contenimento del fenomeno su vari fronti. Contestualmente, il Dipartimento delle Politiche Antidroga e l'Agenzia delle Dogane e dei Monopoli nel 2013 hanno siglato un "Accordo di collaborazione per il contrasto alle forme di dipendenza da gioco", con il quale al Dipartimento Politiche Antidroga viene affidato il coordinamento tecnico-scientifico del citato Osservatorio e, inoltre, viene prevista l'istituzione di un apposito "Comitato consultivo" di supporto, costituito dalle associazioni dei concessionari, dalle rappresentanze nazionali dei consumatori e dai più rappresentativi gruppi associativi di area specifica, oltre che delle Regioni e delle Province Autonome.

Sempre nel decreto Balduzzi viene vietata la messa a disposizione, presso qualsiasi pubblico esercizio, di apparecchiature che, attraverso la connessione telematica, consentano ai clienti di giocare sulle piattaforme di gioco dei concessionari on-line, di soggetti autorizzati all'esercizio dei giochi a distanza (o di soggetti privi di qualsiasi titolo concessorio o autorizzatorio). Il medesimo provvedimento prevede, tra l'altro, una serie di divieti e di disposizioni sui messaggi pubblicitari e sulla pubblicità dei giochi che prevedono vincite in denaro, e formule di avvertimento sul rischio di dipendenza dalla pratica di giochi con vincite in denaro sugli apparecchi e nelle sale in cui sono installati i video-terminali. Sono inoltre fissate le sanzioni amministrative per l'inosservanza delle norme. Per garantire le prestazioni di prevenzione, cura e riabilitazione rivolte alle persone affette dal gioco d'azzardo patologico (GAP), così come definito dall'Organizzazione mondiale della sanità, la legge di Stabilità 2016 ha inoltre istituito, presso il Ministero della salute, il Fondo per il gioco d'azzardo patologico[46].

Sono state infine studiate le caratteristiche demografiche e familiari dei giocatori, stabilendo che quelli definibili a rischio o problematici sono più frequentemente maschi che femmine (66% contro il 55% del totale dei giocatori), con una condizione relazionale e uno status, spesso, di divorziati (10% contro il 5%). Hanno alti livelli di stipendio e presentano almeno un parente con problemi di gioco d'azzardo (12,2% contro il 4,4%). Presentano, inoltre, difficoltà nel gestire II denaro (28% contro il 14%) e sono esposti a un maggior rischio di indebitamento: essi, infatti, spendono più denaro di quello che hanno (11% contro il 2%), risparmiano meno mensilmente (1% contro il 13%), chiedono in prestito denaro alle agenzie finanziarie (28% contro il 9%) o ad altre persone (18% contro il 2%)[47].

Il profilo e le caratteristiche distintive del giocatore d'azzardo problematico italiano adulto sono caratterizzati dall'essere poligambling, cioè un utilizzatore di vari tipi di gioco d'azzardo, il quale impegna molto tempo In queste attività ed effettua giocate frequenti con un dispendio di grandi quantità di denaro. Il sesso femminile inizia a giocare più tardi: i fattori scatenanti spesso sono lo stress, l'insoddisfazione, la depressione. Le donne sviluppano di solito la vera e propria dipendenza più precocemente, ma si mettono anche alla ricerca di un trattamento per uscirne in maniera maggiore e in anticipo rispetto ai maschi. Privilegiano il gioco del bingo e le slot-machine; hanno una maggior prevalenza dei disturbi

---

[46] Legge di stabilità 2016, comma 946.

[47] G. Serpelloni, Gambling - Manuale per i Dipartimenti delle Dipendenze, Dipartimento Politiche Antidroga, Presidenza del Consiglio dei Ministri, 2013.

dell'umore e un maggior tasso di suicidi. Mostrano, infine, un minor coinvolgimento verso attività illegali.

Da alcuni autori[48] è stata studiata la relazione tra l'età di iniziazione al gioco d'azzardo e il gambling patologico negli adolescenti, rilevando che le persone che in giovane età si avvicinano al gioco d'azzardo sono attivate principalmente da forme non "strategiche" quali le lotterie istantanee (gratta e vinci) e le slot machine. In uno studio sugli adolescenti è stata inoltre riscontrata una percentuale del 40% di giocatori da almeno 6 mesi. Di questi, il 32% erano giocatori d'azzardo occasionali con frequenza delle giocate mensile o inferiore, e il 12% erano giocatori d'azzardo con alta frequenza di gioco[49]. Sempre relativamente ai ragazzi minori di 18 anni, i dati dell'Osservatorio Nazionale della Salute e dell'adolescenza riportano che 1,2 milioni di minorenni in Italia gioca d'azzardo, o quanto meno investe la paghetta fra lotteria e bingo. Fra i 7 e i 9 anni sono contagiati, seppur in forme più lievi, 400 mila ragazzini, ossia uno su quattro. Fra i 10 e i 17 anni aumenta il numero e il livello delle giocate e il fenomeno riguarda 800mila adolescenti, vale a dire uno su cinque.

Secondo un'altra indagine del Ministero della Salute[50], il 71% della popolazione italiana percepisce come rischioso il gioco d'azzardo, ma solo il 60% disapprova i giochi in cui si

---

[48] A.S. Rahman et al., «The relationship between age of gambling onset and adolescent problematic gambling severity», Journal of Psychiatric Research, 2012 May; 46(5):675-83.

[49] S. Raisamo et al., Gambling-related harms among adolescents: a population-based study, Journal of gambling studies, 2013 Mar; 29(1): 151-9.

[50] Ministero della Salute - CCM, Dipendenze comportamentali/Gioco d'azzardo patologico: progetto sperimentale nazionale di sorveglianza e coordinamento/monitoraggio degli interventi - Regione Piemonte, 2012.

vincono e perdono soldi. Eseguendo un'analisi simile, stratificando all'interno delle due categorie dei giocatori e dei non giocatori, è emerso che il 61% dei giocatori percepisce rischioso giocare d'azzardo e il 42% lo disapprova. In maniera diversa, invece, tra i non giocatori, l'80% ritiene rischioso tale comportamento e il 74% lo disapprova. Pertanto, più aumenta la percezione del rischio e più aumenta la disapprovazione per tale tipo di gioco, e questo è coerente con l'espressione di un minor comportamento di gioco.

L'incidenza sempre più alta della cronicità e il recente inserimento nei LEA-Livelli essenziali di assistenza del gioco d'azzardo patologico, così come le questioni legate alle tematiche carcerarie e la gestione delle "nuove domande" (internet, social network, sesso, dinamiche alimentari, ecc.), che rappresentano possibili future emergenze, sono tutti aspetti che rendono ancora più complessa e cogente la gestione della problematica delle dipendenze, e che ribadiscono la necessità di intervenire con forza e con risorse certe e appropriate per rispondere in modo efficace all'ampiezza e gravità dei bisogni.

Da una serie di indagini condotte nel corso del 2012[51] all'interno della popolazione generale, con una casistica aggiornata a quasi 20mila interviste, è possibile evidenziare, per le diverse tipologie di gioco considerate, persino la frequenza delle giocate nel corso di un intero anno. I "gratta e vinci" rappresentano i giochi più frequentemente praticati, seguiti da lotto e totocalcio, mentre le altre tipologie sono state praticate da meno del 10% degli intervistati, che comunque potevano segnalare più di un gioco: infatti, per il 9% del campione si riporta almeno un gioco tutti i giorni o quasi. Questo evidenzia

---

[51] Le indagini GPS-DPA 2012 e SPS-DPA 2013, cfr.- <http://www.politiche-antidroga.gov.it>.

come l'attitudine al gioco non dipenda in modo stretto dalla sua tipologia, ma piuttosto dal "poter giocare" in generale. Tale osservazione è resa evidente nel caso del gioco del lotto che, pur non avendo estrazioni quotidiane, mostra un valore pari al 5,2% nella frequenza 1-2 volte a settimana. È quindi verosimile che questi soggetti, nelle giornate in cui non è prevista l'estrazione della lotteria, si dedichino ad altre tipologie di giochi.

È' evidente, da quanto emerge nei dati appena esposti, che il problema del gioco d'azzardo abbia una grande rilevanza sociale, economica, legale, sanitaria, psicologica con ripercussioni su tutti gli aspetti della vita quotidiana della persona e delle famiglie interessate, e questo giustifica l'aggiornamento dei Livelli Essenziali di Assistenza approvato nel 2016, inviato dal Ministero della Salute alle Regioni. Le disposizioni riguardanti l'assistenza socio-sanitaria alle persone con dipendenze patologiche sono l'articolo 28 e l'articolo 35, che stabiliscono: «[...] il Servizio sanitario nazionale garantisce alle persone con dipendenze patologiche, inclusa la dipendenza da gioco d'azzardo, o con comportamenti di abuso patologico di sostanze, ivi incluse le persone detenute o internate, la presa in carico multidisciplinare e lo svolgimento di un programma terapeutico individualizzato che include le prestazioni mediche specialistiche, diagnostiche e terapeutiche, psicologiche e psicoterapeutiche, e riabilitative necessarie e appropriate nei seguenti ambiti di attività:

- accoglienza;
- valutazione diagnostica multidisciplinare;
- valutazione dello stato di dipendenza;
- certificazione dello stato di dipendenza patologica;
- definizione, attuazione e verifica del programma terapeutico e riabilitativo personalizzato, in accordo con la

persona e, per i minori, in collaborazione con la famiglia;

- somministrazione di terapie farmacologiche specifiche, sostitutive, sintomatiche e antagoniste, compreso il monitoraggio clinico e laboratoristico;
- gestione delle problematiche mediche specialistiche;
- interventi relativi alla prevenzione, diagnosi precoce e trattamento delle patologie correlate all'uso di sostanze;
- colloqui psicologico - clinici;
- colloqui di orientamento e sostegno alla famiglia;
- interventi di riduzione del danno;
- psicoterapia (individuale, di coppia, familiare, di gruppo);
- interventi socio-riabilitativi, psico-educativi e socio-educativi finalizzati al recupero dell'autonomia personale, sociale e lavorativa;
- promozione di gruppi di sostegno per soggetti affetti da dipendenza patologica;
- promozione di gruppi di sostegno per i familiari di soggetti affetti da dipendenza patologica;
- consulenza specialistica e collaborazione con i reparti ospedalieri e gli altri servizi distrettuali territoriali, semi-residenziali e residenziali;
- collaborazione con i medici di medicina generale e i pediatri di libera scelta;
- interventi terapeutici e riabilitativi nei confronti di soggetti detenuti o con misure alternative alla detenzione, in collaborazione con l'amministrazione penitenziaria;
- collaborazione ed integrazione con i servizi di salute mentale con riferimento ai pazienti con comorbidità» (art. 28).

E, infine, l'art. 35 riguarda l'assistenza sociosanitaria semiresidenziale e residenziale dedicata alle persone con dipendenze patologiche e recita: «[...] il Servizio sanitario nazionale garantisce alle persone con dipendenze patologiche, inclusa la dipendenza da gioco d'azzardo, o con comportamenti di abuso patologico di sostanze, ivi incluse le persone con misure alternative alla detenzione o in regime di detenzione domiciliare, previa valutazione multidimensionale, definizione di un programma terapeutico individualizzato e presa in carico, trattamenti terapeutico-riabilitativi e trattamenti pedagogico-riabilitativi, con programmi differenziati per intensità, complessità e durata.

I trattamenti includono le prestazioni necessarie ed appropriate nei seguenti ambiti di attività:

- accoglienza;
- attuazione e verifica del programma terapeutico e riabilitativo personalizzato, in collaborazione con il servizio per le dipendenze patologiche (SERT) di riferimento, in accordo con la persona e, per i minori, in collaborazione con la famiglia;
- gestione delle problematiche sanitarie inclusa la somministrazione ed il monitoraggio della terapia farmacologica;
- colloqui psicologico - clinici;
- psicoterapia (individuale, familiare, di coppia, di gruppo);
- interventi socio-riabilitativi, psico-educativi e socio-educativi finalizzati al recupero dell'autonomia personale, sociale e lavorativa;
- interventi di risocializzazione (individuali o di gruppo);
- collaborazione con la rete sociale formale e informale;
- collaborazione con l'autorità giudiziaria per le persone con misure alternative alla detenzione o in regime di

detenzione domiciliare;

- collaborazione con i medici di medicina generale e i pediatri di libera scelta;
- collaborazione ed integrazione con i servizi di salute mentale, con riferimento ai pazienti con comorbidità;
- rapporti con il Tribunale dei minori e adempimenti connessi (relazioni, certificazioni, ecc.);
- collaborazione e consulenza con le istituzioni scolastiche per l'inserimento e l'integrazione nelle scuole dei minori sottoposti a trattamento»;

Il punto due dell'articolo citato spiega inoltre che in relazione al livello di intensità assistenziale, l'assistenza residenziale si articola nelle seguenti tipologie di trattamento:

- trattamenti specialistici, destinati a persone con dipendenza patologica che, per la presenza concomitante di disturbi psichiatrici, o dello stato di gravidanza o di gravi patologie fisiche o psichiche necessitano di trattamenti terapeutici specifici, anche con ricorso a terapia farmacologica e relativo monitoraggio. I trattamenti della durata massima di 18 mesi sono erogati in strutture o moduli che garantiscono la presenza di personale socio-sanitario sulle 24 ore;
- trattamenti terapeutico-riabilitativi destinati a persone con dipendenza patologica, finalizzati al superamento della dipendenza, al miglioramento della qualità della vita e al reinserimento sociale. I trattamenti, della durata massima di 18 mesi, eventualmente prorogabili a seguito di rivalutazione multidimensionale da parte dei servizi territoriali delle dipendenze patologiche, sono rivolti a persone che, anche in trattamento farmacologico sostitutivo, non assumono sostanze d'abuso, e sono

erogati nell'ambito di strutture che garantiscono la presenza di personale sulle 24 ore;

- trattamenti pedagogico-riabilitativi finalizzati al recupero dell'autonomia personale e alla integrazione sociale e lavorativa. I trattamenti, della durata massima di 30 mesi, sono rivolti a persone che non assumono sostanze d'abuso e non hanno in corso trattamenti con farmaci sostitutivi, e sono erogati in strutture che garantiscono la presenza di personale socio-sanitario nell'arco della giornata.

I trattamenti residenziali elencati, stabilisce la legge, sono a totale carico del Servizio sanitario nazionale. Nell'ambito dell'assistenza semiresidenziale, inoltre, il Servizio sanitario nazionale si fa interamente carico di:

- trattamenti terapeutico-riabilitativi, finalizzati al superamento della dipendenza patologica, al miglioramento della qualità della vita e al reinserimento sociale. I trattamenti, della durata massima di 18 mesi, eventualmente prorogabili a seguito di rivalutazione multidimensionale da parte dei servizi territoriali delle dipendenze patologiche, sono rivolti a persone che, anche in trattamento farmacologico sostitutivo, non assumono sostanze d'abuso, e sono erogati in strutture che garantiscono l'attività per 6 ore al giorno, per almeno cinque giorni la settimana;
- trattamenti pedagogico-riabilitativi finalizzati al recupero dell'autonomia personale e alla integrazione sociale e lavorativa. I trattamenti, della durata massima di 30 mesi, sono rivolti a persone che non assumono sostanze d'abuso e non hanno in corso trattamenti con farmaci sostitutivi, e sono erogati in strutture che garantiscono l'attività per 6 ore al giorno, per almeno cinque giorni la settimana».

Guardando con attenzione le disposizioni previste nell'aggiornamento dei Livelli Essenziali di Assistenza, sempre riguardo al gioco d'azzardo patologico, viene messa in evidenza la multidisciplinarità dell'intervento a sostegno delle persone coinvolte da queste problematiche e delle loro famiglie. Accanto a questo è anche evidente che i professionisti interessati a questo sostegno (oltre al personale sanitario come medici e psicologi, assistenti sociali) sono anche i consulenti familiari, con particolare riguardo alla loro funzione di accoglienza e alla funzione socio-educativa.

Il gioco d'azzardo patologico viene definito come una condotta di addiction, ovvero di dipendenza, e questo anche in considerazione del fatto che questo stesso concetto sembra sempre più ampliare il proprio dominio, comprendendo anche fenomeni quali i disturbi del comportamento alimentare, lo shopping compulsivo, l'internet addiction, l'exercise addiction e altri comportamenti. Il già citato Manuale Diagnostico dell'Associazione degli Psichiatri Americani aveva inizialmente classificato il gioco d'azzardo patologico come un "disturbo del controllo degli impulsi", nella sua nuova e più recente edizione invece non si parla più di "gioco d'azzardo patologico" ma di "Disturbo da gioco d'azzardo", collocandolo all'interno della categoria delle dipendenze in un'apposita sottocategoria, "Disturbo da dipendenza non associato all'uso di sostanze".

Secondo questo aggiornamento scientifico, il GAP viene allora descritto come:

A. «Comportamento problematico persistente o ricorrente legato al gioco d'azzardo che porta a disagio o compromissione clinicamente significativi, come indicato dall'individuo che presenta quattro (o più) delle seguenti condizioni entro un periodo di 12 mesi:

- Ha bisogno, per giocare d'azzardo, di quantità crescenti di denaro per ottenere l'eccitazione desiderata.
- È irrequieto/a o irritabile quando si tenta di ridurre o smettere di giocare d'azzardo.
- Ha fatto ripetuti sforzi infruttuosi per controllare, ridurre o smettere di giocare d'azzardo.
- È spesso preoccupato/a dal gioco d'azzardo (ad esempio, ha pensieri persistenti che gli/le fanno rivivere passate esperienze di gioco, analizzare gli ostacoli e pianificare la prossima avventura, pensare ai modi di ottenere denaro con cui giocare d'azzardo).
- Spesso gioca d'azzardo quando si sente a disagio (ad esempio, indifeso/a, colpevole, ansioso/a, depresso/a).
- Dopo aver perduto denaro al gioco d'azzardo, spesso torna un'altra volta per ritentare ("rincorrere" le proprie perdite).
- Mente per occultare l'entità del coinvolgimento nel gioco d'azzardo.
- Ha messo in pericolo o perduto una relazione significativa, il lavoro, opportunità di studio e di carriera a causa del gioco d'azzardo.
- Conta sugli altri per procurarsi il denaro necessario a risollevare situazioni finanziarie disperate causate dal gioco d'azzardo».

B. il Manuale aggiunge che «il comportamento legato al gioco d'azzardo patologico non è meglio spiegato da un episodio maniacale».

Rispetto a ciò, è opportuno specificare che il comportamento patologico si può manifestare anche nel corso di un episodio maniacale, che è una circostanza caratterizzata dal marcato aumento di un umore tipicamente esaltato, accompagnato da altri comportamenti quali: dare eccessiva confidenza agli estranei, intraprendere attività finanziare rischiose, cambiare drasticamente stile di vita e altro, tra cui anche giocare d'azzardo. In questa situazione, deve essere curato il disturbo dell'umore, in quanto il giocare d'azzardo ne è una conseguenza.

Il gioco d'azzardo patologico è caratterizzato da un comportamento di gioco disadattivo, persistente e ricorrente che sconvolge l'equilibrio personale, familiare e sociale (educativo/lavorativo) della persona. Il giocatore è totalmente assorbito dal gioco, ha bisogno di giocare con una sempre maggiore quantità di soldi, non riesce a controllarsi, a fermarsi, a ridurre l'attitudine al gioco; con il gioco evita i problemi o cerca un sollievo alla depressione e alle tensioni della vita. Mente a sé stesso e ai propri familiari e amici, tende a minimizzare la portata del problema e delle perdite, fino a diventare capace di compiere azioni illegali per finanziare il dispendio economico. Il giocatore è alla continua ricerca di soldi e mette tutto in secondo piano, rinunciando alle proprie responsabilità quotidiane. I suoi comportamenti mettono a repentaglio le sue principali relazioni affettive e, alla fine, per far fronte alle proprie finanze disastrate finisce con l'appoggiarsi completamente sull'aiuto di altri. La gravità del problema si misura sulla base del numero di criteri manifestati.

È stato già evidenziato come il gioco d'azzardo patologico sia «espressione di un disagio psichico profondo e di un malessere culturale vasto e pervasivo» e «seppur ogni forma sembra caratterizzarsi per degli aspetti specifici, nel loro insieme manifestano un desiderio di fuga è un'incapacità a tollerare il dolore mentale che porta, a volte quasi consapevolmente, a rinunciare all'uso del pensiero e della riflessività a favore di una scarica emozionale iterativa messa in atto con modalità progressivamente sempre più compulsive[52]».

I disturbi inclusi in questa categoria di dipendenze hanno in comune la ripetizione di un comportamento che il soggetto crede di poter prevedere e controllare, e non sono rare intersezioni simultanee tra dipendenze diverse, come pure i passaggi sequenziali da una dipendenza all'altra. Conseguentemente, la definizione di "dipendente" potrà essere attribuita a «qualsiasi individuo la cui esistenza è tesa alla ricerca degli effetti prodotti sull'organismo e sulla mente da una sostanza più o meno tossica (droga tollerata, vietata, prescritta) o da un comportamento (gioco, internet, sesso, acquisti compulsivi, ecc.), pena un intenso disagio fisico /o psicologico» (Valleur e Matysiak, 2004).

Secondo questi autori, dunque, la persona "dipendente" vive unicamente per l'oggetto della sua dipendenza e attraverso di esso. Non c'è più nulla che conti, e il disinvestimento affettivo e sociale è così pervasivo che appare evidente come l'individuo coinvolto finisca per essere privato della sua stessa libertà.

Possiamo ipotizzare in realtà che tale eccesso si collochi a un polo estremo lungo un continuum di comportamenti che si snodano progressivamente dalla, normalità alla patologia (Blaszczynski et al, 2004; Lavanco et al., 2004), e che sono tanto più pericolosi proprio quanto progressivi, perché è noto che le azioni sequenziali sono quelle a più bassa percezione di rischio, di consapevolezza e dunque sono quelle in cui il governo degli eventi, strada facendo, risulta più difficoltoso (Bauman, 1999). Gli elementi fondamentali che caratterizzano

---

[52] Caretti, D., La Barbera, Le dipendenze patologiche. Clinica e psicopatologia, Raffaello Cortina Editore, Milano 2005.

una dipendenza sono quindi due:

- non poter fare a meno di qualcosa (un prodotto);
- non poter rinunciare a fare qualcosa (un comportamento) senza sperimentare un certo disagio.

Inoltre, il prodotto o il comportamento in questione diventa centro dell'esistenza, nel senso che per l'individuo dipendente niente ha più valore al di fuori di esso.

Due, infine, sono i momenti evolutivi caratteristici di una dipendenza: generalmente all'inizio il soggetto è convinto di potersi fermare da solo quando lo desidera e poi a un tratto, successivamente, percepisce la propria impotenza di fronte all'oggetto della sua dipendenza. La tolleranza, anche psicologica, evento sequenziale e progressivo, rende difficile identificare il momento di passaggio da ciò che è sotto controllo e ciò che non lo è. Secondo Caretti e La Barbera (2005), «il piacere che si ricava da una qualsiasi forma di dipendenza patologica deve intendersi come la ricerca di uno stato di trance auto indotto, un rifugio mentale il cui scopo è di costruirsi una realtà parallela psicosensoriale differente da quella sperimentata nella realtà ordinaria, di ritirarsi da ogni contatto e di dissociare le sensazioni, le emozioni, le immagini conflittuali non rappresentabili sul piano cosciente».

Dipendere da qualcuno o da qualcosa è caratteristica dell'essere umano e si è dipendenti in modo maturo, sano e normale quando si è capaci di dipendere ma anche di fare a meno di quel qualcuno o qualcosa.

La dipendenza patologica, invece, è caratterizzata da una particolare modalità d'essere, una condizione esistenziale che è contrassegnata dalla ricerca ricorrente e reiterata del piacere offerto da uno specifico comportamento di dipendenza, che arriva a essere associato all'abuso. Coesiste, inoltre, il craving, che è il desiderio impulsivo per una sostanza psicoattiva, per un cibo o per qualunque altro oggetto-comportamento gratificante (gioco patologico). Questo desiderio incoercibile sostiene il comportamento "additivo" e la compulsione, finalizzati entrambi a fruire dell'oggetto del desiderio. Il craving avrebbe una doppia funzione:

- appetitiva;
- avversiva.

Ha una funzione appetitiva, in quanto la ricerca della sostanza è fonte di piacere ma, di contro, ha anche una funzione avversiva in cui emerge l'ansia anticipatoria dei sintomi dell'astinenza e/o l'astinenza stessa. Sono presenti anche i sintomi dell'astinenza e della messa in atto di comportamenti compulsivi nonostante le possibili conseguenze negative (che tendono a essere disconosciute). «La dipendenza è ciò che risulta dall'incrocio tra il potere che la sostanza (o il comportamento) ha in potenza, e il potere che la persona è disposta ad attribuire alla sostanza (o al comportamento)» (Bateson, 1984).

Il soggetto-giocatore è portatore di una serie di caratteristiche e bisogni, e incontrando l'oggetto (sostanza, comportamento o relazione) vive un'esperienza particolare data dalla ristrutturazione che il suo Sé subisce in seguito a questo incontro (significato che il soggetto dà a quella sostanza).

Proviamo a chiarire questo concetto. Il Sé è rappresentato da tutto quello che una persona è (e inoltre si trova in continua evoluzione). Ogni persona possiede delle abitudini (dipendenze) che si inseriscono all'interno delle proprie giornate e che provocano piacere.

Le abitudini «benigne» nutrono la vita e svolgono un ruolo fondamentale nel mantenimento dell'equilibrio della persona. Molte di queste si instaurano già nei primi anni di vita (il ciuccio o la copertina) e assumono il significato di oggetti transizionali, per poi essere sostituiti in età adulta da altre forme di abitudini (caffè, telefonata, la lettura del giornale, ecc).

La caratteristica principale delle abitudini/dipendenze «benigne» è la transitorietà, nella quale è possibile «lasciare», abbandonando o rinunciando alla propria gratificazione. Il confine tra abitudine e dipendenza è la capacità o l'incapacità di rinunciare, di limitare e di contenere l'esistenza di un piacere confortevole.

La dipendenza dal gioco (gambling) si fonda sulla propensione al gioco presente in tutti gli esseri umani. Ma per il giocatore d'azzardo il gioco è tutto e la caratteristica di questa dipendenza è invece la compulsione, ovvero l'impellente necessità, incontrollabile, di compiere atti tesi a fronteggiare i sentimenti (angosciosi) sperimentati in quel momento. La compulsione è uno scaricare la tensione accumulata per i pensieri che albergano nella mente del giocatore facendogli sperimentare, in quel particolare momento, una sensazione di benessere.

Accanto al concetto di dipendenza dal gioco va considerato anche il concetto di astinenza. Come per l'assunzione di alcool, dove gli ex alcolisti descrivono sé stessi come alcolisti in astinenza, per i giocatori d'azzardo lo smettere di giocare non comporta la fine della dipendenza, ma un'astinenza di durata variabile, che può essere anche per sempre («Non gioco più da ..... ma potrei riprendere»).

L'esistenza di una correlazione tra dipendenza da gioco e dipendenza da altre sostanze è provata ed è facile osservarla nella quotidianità: i comportamenti più frequenti dei giocatori risultano essere il fumare e, a volte, il bere. L'uso di alcool (per quanto non eccessivo può essere problematico) quando accompagna il gioco d'azzardo (in particolare nel gioco con le slot-machine e con i mezzi informatici), sembra avere una funzione disinibente sul comportamento del soggetto, per cui, causando la riduzione del controllo, porterebbe a un progressivo coinvolgimento nel gioco.

La necessità del giocatore patologico di scommettere quantità sempre crescenti di denaro richiama il concetto di tolleranza; i vissuti di ansia, irrequietezza, irritabilità e il malessere fisico avvertiti nel periodo di astensione al gioco sono paragonabili ai sintomi della sindrome astinenziale, i cui esiti negativi ricordano le conseguenze devastanti dell'uso compulsivo di sostanze.

La particolarità del gioco d'azzardo patologico rispetto ad altre dipendenze risiede nel ruolo che svolge il denaro. Nelle altre dipendenze il denaro e un mezzo per procurarsi la sostanza o attuare il comportamento desiderato (ad esempio, lo shopping compulsivo) mentre nel GAP ha sia la funzione di mezzo sia di fine, in quanto il denaro e il mezzo con cui giocare, per ottenere altro denaro. In questo caso, non è possibile parlare di mera ricerca del piacere, ma della spinta a percepirsi in modo più positivo, che è sostenuta da uno stato di coscienza (alterato). Il giocatore d'azzardo insomma sembra ricercare un nuovo senso del Sé più esaltato e più potente. E per raggiungere tale obiettivo, viene messa in atto una ricerca ossessiva di denaro e mezzi portata avanti a tutti i costi, apparentemente per evitare una svalutazione del Sé assoluta o relativa, ma in realtà per tradurre il vissuto di onnipotenza che sempre caratterizza il comportamento del giocatore d'azzardo perché, come dice Massimo Recalcati[53], «le dipendenze patologiche sono animate dall'illusione narcisistica del farsi da solo, del farsi senza l'Altro».

Uno dei fattori psicologici di base, presente tra l'altro in tutti i tipi di dipendenze, sembra essere la mancanza di autostima, e quindi una struttura identitaria deficitaria, che rende la persona vulnerabile alle critiche, all'insorgenza di ossessioni (soprattutto se queste ultime sono in grado di liberarla dalla bassa considerazione che ha di sé stessa), permettendo così di immaginarsi "potente".

È importante sottolineare che esiste una forte relazione tra gioco d'azzardo patologico e pensieri suicidari, tentato suicidio o suicidio riuscito tra i giocatori, quando questi presentano problemi di tipo psichiatrico, per lo più di tipo depressivo, dove il disturbo è accentuato dalla perdita di denaro, dall'indebitamento e dai conseguenti problemi che il giocatore ha provocato con il proprio comportamento.

Il gioco è fonte di piacere (attività ludica), fa parte della cultura popolare e delle società e, come abbiamo visto, ha una finzione evolutiva, relazionale ed è attivante. Per tutti questi motivi esso entra nelle modalità di funzionamento personologico proprie dell'essere umano e quindi non può essere vietato o proibito, ma permesso e "regolato". Questo vale anche per il gioco d'azzardo informale e ricreativo, in cui si riscontra un comportamento "fisiologico", ove è necessaria la consapevolezza dei propri rischi con una modalità di gioco saltuaria, motivazione socializzante o competitiva, e spesa per lo più contenuta e comunque sopportabile.

---

[53] M. Recalcati, Il complesso di Telemaco: Genitori e figli dopo il tramonto del padre, Feltrinelli, Milano 2013.

Se il gioco d'azzardo acquisisce, tuttavia, una connotazione patologica (attività ludopatica), emergono evidenti effetti negativi sul benessere fisico e psichico delle persone, ed è quindi necessario considerare l'introduzione di regole di tutela della loro salute e dell'integrità sociale. Tale compito è difficile, soprattutto per la diffusione che i giochi oggi hanno sulla rete internet, dove diventa davvero complicato esercitare, in modo assoluto, i controlli e introdurre forme efficaci di prevenzione.

È' solo da pochi anni che il GAP, in ambito clinico, è considerato una vera e propria malattia, certamente per la grande diffusione della problematica che ormai è all'attenzione della sanità, della politica, dell'amministrazione locale e sociale.

Vale la pena ricordare quali sono i parametri che definiscono una "malattia":

- Alterazione e sofferenza: la malattia è una condizione di alterazione del normale funzionamento e delle condizioni fisiologiche dell'organismo, in grado di creare sofferenza psichica e fisica.
- Causalità: la malattia è conseguente a una o più cause (conosciute o sconosciute, interne o esterne).
- Fenomenologia: costituisce ciò che appare dalla malattia, ovvero uno o più segni o sintomi.
- Necessità di intervento: la malattia è una patologia (deviazione da una norma biologica/psicologica/funzionale) e necessita quanto prima di diagnosi, cure e monitoraggio.

In questa direzione, il GAP è la conseguenza secondaria di un comportamento volontario di gioco d'azzardo persistente, in un individuo vulnerabile alla dipendenza. Si tratta dunque di un disturbo progressivo, caratterizzato dalla continua periodica perdita di controllo in situazioni di gioco, dal pensiero fisso di giocare e di reperire il denaro per continuare a farlo, dal pensiero irrazionale e dalla reiterazione del comportamento; a dispetto, delle conseguenze negative che questo produce.

Il gioco d'azzardo patologico è una forma morbosa chiara identificata, che in assenza di misure idonee di informazione e prevenzione può rappresentare, a causa della sua diffusione, un'autentica malattia sociale.

Come abbiamo visto, accanto al GAP è identificato il gioco d'azzardo "problematico", caratterizzato da comportamenti rischiosi di gioco, che condizionano negativamente il benessere individuale, con l'insorgenza di difficoltà relazionali, familiari, economiche, sociali e lavorative. Il gioco d'azzardo "problematico" (o a rischio), per quanto non sia una vera e propria malattia, rappresenta comunque un comportamento volontario che mette a rischio la salute psicofisica e sociale della persona e che può avere una possibile evoluzione verso una forma di malattia (gioco d'azzardo patologico). Il gioco d'azzardo problematico, quindi, può determinare una compromissione dello stato di benessere di salute individuale e, per questo motivo, quanto prima viene individuato e monitorato tanto più sarà possibile fare prevenzione, con una diagnosi precoce e degli interventi tempestivi al fine di ridurre le potenzialità evolutive e patologiche (specialmente il craving e le spese elevate con indebitamento).

Il gioco d'azzardo, di per sé, non è patologico in quanto presenta aspetti benefici cognitivi, emozionali e sociali, ma è sempre accompagnato da rischi sanitari, sociali e criminali. Per quanto sia presente l'aspetto ludico, non esistono giochi innocenti, innocui o privi di rischi. Il gioco coinvolge sempre e specialmente in termini emozionali, in particolare i bambini con alterazioni del controllo comportamentale ed emozionale; gli adolescenti vulnerabili con presenza di disturbi comportamentali e temperamenti propensi al rischio; le persone con familiarità di gioco d'azzardo patologico; i giovani con disturbi del controllo dell'impulsività; le persone con false e distorte credenze sulla fortuna e sulla reale possibilità di vincita al gioco d'azzardo; le persone con problemi mentali o dipendenti dall'uso di sostanze o alcol; infine gli adulti e gli anziani con carenti attività ricreative e socializzanti. In tutti questi soggetti, il gioco d'azzardo può avere una funzione antinoia. La noia converge sul senso di insoddisfazione, fastidio e tristezza che spesso provengono dalla mancanza di attività o dall'occupazione in attività monotone, che appaiono inutili o vane. A questa situazione può accompagnarsi una percezione del vivere come faticoso o doloroso. La condizione di noia caratterizza per lo più l'adolescente e il giovane, ma anche l'adulto in certi momenti della vita, per esempio tra i 40 e i 50 anni, che è l'epoca in cui questo comincia a confrontarsi con la ripetitività della propria esistenza quotidiana. La noia spesso, se non sempre, si accompagna con la sensazione di solitudine.

Nel gioco d'azzardo, i rischi aumentano quando le persone vengono a contatto con le pubblicità finalizzate al gioco o ad attività ad esso associate, perché questi messaggi sono in grado di influenzare fortemente i soggetti vulnerabili a spendere forti somme di denaro nel gioco. È importante quindi:

- non produrre pubblicità che incoraggi il gioco d'azzardo, rappresentando invece l'astensione dallo stesso come un valore positivo;
- evitare il più possibile che la pubblicità raggiunga le fasce giovanili-adolescenziali e anziane a tutte le ore del giorno e della notte;

- monitorare il più possibile la rete internet relativamente alla pubblicità on-line dei giochi d'azzardo;
- ridurre la pubblicità, attraverso le cifre, in maniera esplicita, delle reali possibili vincite a determinati giochi (specialmente gratta e vinci);
- vietare e sanzionare la pubblicità ingannevole e non veritiera (diretta o indiretta) riguardo alle probabilità di vincita (effetto deterrente) e al fatto che una vincita eventuale possa costituire una facile soluzione ai problemi quotidiani di vita;
- evidenziare contestualmente che il gioco d'azzardo può comportare dei rischi per la salute e la socialità della persona e della sua famiglia;
- non permettere il posizionamento di distributori automatici non controllabili sul territorio di riferimento (ad esempio, l'accesso dei minorenni a lotterie del tipo "gratta e vinci" deve essere verificabile);
- definire criteri di pubblicizzazione dei locali, escludendo quelli diretti al gioco, evitando l'associazione con messaggi emozionali che, contemporaneamente al gioco d'azzardo, evochino: sesso, consumo di alcol o tabacco, "vacanze perenni" grazie alle vincite, "futuro migliore/felicità alla portata" con una semplice giocata, rivincite sociali e personali tramite la vincita al gioco, soluzioni di problemi economici, famigliari (ad esempio l'estinzione del mutuo della casa tramite il gioco d'azzardo), emulazione di personaggi famosi e ricchi che sostengono il gioco d'azzardo, successo e credito sociale tramite il gioco d'azzardo.

Nelle varie pubblicità è inoltre necessario che si dichiari sempre che il gioco d'azzardo può creare dipendenza e altre conseguenze sulle condizioni di salute mentale, fisica e sociale (depressione, stress, ipertensione, debiti, insuccessi, problemi legali, perdita della credibilità personale, conflitti famigliari, ecc.).

Per il giocatore d'azzardo patologico le motivazioni sono: vincere, conquistare una vita sociale più agiata, combattere la noia, permanere in uno stato di eccitazione (questo è "il centro del mondo" del giocatore), apparentemente aumentare l'autostima, competere attraverso il rischio. La dipendenza dal gioco è l'unica dipendenza legale ed è caratterizzata da un impulso incontrollato accompagnato da una forte tensione emotiva non influenzabile dal pensiero riflessivo.

La compulsione a giocare calma l'angoscia, ma solo in modo provvisorio. Se non si può giocare si manifestano i sintomi dell'astinenza (nausea, insonnia, incubi, malessere, sudorazione, confusione, ecc.) e continuando a giocare si va verso la rovina (economica, familiare, affettiva, relazionale, genitoriale, ecc.).

Nel gioco d'azzardo patologico il meccanismo della dipendenza è molto simile a quello che viene indotto dal consumo di sostanze psicoattive. Solitamente si tratta di un processo che avviene nel tempo: da giocatori "sociali", progressivamente si diventa "a rischio" e poi "dipendenti".

Uno degli elementi che caratterizza questo passaggio è il fatto che il gioco tende a diventare compulsivo, tanto da rimanere intrappolati in un'abitudine e poi in una necessità. Nel GAP sono presenti sintomi di tolleranza, come l'aumento progressivo della quantità di gioco; sintomi di astinenza, come il malessere legato ad ansietà, irritabilità, associato a problemi vegetativi o comportamenti criminali impulsivi, e infine sintomi di perdita di controllo, manifestati attraverso l'incapacità di smettere di giocare.

Il giocatore scivola progressivamente nell'illusione di poter controllare il gioco, prevederne l'esito, determinare il caso, dominare la fortuna. Il giocatore dipendente è convinto con certezza che se vincerà non sarà stato "per caso" ma per suo merito, perché è stato bravo. Oltre a essere vittima dell'illusione di controllare il caso, il giocatore è vittima di una serie di false credenze, pensieri erronei che condizionano il suo comportamento. Se, ad esempio, gioca al lotto e punta sul 7 ed esce il 6, egli non penserà di aver perso, ma di aver quasi vinto. La "quasi vincita" è uno dei pensieri erronei più ricorrenti, in cui il giocatore attribuisce alla sequenza di numeri estratti una logica che nella realtà non ha ragion d'essere, poiché l'estrazione è sempre un evento casuale.

Diventando giocatore dipendente, una delle dirette conseguenze che subisce la persona è il cosiddetto chasing il giocatore rincorre le perdite e per recuperare i soldi persi aumenta la posta, nell'illusione di rifarsi. È la fase della "disperazione". Il giocatore, che fino a quel momento era riuscito a nascondere la propria problematica, adesso ha bisogno di soldi ed è costretto a uscire allo scoperto. Comincia a chiedere soldi a familiari, ad amici, a chiunque possa darglieli (finanziarie, usurai). A questo punto, dal gioco si è entrati nella malattia.

Sono stati individuati cinque processi che conducono alla formazione di strutture di dipendenza patologica dal gioco d'azzardo: il primo riguarda i cambiamenti psicologici che sono coinvolti nell'eccitazione del gioco e che vengono interpretati dal giocatore come positivi. Nel secondo processo, quello del "rinforzo variabile", la persona-giocatore alle prime armi non sa prevedere quanto dovrà giocare prima di ricevere un rinforzo positivo (vincita). A tale proposito, le slot-machine e i tavoli da gioco sono i più rischiosi proprio perché forniscono questo tipo di rinforzo con vincite più cospicue. Solitamente, tutto inizia con una grande vincita che ha la funzione di "rinforzare" in maniera positiva quel comportamento di gioco. Così si entra nel terzo processo: una grande vincita propria o di un amico/familiare. Quello successivo, il quarto, riguarda il problema del controllo, nel quale la persona crede di esercitare un controllo assoluto sul gioco (controllo onnipotente). Infatti, quando gioca entra in un mondo "virtuale", in cui spariscono tutte le preoccupazioni che normalmente affliggono tutte le persone, nonché i giocatori d'azzardo. Nel quinto e ultimo processo, infine, c'è l'instaurarsi del pensiero magico, di cui abbiamo già parlato. Questi processi, a volte, non sono così nitidi nel loro manifestarsi.

Come abbiamo visto, esistono 3 tipi di giocatori: i giocatori sociali, quelli a rischio, i dipendenti o patologici:

- i giocatori sociali dedicano sporadicamente tempo e denaro al gioco;
- i giocatori a rischio giocano con una certa regolarità e investono tempo e denaro, ma questo non è necessariamente indicativo di situazioni problematiche;
- i giocatori dipendenti o patologici sono caratterizzati dal bisogno costante di giocare. Il gioco ha invaso talmente tanto la loro vita da pregiudicare attività quotidiane, relazioni familiari, amicali, lavorative ecc.

Come già accennato, lo stato mentale del giocatore patologico è caratterizzato da una modificazione della percezione temporale (tempo rallentato o bloccato) che nasce da una tendenza a raggiungere uno stato alterato di coscienza che arriva fino all'estasi, e che può associarsi talvolta al consumo di alcool o altre sostanze. Nel giocatore d'azzardo patologico, rispetto al giocatore col vizio del gioco (problematico), c'è la perdita di controllo sul proprio comportamento (persistente, ricorrente e disadattivo) e la presenza di pesanti ricadute negative sulla vita personale, sociale e lavorativa del giocatore. Il giocatore d'azzardo deve fare i conti con alcuni fattori di rischio di varia natura, fra cui:

- fattori biologici,
- fattori ambientali-educativi,
- fattori psicologici.

I fattori biologici del GAP fanno riferimento ai possibili neurotrasmettitori (serotonina dopamina, endorfine) implicati nella fisiopatologia del gioco d'azzardo patologico e che riguardano l'eccitazione, il controllo degli impulsi, la ricompensa-rinforzo e il piacere. Le basi neurobiologiche del gioco d'azzardo patologico, quindi, traggono origine dal coinvolgimento dei sistemi di produzione, alterazione e rilascio di vari neurotrasmettitori, coinvolgendo varie strutture importanti del cervello, come già anticipato, con un'influenza sulla personalità e sul comportamento della persona affetta da gioco d'azzardo patologico.

I fattori ambientali-educativi fanno invece riferimento a situazioni problematiche, alla tendenza a ipervalorizzare il legame felicità-denaro, alla presenza di gravi difficoltà economiche. Ma, in fondo, non c'è un modello ambientale-educativo specifico che produce giocatori d'azzardo, perché il gioco d'azzardo è un fenomeno socialmente trasversale.

Infine, i fattori psicologici riguardano:

- una accentuata oralità: questa, in senso psicodinamico, fa riferimento al bisogno di incorporare (mettere dentro di sé) l'oggetto, che in questo caso è l'esperienza del giocare ("incorporazione del mondo esterno-gioco d'azzardo"). Tale oralità è caratterizzata da una modalità di pensiero magico-arcaico che fa riferimento a quello infantile, dove mettere in bocca significa possedere e controllare "le cose del mondo". Tracce di questa modalità di pensiero permangono nell'età adulta e caratterizzano l'interazione Io/mondo;

- bisogno di eccitazione;
- aspetti narcisistici;
- tratti antisociali;
- bisogno di controllo;
- pensiero magico-onnipotente;
- intolleranza alle frustrazioni;
- a volte, scarso senso della propria persona;
- difficoltà alla separazione.

Il gioco di azzardo patologico, nel suo evolversi e strutturarsi, percorrere sei fasi:

- Fase vincente: questa fase è caratterizzata dal gioco occasionale e da vincente iniziali che motivano a giocare in modo crescente, spesso alla capacità del gioco di produrre un piacere e di alleviare tensioni e stati emotivi negativi.
- Fase perdente: connotata dal gioco solitario, dall'aumento del denaro investito nel gioco, dalla nascita dei debiti, dalla crescita del pensiero relativo al gioco e del tempo speso a giocare.
- Fase di disperazione: in questa fase cresce ancora il tempo dedicato al gioco, con l'isolamento sociale conseguente e con il degenerare dei problemi lavorativi/scolastici e familiari (divorzi, separazioni), che talvolta hanno innescato anche gesti disperati di tentativi di suicidio.
- Fase critica: nasce il desiderio di aiuto, la speranza di

uscire dal problema e il tentativo di risolverlo attraverso il ritorno al lavoro, nonché i tentativi di ricucire debiti e problemi socio-familiari.

- Fase di ricostruzione: se tutto va bene, cominciano a vedersi i miglioramenti nella vita familiare, nella capacità di pianificare nuovi obiettivi e nell'aumento dell'autostima.
- Fase di crescita: si sviluppa una maggiore introspezione e un nuovo stile di vita lontano dal gioco.

Abbiamo cercato fino ad ora di descrivere, capire, entrare dentro il gioco d'azzardo patologico e dentro la mente del giocatore d'azzardo patologico. Capire significa iniziare ad accogliere e "farsi carico", e questo ci chiede un ultimo sforzo di comprensione del mondo interno del giocatore d'azzardo patologico.

Il giocatore d'azzardo in modo patologico fa riferimento, oltre che a fattori sociali, ambientali, personologici, biologici, anche a motivazioni più profonde, a volte difficili da comprendere e gestire sia per la persona che vive la problematica, sia per i suoi familiari, sia per tutti coloro che si interessano al problema per aiutare.

Tali motivazioni si riferiscono al "mondo interno" del giocatore e si esplicano come riportato di seguito:

- l'atto del giocare d'azzardo equivale all'atto sessuale (il giocatore adotta un linguaggio con chiari riferimenti sessuali) relativamente alla valenza simbolica del giocare e allo stato di attivazione/eccitazione sperimentato dal giocatore;
- i giocatori d'azzardo non giocano per denaro, ma per eccitarsi (Bergler);

- il brivido del gioco d'azzardo origina dall'incertezza relativa alle sfide temerarie lanciate al destino dal giocatore d'azzardo per scoprire se saranno premiate o punite;
- il tipico linguaggio usato nel gioco d'azzardo - si "uccide" l'avversario, si è "fottuti" - dimostra l'aggressività inconsapevole che viene liberata dal gioco stesso (Greenson e altri), quando il livello di competizione presente è elevato;
- il sentimento di onnipotenza provato da alcuni giocatori è un indice di regressione/fissazione all'onnipotenza infantile (Bergler);
- in senso psicodinamico, certi comportamenti che accompagnano il giocare d'azzardo - il fumare, il bere, il mangiare, la pulizia, la sciatteria, la flatulenza - evidenziano la mancata rimozione di impulsi orali (con fissazione alla fase orale relativamente allo sviluppo della personalità), anali e sadico-anali nel giocatore;
- nei giocatori d'azzardo patologici di lunga data sono comuni il pensiero magico irrazionale, l'ottimismo non realistico, l'affidarsi alla superstizione e ai portafortuna.

Il giocatore d'azzardo, nei suoi comportamenti, manifesta modalità difensive (meccanismi di difesa) che formano un sistema caratterizzato da bugie, fantasie, illusioni e veri e propri deliri, tramite il quale, inganna sé stesso e gli altri. È necessario a questo punto approfondire il concetto di meccanismo di difesa, che fa riferimento alla capacità degli esseri umani, in ogni momento della propria vita, di mettere in atto modalità difensive inconsapevoli attraverso le quali proteggono sé stessi e la loro integrità psichica dall'angoscia generata da esperienze senso-percettive ed emozionali che evocano conflitti interni angosciosi particolarmente forti, intrusivi e potenzialmente disintegranti la psiche.

Questo meccanismo ha la funzione di permettere alla psiche di continuare a funzionare, malgrado tutto (stress e conflitti), pagando comunque un prezzo spesso elevato.

Le modalità di difesa utilizzate dal giocatore d'azzardo patologico sono:

- la scissione: separazione di parti incompatibili;
- il diniego: disconoscimento assoluto diretto di dati sensoriali, quando questi sono sentiti come terribilmente disturbanti (es. catastrofici);
- la proiezione: localizzazione nell'altro di qualità, sentimenti, desideri che non possono essere riconosciuti e tollerati in sé stessi;
- l'idealizzazione: qualità e valore dell'oggetto portati alla perfezione;
- la svalutazione: attribuzione di caratteristiche esageratamente negative all'altro o a sé stessi;
- l'onnipotenza: messa in atto di un comportamento che traduce un pensiero di superiorità o di possedimento di speciali poteri o capacità.

Il giocatore d'azzardo patologico non riesce a smettere di giocare perché non può sopportare il sentimento di abbandono e depressione che percepisce quando perde e, paradossalmente, non può sopportare l'eccitazione del vincere. I sentimenti suscitati in lui dalla vittoria e dalla sconfitta sono così intrecciati con i sensi di colpa che la piena soddisfazione è impossibile, e i desideri frustrati riaffiorano continuamente cercando gratificazione.

È' evidente che tutto questo riguarda il funzionamento del giocatore d'azzardo nei suoi aspetti personologici, cognitivi ed emozionali. Gli aspetti personologici riguardano l'identità che fa riferimento al bisogno di esistere per quello che si è, e che si fonda e si struttura con il riconoscimento sin dalla nascita. L'identità si costruisce dalla sensazione di "essere visto dallo sguardo dell'altro", come se il nostro esistere, il nostro essere "Noi" dipendesse dallo sguardo dell'altro. Per il giocatore l'altro è … il gioco: gioco quindi esisto (il gioco sostiene l'identità del giocatore-persona).

Negli aspetti cognitivi sono comprese le motivazioni coscienti e quelle inconsapevoli. Le prime fanno riferimento al giocare per puro piacere, per l'eccitazione o la scarica di adrenalina, per il tornaconto economico, per aspirare a un cambiamento di status, per ottenere potere.

Le motivazioni inconsapevoli fanno invece riferimento al bisogno di identità, di confronto, di riparazione (sensi di colpa), di integrazione, di identificazione, di cambiamento (evasione), di «essere come si è», di eccitazione, di onnipotenza, di incertezza (di rischio, di «sospensione»).

Gli aspetti sensoriali ed emozionali fanno riferimento al mondo della solitudine e al mondo della socialità, e si riferiscono alla sensorialità, all'eccitazione, ai sensi di colpa, a momenti emozionali complessi, misti di tristezza, gioia, rabbia e paura.

Poter definire le problematiche identitarie, motivazionali e sensoriali-emozionali è la strada per dare una risposta e per aiutare le persone che sono coinvolte nella problematica del gioco d'azzardo patologico, perché gli aspetti personologici, cognitivi e senso-emozionali sostengono la possibilità di entrare in relazione e qualunque forma di supporto passa attraverso la relazione (d'aiuto).

Il videogioco e la sua forza persuasiva: il caso Fortnite va oltre il gaming

Una trama banale, una grafica nella media e una modalità di gioco che di per sé non è niente di originale o di mai visto. Di giochi simili e anche migliori se ne trovano sicuramente, come si spiega allora il successo di Fortnite?

Eppure, tra competitor che non sanno perdere e ricorrono agli avvocati ("troppe similarità fra i prodotti") e chi invece mette in campo i programmatori per copiare tutto il possibile, Fortnite rimane il videogioco del momento con oltre 45 milioni di giocatori e picchi di 3,4 milioni di persone in contemporanea, record breaker.

Quali sono i fattori che hanno portato al successo di Fortnite? Ma soprattutto: questi fattori possono guidare al successo anche aziende di altri settori oltre gaming?

Fortnite viene lanciato ufficialmente il 25 luglio 2017 e sembra essere destinato a passare abbastanza sotto traccia come il 99,99% delle cose nel gaming. Se non che, dopo aver investito per anni nello sviluppo del gioco di base viene deciso, dopo solo due mesi di sperimentazioni per mano di un piccolo team, di lanciare sul mercato il 26 settembre 2017 il formato Fortnite Battle Royale, ovvero quello tutti contro tutti.

Neanche a dirlo, il successo di Fortnite è globale, decine di milioni di giocatori in Europa e negli Stati Uniti scaricano lo sparatutto più divertente e accessibile che c'è sul mercato.

Accessibile è la parola giusta: oltre ad essere gratis, Fortnite non è limitato su PC o PlayStation, ma i giocatori che utilizzano diverse piattaforme possono sfidarsi gli uni con gli altri. Può succedere quindi che sui mezzi per tornare a casa si possa giocare contro un team dall'altra parte del mondo connesso con le loro super console.

Real World: c'è chi fa notare che gli smartphone ci stanno trasformando in un gruppo di persone "sole insieme", ma Fortnite mostra come la tecnologia possa promuovere un forte senso di comunità nel mondo reale, creando legami impensabili basati su un interesse comune, fare una partita e scambiarsi dei consigli su Youtube o seduti alla pensilina del tram mentre si aspetta che questo arrivi, cosa cambia?

Con più di 2 miliardi di persone che non vivono senza uno smartphone e 1,5 miliardi di persone che aprono regolarmente YouTube, sono ormai evidenti i potenziali benefici per un brand nel creare delle community digitali intorno ai propri prodotti.

Anche i giochi multiplayer tradizionali possono scoraggiare i principianti, ma a Fortnite nessuno può acquistare armi migliori per avvantaggiarsi, il denaro può essere utilizzato solo su nuovi abiti e accessori. Ai giocatori inoltre viene assegnato un personaggio a caso, senza possibilità di scelta di sesso o razza. Questo ha portato il successo di Fornite ad espandersi oltre il classico target del "giovane maschio", raggiungendo per esempio una percentuale di giocatori femminile che un colosso come Call of Duty non ha mai visto in 15 anni.

Real World: oggi più che mai temi come la gender equality e l'inclusione sociale sono fondamentali per non incorrere in "scivoloni" con ripercussioni economiche e sulla brand image disastrose. Ma chi ha detto che sia una cosa su cui bisogna "solo stare attenti?" Fortnite ha dimostrato come uscire dal proprio target classico non sia facile: non dare la possibilità di scegliere il proprio personaggio o di avvantaggiarsi pagando non si è mai visto, intere aziende del settore sono fondate su questo business model.

Uscire da questi schemi era un rischio molto alto, ma dal potenziale doppio beneficio: corporate image (siamo veramente l'azienda del 21esimo secolo) ma soprattutto dal punto di vista di pubblico raggiunto. A quanto pare alle video-giocatrici non è che non piacciano i videogiochi sparatutto, solamente non c'era ancora quello concepito anche per loro.

La modalità "tu contro il mondo" da 100 giocatori (quella che ha portato al successo di Fortnite) rende le tue probabilità di vittoria decisamente basse. In questo modo se vinci ti sembrerà un risultato incredibile, qualcosa di cui vale davvero la pena vantarsi sui social. Se perdi, non è una tragedia, lo hanno fatto altre 98 persone.

Se Fortnite non è decisamente originale dal punto di vista della modalità di gioco, rimani in vita fino alla fine, lo stile delle esultanze è unico. Infatti, ad essere condivise non sono tanto le uccisioni spettacolari bensì le danze della vittoria. Danze riprese e amplificate dai personaggi dello sport, della musica dello spettacolo, talvolta allontanati dalle scene per l'eccessiva e stancante dedizione al gioco.

Gli sviluppatori di Epic Games hanno ammesso che si sono ispirati alle emote celebrative dei meme online e agli spettacoli televisivi "vintage" come il principe di Bel Air e Scrubs. Questi balli sono tra i più visti su YouTube e sono replicati nelle celebrazioni delle star come i giocatori del NBA o dei campionati di calcio europei.

Il successo di uno show, di un prodotto è diventato proporzionale alla sua abilità di entrare nei video di "Tendenza" su Youtube o di trasformarsi in uno di quei meme di Instagram e Facebook che ci scambiamo nelle chat di Whatsapp. Capisci di essere diventato trending quando conti fra i tuoi player il rapper Drake e giocatori professionisti di baseball che si mettono a giocare sul megaschermo del proprio stadio, sei come loro.

Social, easy, everywhere ma soprattutto free. Epic Games ha reso disponibile il free download della modalità Fortnite Battle Royale per tutti, traendo la maggior parte dei suoi ricavi dalla vendita di costumi digitali. Ogni giorno un nuovo guardaroba viene messo in vendita per pochi euro (una buona parte del team di 700 persone di Epic Games è impiegato in questa attività di design di costumi). I giocatori possono vestire il loro avatar digitale come un ninja, un cavaliere medievale, uno sciatore olimpico e condividere i propri balli della vittoria sui social. Più costumi, più condivisioni, più nuovi giocatori, la scelta di rinunciare a quei 50 euro iniziali non suona tanto male ora, no?

Altri sviluppatori stanno seguendo l'esempio, cercando di spostarsi su un gioco che diventi un "servizio", dove i giocatori ritornano ogni giorno invece che farli pagare una sola volta all'inizio. Offrendo il gioco gratuitamente, le aziende cercano di creare rapidamente una community online, per poi monetizzare su questa sfruttando i social e le mode online.

Fortnite è un perfetto esempio di come un modello di business innovativo non si deve per forza basare sull'avere la tecnologia più nuova (e se vale per un settore iper-tecnologico come il gaming…). Per esempio, gli sparatutto in VR o in 3D (che già esistono) avrebbero avuto lo stesso successo?

Se la rivoluzione digitale non va confusa con l'innovatività tecnologica, Epic Games puntando accuratamente su tre punti chiave coerenti l'uno con l'altro ha raggiunto un successo impensabile.

La mentalità di sperimentazione, il coraggio di uscire dagli schemi e alcuni accorgimenti digitali hanno portato Fortnite ad essere l'ultimo rimasto in piedi nell'arena del gaming, o almeno fino alla prossima partita.

Nei miei incontri con i ragazzi della scuola primaria ho avuto modo di raccogliere diverse testimonianze. Gabriele, otto anni, orgoglioso di aver giocato cinque ore in un giorno; Antonio, dodici anni, i cui genitori disperati, accortisi che non riusciva a staccarsi dal gioco, l'hanno privato della console, ottenendo solo l'abbandono del figlio: basta libri, basta amici, basta scuola, isolato. E poi c'è il caso della mamma, Maria, che ha organizzato la festa di compleanno del figlio undicenne invitando i compagni a portare il proprio tablet per giocare compostamente a Fortnite in camera. Non si contano le testimonianze dei ragazzi che con orgoglio enumerano i controller distrutti e le parole dei genitori si ripetono: "Non riconosco mio figlio!".
Ma è solo questione di luci, disegni, gioco e colori? Fortnite è un canale di comunicazione: i partecipanti parlano per mezzo di cuffie e microfoni, si confrontano, si insultano e minacciano, "coperti" dalla lontananza fisica. Talvolta sono gli stessi compagni di classe a darsi appuntamento per isolare, perseguitare, uccidere l'escluso designato. La sfida, abilmente omologata per giocatori maggiori di dodici anni nel sistema PEGI (Pan European Game Information), si conclude con l'uccisione degli altri partecipanti, con strategie (anche di gruppo) volte all'annientamento dell'altro, ma, ed è qui il trucco, senza "spargere sangue", si, perché "quando ammazzi uno, il sangue non si vede". Fornite, è la piazza virtuale più azzeccata del momento: il 2 febbraio scorso DJ Marshmello,

all'anagrafe Christopher Comstock, 27 anni, ha tenuto a Pleasent Park, località presente nella piattaforma, un concerto proprio nel bel mezzo di una Battaglia Royale. L'invito è stato virale, manifesti, locandine, cartelli, tutto organizzato nei minimi dettagli per le strade dell'arena di gioco; all'evento hanno partecipato dieci milioni di persone, o meglio, i loro avatar. La sicurezza, naturalmente virtuale, è stata garantita dagli sviluppatori, che per l'occasione hanno disabilitato le armi e consentito solo l'uso dei canali comunicativi.

Il business dei grandi numeri come sintomo sociale di condivisione globale

Tra le molte indagini compiute in materia di impatto sociale del fenomeno "giochi d'azzardo" in Itala pubblichiamo le risultanze di un significativo dossier, realizzato da Filippo Torrigiani, consulente della Commissione parlamentare antimafia e del CNCA proprio su questi temi, presenta una fotografia dello stato attuale del rapporto tra criminalità organizzata e azzardo, a partire dai dati e dalle informazioni che si ricavano dalle principali inchieste giudiziarie condotte nel nostro Paese per combattere il riciclaggio e, più in generale, le diverse facce della presenza mafiosa nel settore.

Dati alla mano, il dossier smentisce un luogo comune, come spiega Don Armando Zappolini, presidente del CNCA, nell'introduzione: «Mettere in un angolo, con la legalizzazione del gioco, tutto il circuito illegale»; infatti, «le mafie riescono facilmente a 'fare sistema' tenendo insieme legale e illegale. L'uno rinforza l'altro». Insomma, spiega Torreggiani nel dossier, «la realtà incontrovertibile evidenzia come, a fronte di una maggiore offerta del "gioco legale", sia più semplice per i clan malavitosi trarre profitti attraverso pratiche di usura, riciclaggio, estorsione, imposizione…». Inoltre, indagini di Polizia e Magistratura hanno messo in evidenza che «negli ultimi tempi si registra un interesse prevalente, da parte delle associazioni criminali, per il gioco online e per il settore degli apparecchi da intrattenimento, le cosiddette "macchinette"».

Don Zappolini ha anche auspicato che si possa «trovare antidoti efficaci alla gravità del problema della presenza delle mafie nel settore dell'azzardo». E ha ricordato l'impegno da cinque anni della campagna «Mettiamoci in gioco», che riunisce 32 sigle nazionali, con «l'obiettivo di contrastare la scarsa regolamentazione del settore dell'azzardo». «La nostra priorità – ha sostenuto Zappolini – è la tutela della salute, riducendo pubblicità e consumo».

Un mercato globale che non conosce crisi o decadenza. A fine 2016 ha raggiunto un valore di circa 470 miliardi di dollari. «Il settore che attrae ancora con forza i giocatori era e rimane quello del gioco d'azzardo automatico: la spesa in New Slot e VLT rappresenta, infatti, ben oltre il 50% della raccolta», ma «appare sempre più rilevante l'evoluzione che sta avendo il gioco online. Nel solo corso del 2015 si apprende, ad esempio, che i "Casinò On Line" autorizzati dall'Agenzia dei monopoli e delle dogane (Adm) hanno chiuso in magnificenza l'esercizio in questione». Dai dati rilevati, «nell'anno la spesa netta dei giocatori è stata di 327,5 milioni di euro: ciò sta a significare un +31,2% rispetto ai 249,6 milioni impegnati nel 2014». In particolare, «Lottomatica ha rivestito un ruolo di primo piano raggiungendo, nel 2015, una quota di mercato del 15%. Seguono a ruota Sisal, con una quota media di mercato del 9,7%, e William Hill con l'8,3%. La spiegazione che ne consegue appare riconducibile da un lato al miglioramento delle connessioni Internet, sia fisse che mobili, dall'altro a una maggiore attrazione esercitata nei confronti degli avventori per via di un più appetibile Pay Out (ritorno in vincite)». D'altra parte, sottolinea il dossier, «la persistente e iniqua tassazione applicata ai vari giochi genera importanti discrepanze sia sugli introiti erariali, sia sulle vincite conseguite dai giocatori, e appare di conseguenza inevitabile riflettere ad ampio raggio sull'intero quadro che il gioco d'azzardo rappresenta. In Italia, come pure nel mondo». Il settore azzardo, per mezzo di «un'ascesa incontenibile», è giunto a rappresentare «un volume di affari impressionante»: «Secondo le ultime stime, il mercato globale del gioco d'azzardo, a fine 2016, si è attestato su un valore di circa 470 miliardi di dollari, corrispondente alle riserve finanziarie di alcune super potenze mondiali, come pure al fatturato di aziende globali il cui organico supera gli 80mila dipendenti». Insomma, «siamo di fronte ad un mercato globale che non conosce crisi o decadenza».

Il business delle scommesse sportive. A novembre 2016 nella black list 6.205 siti di gioco. Le mafie hanno penetrato il settore delle «scommesse sportive». È uno dei dati che emergono dal dossier. Nella vastità delle scommesse autorizzate e normate dallo Stato, «le mafie hanno dimostrato attiva solerzia, soprattutto attraverso la pratica di match fixing che è la capacità di determinare e quindi alterare l'esito parziale o finale dei risultati degli avvenimenti sportivi, soprattutto mediante la compravendita dell'agire e dell'infedeltà degli atleti, e comunque la complicità di alcuni». I concessionari sono tenuti, in linea prioritaria, a specifici obblighi di trasparenza nonché di tracciabilità e identificazione per importi di vincita avvenuti su rete fisica superiori a 1.000 euro, a tutela dell'interesse generale, dell'ordine pubblico e dei giocatori, ma «se i flussi di gioco si inseriscono al di fuori del circuito legale e autorizzatorio italiano – rileva il dossier -, spesso vengono meno gli obblighi di identificazione e tracciabilità previsti nel perimetro nazionale». Già a luglio del 2015 «i siti di scommesse non autorizzati, e quindi oscurati da Agenzia dei monopoli e delle dogane (Adm), sono stati ben 5.436. L'ultimo aggiornamento in merito, fornito da Adm, datato novembre 2016, chiarisce che ad oggi i siti di gioco che confluiscono nella "black list" dell'Agenzia risultano essere 6.205, ovvero ben 76 in più rispetto all'ultimo aggiornamento che risale al 25 ottobre 2016, quando erano 6.129».

«Il gioco d'azzardo costa sicuramente moltissimo alla collettività e certamente molto di più di ciò che crea, quantomeno in materia di socialità, aggregazione e legalità». È una riflessione contenuta nel dossier che ricorda anche i «gravi fatti di sangue nei confronti di soggetti appartenenti alla filiera del gioco», determinati dai forti interessi criminali che muovono il settore, e riporta alcuni procedimenti le cui indagini sono state portate a compimento nell'ultimo anno.

«Tra il 2012 e il 2013 – ricorda il senatore Stefano Vaccari, componente della Commissione parlamentare antimafia, nella postfazione del dossier – l'indagine "Rischiatutto" della Dda di Napoli e l'indagine Black Monkey della Dda di Bologna (scaturita dall'inchiesta del giornalista Giovanni Tizian ancora sotto scorta) , hanno messo in luce chiaramente queste capacità: il reimpiego e il riciclaggio attuato dal clan Schiavone in rami di impresa in vario modo collegati al gioco, operando massicci investimenti nel territorio di Caserta e in Emilia Romagna, oppure tramite l'escalation economica di Nicola Femia (oggi primo pentito illustre della'ndrangheta) che ha preso il via dalla provincia di Ravenna attraverso l'abusiva raccolta del gioco online impiegando siti web illegali, ovvero con la disseminazione di apparecchi truccati e dislocati in tutta la Regione». Emerge con forza anche da questo settore economico, «il rapporto stretto che le mafie hanno saputo costruire in tutto il Paese, senza per forza aver bisogno della politica, come in alcune regioni del nord, ma coinvolgendo persone, professioni, imprese utili al raggiungimento dei loro obiettivi criminali».

Il dossier si conclude con le proposte di modifica normativa rivolte al legislatore, da parte della Commissione parlamentare antimafia, relative a cinque diversi ambiti di intervento – barriere all'ingresso; revisione delle sanzioni penali e amministrative; rafforzamento delle misure antiriciclaggio per la tracciabilità delle vincite; politiche antimafia e ruolo delle autonomie locali; una nuova governance del settore – e i contenuti dell'intesa Stato-Regione, in sede di Conferenza unificata, in merito al settore azzardo.

L'Italia, un casinò a cielo aperto

In Italia esistono 16.300 punti vendita di giochi consentiti e regolamentati dalle leggi ufficiali. Le sale bingo sono 284, le agenzie di scommesse 998, gli ippodromi 41 e incredibilmente elevato è il numero - 80 mila - degli esercizi commerciali in cui si può giocare con le slot machine. Una volta c'erano solo i quattro casinò. Per giocare d'azzardo occorreva andare a Sanremo o nella più esclusiva Venezia, puntare verso Campione d'Italia, così vicino al confine con la Svizzera, o inerpicarsi in montagna, a Saint Vincent. Oggi queste località sono in declino, dal 2008 gli incassi sono diminuiti perché basta entrare in una delle 61 mila tabaccherie, distribuite in tutto il Paese per fare una giocata. E si tratta di dati che cristallizzano l'oggi e che già domani saranno diversi, più grandi e più invasivi, perché quella dell'azzardo è una delle più fiorenti industrie italiane, una di quelle che non conosce crisi. Anzi, più la crisi si approfondisce più si scommette perché, quando non c'è speranza di lavoro e dl reddito, l'unica alternativa per sfangare un destino di povertà e di marginalità è quella della dea bendata

Già nel 2007 il gioco d'azzardo era la quinta industria italiana, dopo Fiat, Telecom, Enel e l'immobiliare Ifim. In quell'anno, alla vigilia della nuova crisi finanziaria scoppiata negli Stati Uniti e che poi ha contaminato il resto del mondo, la percentuale dei giocatori era cresciuta di 19,7 punti rispetto al 2006, con una raccolta complessiva di 42,2 miliardi di euro. Solo qualche anno prima, nel 2000, gli introiti si erano assestati a quota 14,3 miliardi, e dodici mesi più tardi si era arrivati a 18. In quel periodo, dopo la bolla speculativa di fine anni Novanta esplosa sui mercati tecnologici, si era approssimata la prima grave crisi del nuovo millennio. E i cittadini avevano deciso che si poteva ripiegare sul fato per garantirsi un futuro, altro che pensione sociale o integrativa Così nel 2004 gli italiani si erano giocati 23,1 miliardi, 28 nel 2005 e 35,2 nel 2006.

A Roma, al Ministero della Solidarietà sociale, ci si era accorti che, anche se le casse pubbliche ne beneficiavano, si stava approfondendo un allarme, e allora era stato conferito al Gruppo Abete di don Luigi Ciotti il compito di mettere in piedi una banca dati sul gioco d'azzardo perché fotografasse l'evoluzione del fenomeno nel tempo e proponesse direttrici d'intervento. E così, nel 2007, presentando i propri dati, gli esperti avevano sottolineato che l'Italia aveva già allora un primato mondiale con un «investimento» di 500 curo a persona ogni anno, e che in regioni come Abruzzo, Campania, Sicilia e Sardegna la gente destinava il 6,5 per cento del proprio reddito ai giochi che sempre più diffusi si trovavano sotto casa. In quel periodo ci si metteva anche l'istituto dì ricerca Eurispes a dare l'allarme, segnalando che a giocare era il 47 per cento degli indigenti, il 56 di chi era ascrivibile al ceto medio-basso e il 66 dei disoccupati.

Nel 2009 il giro d'affari si era assestato a quota 53 miliardi all'anno, il 3,5 del Pil (che l'anno successivo avrebbe registrato a livello generale un meno 5), di cui il 6,9 derivava dal gioco on line, mentre nel 2010 la quota 60 milioni non era più un tabù. Insomma, tutto crolla sotto i colpi degli affanni finanziari, che dal mercati internazionali si ripercuotono sul bilanci delle famiglie, ma non il gioco, che va su di pari passo al tasso di disoccupazione (nel 2010 si stima che l'8,6 per cento degli italiani sia senza impiego con 307 mila lavoratori in meno rispetto a dodici mesi prima, il 26,8 per cento dei quali solo tra i giovani) e alte entrate per lo Stato, che solo dal Lotto e dalle lotterie incassa quell'anno 14 milioni e 658 mila euro netti.

Insomma, nel 2010 il gioco d'azzardo aveva scalato ancora di più la classifica delle potenze industriali tricolori, passando dal quinto al terzo posto e avendo davanti a sé solo Eni e Fiat. Il giro d'affari era cresciuto fino a diventare sedici volte quello di Las Vegas ed era arrivato a comprendere addetti per 120 mila unità e installatori di macchine per 400 mila. Millecinquecento erano i concessionari e gestori che si spartivano il 50 per cento del mercato, mentre l'altra metà andava alle realtà più grandi, come Lottomatica, Sisal e Snai. In quel periodo avevano iniziato a interessarsi del settore anche la Corte dei Conti, la Commissione antimafia e la Dna la Direzione nazionale antimafia, e si erano inoltre infittite le interrogazioni parlamentari sull'argomento.

Ecco così che continua l'ascesa fino al primo semestre 2012, quello in cui lo Stato incassa 4 miliardi e 300 milioni di curo con giocate per 8,8 miliardi. Il settore, si diceva, non conosce crisi e a oggi sono attive in Italia 378.812 slot machine e 44.735 VLT (video lottery), alcune delle quali promettono vincite fino a mezzo milione di euro. Solo questi due settori hanno rappresentato nei primi sei mesi dell'anno il 52,2 per cento della raccolta complessiva delle puntate, (scendo registrare segnala Agipronews, l'Agenzia di stampa giochi a pronostico e scommesse - un più 19,6 per cento rispetto allo stesso periodo del 2011.

Dal canto loro, poi le VLT, grande novità del 2009, sono passate negli ultimi due anni da una raccolta di 5,3 miliardi alla cifra record di 10,4, quasi il cento per cento di incremento, e a questo fiume di denaro devono aggiungersi 114 miliardi mangiati dalle new slot. Di pari passo c'è stato un fiorire di aziende che hanno aggiornato i loro cataloghi, accanto a innocui calciobalilla, flipper o tavoli da biliardo, ecco allora che si propone ai locali pubblici di «diversificare il proprio mercato» introducendo macchinette mangiasoldi, chiamate anche i «banditi con un braccio solo». Si garantiscono consegne in tutta Italia, assicurano i rivenditori, assistenza on site e disponibilità di pezzi di ricambio nel caso di guasti o danneggiamenti.

Alla fine poco è il fastidio provocato dalle imposizioni contenute nel Tulps, il Testo unico delle leggi di pubblica sicurezza che, insieme a un decreto datato 4 dicembre 2003, impone ai gestori di esporre in originale tre documenti rilasciati dall'AAMS (Amministrazione autonoma del Monopoli di Stato), autorità fiscale a cui compete il gioco d'azzardo, oltre che i tabacchi - il nulla osta di distribuzione su cui deve essere indicato il costruttore della slot, il nulla osta di messa in esercizio che riporti in chiaro il nome del gestore della macchina e l'attestato di conformità del software installato, soprattutto per quello che riguarda le verifiche antifrode. Le new slot possono essere posizionate dappertutto, come scrive la stessa Aams: bar, caffè, ristoranti, fast food, osterie, trattorie, stabilimenti balneari, sale giochi, alberghi, locande, agenzie di scommesse sportive e ippiche, e anche in circoli privati dotati di apposita licenza.

La moltiplicazione dei giochi

Per giocare non occorrono più solo gli spiccioli da inserire nell'apposita fessura, poiché si possono acquistare anche partite multiple, a colpi di 10 euro o loro multipli. E se il pay out, cioè il denaro derivante dalla raccolta da ridistribuire ai giocatori, deve essere almeno dell'85 per cento, di fatto scende intorno al 50 dato che nella percentuale deve sommarsi anche il jackpot. Insomma si tende al ribasso, a scapito del consumatore, a cui si dice che avrà determinate possibilità di vincita quando in realtà quelle possibilità sono inferiori, se si tiene conto di importi dovuti e di quelli aleatori, legati cioè alla «fortuna».

Tutto ciò è stato l'effetto di una politica pubblica che ha favorito il gioco d'azzardo. Nel 1997 sono nati le doppie giocate di Lotto, il Superenalotto e le sale scommesse. Due anni più tardi arrivano le sale bingo e nel 2003 le slot, con il beneplacito di quella che allora si chiamava legge finanziaria. Nel 2005 si registra la terza giocata del Lotto, le scommesse Big Match (pronostici sul risultato di sette incontri di calcio indicati all'interno di tre gruppi) e quelle on line. Un anno più tardi, senza che la cavalcata all'azzardo sia finita, arrivano le sale, ed ecco che, sempre più velocemente, le abitudini degli italiani cambiano.

Fino all'inizio degli anni Novanta c'erano stati tre modi per scommettere. C'erano le schedine del Totocalcio, indimenticabili, i numeri del Lotto da seguire sempre più spesso in diretta televisiva e l'ippica. C'erano le lotterie tradizionali, quelle legate a particolari eventi, come il capodanno, il carnevale di Viareggio, il gran premio di Agnano o la regata storica di Venezia. Nel 2006, invece, le occasioni di gioco erano salite a quindici, suddivise in dieci con cadenza settimanale, le lotterie istantanee, le sale bingo - che allora erano 242 a fronte di 1400 sale scommesse - le 200 mila slot machine e le tessere prepagate da usare in rete. A questo punto lo Stato era intervenuto con l'apparente tentativo di calmierare il settore.

Lo aveva fatto con il decreto Bersani, dal cognome dell'allora ministro Pierluigi, preposto tra il maggio 2006 e lo stesso mese del 2008 allo sviluppo economico durante il secondo governo presieduto da Romano Prodi. Il decreto, contrassegnato dal numero 223 e convertito nella legge 248 del 2006, prevedeva la legalizzazione dei cosiddetti skill games, i giochi di abilità, che nell'articolo 38 venivano descritti come quelli che «a distanza [prevedevano vincite] in denaro [e] nei quali il risultato dipende, in misura prevalente rispetto all'elemento aleatorio, dall'abilità del giocatore». All'indomani dell'emanazione del decreto, l'attenzione di chi doveva interpretare la nuova norma si era concentrata sull'on line e su giochi come il Texas hold'em, una variante del poker.

La conferma che l'interpretazione da dare a quell'articolo era corretta giungeva da fonte autorevole, l'Aams, l'organismo che per conto del Ministero dell'Economia e delle Finanze deve tradizionalmente vigilare dalla sua sede romana di Piazza Mastai sul gioco pubblico, oltre che sui tabacchi lavorati. Inoltre le poker room digitali venivano affidate a concessionari autorizzati che avevano fornito allo Stato adeguate garanzie fideiussorie. Ma un decreto non bastava, per quanto tramutato in legge, e il 17 settembre 2007 ecco giungere il regolamento attuativo in base al quale si stabiliva un monte di cento euro per prendere parte al gioco con un buy in, la cifra da pagare per partecipare a un torneo (non previsto per il solitario), che partiva da 0,5 centesimi, e la ridistribuzione del montepremi doveva essere dell'80 per cento. Scontato ma ribadito il collegamento informatico all'AAMS.

Nel frattempo, mentre ci si concentrava sul poker, alle sale bingo era stata offerta la possibilità di introdurre postazioni per le scommesse ippiche e 16.300 erano i nuovi punti vendita che si potevano creare sul territorio nazionale. Quasi poi a lavarsi la coscienza, contestualmente il Ministero dell'istruzione prevedeva una cifra ben più modesta rispetto agli introiti generati dal gioco, 100 mila euro, da destinare a un fondo da cui avrebbero potuto attingere 6500 istituti scolastici per campagne di prevenzione ed educazione all'azzardo e ai suoi rischi. Se tutte le scuole avessero chiesto la propria quota, a ciascuna sarebbero andati 15,4 euro, approssimati per eccesso.

Il banco vince sempre, Stato compreso

Quando si parla di gioco d'azzardo si dice che a vincere è sempre il banco, od è così anche quando la cassa è lo Stato che, per i giochi automatici, ritira circa il 12,6 per cento del prelievo erariale unico (il Preu) mentre lo 0,8 per cento va all'Aams e percentuali variabili con una media del 14 per cento sono stabilite per il settore telematico e per gli incassi. Alla giornalista Carlotta Zavattero, autrice del libro Lo Stato Bisca, un operatore del settore protetto da un nome fittizio aveva detto che la cosa pubblica dal gioco guadagnava senza investire.

Una parte delle giocate, superiore alla metà, deve essere erogata in vincite; il restante [...] costituisce il margine operativo Lordo. Di questo [...], poco più della metà va allo Stato per non avere fatto niente; l'altra parte, poco meno della metà, va ai concessionari autorizzati come Sisal, Lottomatica e via dicendo. Tuttavia il concessionario, con questo 50 per cento, deve coprire una serie di costi l'agente, le spese di marketing, l'affitto delle sale, l'acquisto delle macchine da gioco con i loro inevitabili e regolari costi di gestione, il saldo delle bollette, il pagamento delle autorizzazioni, Lo Stato invece incassa subito il 50 per cento, come avviene per la benzina o le sigarette e fine del discorso. Ed è evidente alla fine che in questo gioco a guadagnarci veramente, a livello di tasse, è lo Stato.

Eppure allo Stato italiano, secondo un articolo del codice civile, il 1933, «non compete azione per il pagamento di un debito di "giuoco" o di scommessa, anche se si tratta di un "giuoco" o di una scommessa non proibiti». Dunque chi vince e non viene pagato, per giochi che escludono le competizioni sportive e le lotterie organizzate, il massimo di tutela che può aspettarsi è quello che deriva dalle cosiddette obbligazioni imperfette o naturali, di cui il gioco d'azzardo, proibito nell'ordinamento italiano, è un esempio. In base a esse, non si può costringere in nessun modo, neanche per via giudiziaria, un debitore a pagare, ma allo stesso modo non si può imporre di restituire il denaro ricevuto a chi ha ricevuto una vincita barando, a meno che il pagatore non sia incapace di intendere o volere. Per quanto concerne invece le scommesse sportive o le lotterie organizzate, esistono altri due articoli del codice civile, il 1934 e il 1935, che danno corpo a un'obbligazione perfetta consentendo azioni in giudizio, per quanto un giudice possa rigettare o ridurre la richiesta di vincita sola posta viene ritenuta troppo elevata.

Dal punto di vista penale, così come scandito dall'articolo 721 del codice, perché il gioco sia definito d'azzardo deve contenere il fine di lucro e il fattore dell'aleatorietà, quella che determina la vincita o la perdita per lo scommettitore. Inoltre altra caratteristica è la costante presenza di un soggetto pubblico o privato e autorizzato che organizza, gestisce e fa accedere i cittadini alla competizione.

Chi agevola o dà l'opportunità di giocare d'azzardo al di fuori dei casinò riconosciuti dalla legge o delle navi da crociera che veleggiano oltre il bacino del Mediterraneo - è passibile di arresto da tre mesi a un anno e può vedersi comminata una sanzione pecuniaria non inferiore a 206 euro. Se poi ci si mettono di mezzo aggravanti, come la creazione di una sala da gioco illegale - magari trasformandola in esercizio pubblico - o il consentire di giocare pesante, a livello di puntate, l'eventuale condanna può essere più seria. Il codice penale prevede punizioni anche per chi gioca (fino a sei mesi di carcere e una ammenda fino a 516 euro).

Ma sono rischi, questi, che di paura ne fanno poca. A testimoniarlo c'è anche una fiorente pubblicistica tale per cui, se si entra in libreria e si scartano i testi che affrontano gli aspetti patologici del gioco, si trova di tutto: i segreti più irrivelabili del black jack e dei casinò, consigli per non «fare la figura del pollo» al tavolo verde, vivere di rendita con le vincite puntando a un'esistenza da nababbi, il grande libro delle scommesse ippiche o capire il poker on line e così via, come se fossero ricette di cucina. Dal punto di vista commerciale questi volumi sono classificati come «arti ricreative», «sport» o «spettacolo» e sono alla portata di tutti, adulti e minorenni. Se poi tra gli scaffali fisici di una libreria non si trovano, bastano pochi clic per acquistarli on line.

Divieti ai minorenni? No, abbiamo bisogno di soldi

Se questa fiorente disponibilità dovesse incoraggiare in qualche modo ludopatie o gioco tra chi ha meno di diciotto anni, pazienza. Del resto, in fase di approvazione del decreto Balduzzi sulla sanità, il governo Monti ha scritto che non è opportuno porre limitazioni al gioco legale, perché ne deriverebbero minori entrate. Pur introducendo l'obbligo del certificato antimafia per chi chiede una concessione ai monopoli, il 16 ottobre 2012 si aggiungeva nella relazione alla commissione bilancio alla Camera che era da evitare «l'introduzione obbligatoria di soluzioni tecniche volte a bloccare automaticamente l'accesso ai minori mediante l'uso di tessera elettronica». Dobbiamo fare cassa, è in soldoni il concetto, per cui raccogliamo denaro da tutti, anche dai ragazzini, gli scrupoli morali ce li porremo un'altra volta. Affermazione che, da parte dello Stato, supera il confine dell'inaccettabile. Senza contare poi che, per i tecnici e per i politici del Ministero dell'Economia e delle Finanze, anche i maggiorenni avrebbero potuto essere influenzati da vibrazioni negative derivanti "dall'installazione di sistemi identificativi [che] potrebbero avere un effetto dissuasivo sul giocare stesso che, ritenendo di essere "catalogato", potrebbe riversarsi sull'offerta illegale, con riduzione delle entrare attese" dall'erario.

Restando sul discorso minori, la relazione sul fenomeno delle infiltrazioni mafiose nel gioco lecito e illecito della Commissione antimafia approvata il 22 luglio 2011 ha fatto notare aspetti preoccupanti per quanto riguarda i ragazzi.

Da una ricerca 2008 del Consiglio nazionale per le ricerche (Cnr) [...] emerge che circa il 40 per cento degli studenti delle scuole superiori ha giocato d'azzardo almeno una volta nel corso dello stesso 2008; i ragazzi giocano di più rispetto alle ragazze (52 per cento contro il 28,8 per cento); tra i giochi preferiti dai giovani, di entrambi i generi, prevalgono i "Gratta e vinci", il Lotto, il Superenalotto e simili. Tipicamente maschili risultano le slot machine (ci hanno giocato almeno una volta il 14 per cento dei ragazzi e il 4 per cento delle ragazze) e le scommesse sportive (30 per cento dei ragazzi e 3 per cento delle ragazze); tra gli studenti giocatori il 69 per cento ha speso nell'ultimo mese del 2008 fino a 10 euro, il 24 per cento tra gli 11 e 150 euro, e il 7 per cento dai 50 euro in su; tra le motivazioni che spingono i giovani al gioco prevalgono la speranza di una vincita (51 per cento) e il divertimento (28 per cento), mentre l'incontro con il mondo dei giochi è molto spesso fortuito (il 52 per cento afferma di aver iniziato a giocare per caso); lo 0,4 per cento degli studenti giocatori è patologico e anche in questo caso sono i maschi a far rilevare i profili più gravi (il 5 per cento di loro ammette di essere tornato spesso a giocare, sperando di recuperare i soldi persi).

La crescente prevalenza del gioco patologico tra i giovani è diventato un problema di interesse pubblico, a causa della rilevante esposizione pubblicitaria (la televisione, la radio, internet, le riviste e i giornali, le affissioni in città e sui mezzi di trasporto, la possibilità di utilizzare le carte di credito, rappresentano messaggi ingannevoli, studiati per indurre i giovani, e non solo i giovani, ma anche gli anziani, a credere che il gioco d'azzardo sia divertente ed eccitante e che sia anche un sistema per fare tanti soldi facilmente); i primi contatti di giovani con il gioco d'azzardo avvengono fin dalla scuola primaria e l'abitudine a giocare d'azzardo appare molto consolidata in tarda adolescenza.

Quanto più precocemente una persona inizia a giocate, tanto maggiore è la possibilità che essa sviluppi un problema di gioco d'azzardo patologico in età adulta.

A proposito, inoltre, di sistemi di identificazione, pochi mesi prima del varo del decreto Balduzzi, la Commissione antimafia aveva scritto:

Per quanto concerne l'adeguata verifica, [...] le modalità di adempimento previste per gli operatori del settore giochi si discostano da quelle richieste agli intermediari e ai professionisti obbligati all'antiriciclaggio. È comunque necessario sottolineare come anche questi operatori debbano provvedere all'adeguata verifica dei clienti [...] quando vi sia sospetto di riciclaggio o di finanziamento del terrorismo, indipendentemente da qualsiasi deroga, esenzione o soglia applicabile.

In merito all'obbligo di registrazione, il decreto legislativo 231 del 2007 detta modalità semplificate sia per i gestori di case da gioco che per gli operatori che svolgono attività di offerta di giochi o scommesse con vincite in denaro, su rete fisica, da parte di soggetti in possesso delle concessioni del Ministero dell'Economia e delle Finanze. Questi possono utilizzare i sistemi informatici di cui sono dotati per lo svolgimento della propria attività. Alternativamente può essere istituito o un vero e proprio archivio unico informatico o un registro della clientela (in formato elettronico o cartaceo).

Il registro deve essere tenuto in maniera ordinata, senza spazi bianchi e abrasioni. Nel caso in cui l'operatore svolga la propria attività in più sedi, può istituire per ciascuna di esse un registro apposito i dati e le informazioni registrate [...] devono essere rese disponibili entro tre giorni dalla relativa richiesta da parte delle autorità competenti.

Gli operatori che offrono (in presenza o in assenza delle autorizzazioni del Ministero dell'Economia e delle Finanze), attraverso la rete internet e altre reti telematiche o di telecomunicazione, giochi o scommesse con vincite in denaro, devono sottostare alle modalità di registrazione previste per gli intermediari [...]. Ciò significa che questi devono necessariamente istituire un archivio unico informatico. L'archivio deve essere gestito in modo tale da assicurare la chiarezza, la completezza e l'immediatezza delle informazioni, la loro conservazione secondo criteri uniformi, il mantenimento della storicità delle informazioni, la possibilità di desumere evidenze integrate, la facilità di consultazione. Questa tipologia di operatori, dunque, deve attenersi anche alle disposizioni dettate[dalla] Banca d'Italia.

Insomma, l'antimafia raccomanda misure che chi gestisce le casse pubbliche per il momento tenta di non attuare. Di fatto, però, solo con il decreto Balduzzi, definito un «primo passo» dall'ALEA (l'Associazione per lo studio del gioco d'azzardo e dei comportamenti a rischio) e contestatissimo altrove, come si avrà modo di vedere, si risponde a domande ben precedenti. Risale infatti al 2008 la richiesta di introdurre una commissione parlamentare d'inchiesta espressamente dedicata al gioco e di discutere in aula un disegno di legge per vietare l'azzardo ai minori di diciotto anni.

Terremoto in Abruzzo: solidarietà a chi?

Non lo si è fatto, e del resto questa mancanza non deve stupire, se si pensa che anche la solidarietà è diventata una questione da affidare all'azzardo. Dopo che il sisma che alle 3.32 della notte del 6 aprile 2009 rase al suolo L'Aquila e buona parte dei centri circostanti, venendo registralo in tutta l'Italia centrale, per contribuire alla ricostruzione fu approvato il noto decreto Abruzzo. Pubblicato sulla «Gazzetta ufficiale» del 29 aprile, in pieno governo Berlusconi quater, il quale prevedeva «interventi urgenti in favore delle popolazioni colpite dagli eventi sismici [...] e ulteriori interventi urgenti di protezione civile». In mezzo a provvedimenti di vario genere da quelli anti sciacallaggio alla sospensione di contributi previdenziali e oneri fiscali, rate di mutui, consegna di farmaci salvavita o riduzione di parcelle per prestazioni professionali – c'era l'articolo 12 sui giochi. Vi si leggeva:

Dovranno contribuire al sostegno per le zone terremotate per circa 500 milioni di euro l'anno [fino al 2032, nda]. In arrivo, nuovi Gratta e vinci pro Abruzzo (un primo tagliando, chiamato "Gratta Quiz" è già in circolazione) e nuove modalità di gioco per il Super Enalotto. Previste ulteriori estrazioni per il Lotto, estrazioni che vengono meccanizzate ed effettuate in un minore numero di sedi. Apertura delle tabaccherie anche nei giorni festivi per favorire maggiori introiti. Novità pure per il poker on line (con l'introduzione della modalità non a torneo, finora proibita, con un'imposta del 20 per cento sulla raccolta residua rispetto alle vincite), per le scommesse sportive (cambia la posta minima dagli attuali 3 curo a 1 curo e si alza il massimale di vincita da 10 mila a 50 mila curo).

Novità, ancora, per le new slot. Viene prevista la sperimentazione delle videolottery, macchine di nuova generazione, capaci di erogare vincite maggiori, fino a 2 milioni di euro. Gli apparecchi dovranno restituire in vincite non meno dell'85 per cento delle somme giocate e dovranno essere sottoposti a un prelievo fiscale non superiore al 4 per cento (per le new slot attualmente in circolazione il prelievo base è del 12,6 per cento). Sarà intensificata, pure, l'attività di contrasto al gioco illegale e all'evasione fiscale e sono previsti, inoltre, poteri di controllo più penetranti (e maggiori sanzioni) nei confronti dei gestori di macchinette da gioco.

Trentotto vittime, più di millecinquecento feriti, danni per dieci miliardi di euro costituivano il bilancio del sisma del 2009 e tutti, anche i giocatori e gli scommettitori, dovevano fare la loro parte affinché fossero prestati gli aiuti necessari alla ricostruzione. In tre anni - attestano i dati dell'AGICOS, l'Agenzia giornalistica concorsi e scommesse - il gettito generato a questo scopo è stato di oltre due miliardi di euro. La maggior parte di questo denaro è arrivato dalle VLT, che hanno prodotto 1,4 miliardi, e dall'una tantum prevista a carico dei gestori, che hanno dovuto versare 15 mila curo per ognuna delle 57 mila macchine. Calcolatrice alla mano, si tratta di 855 milioni di euro, a cui tra il 2010 e il 2012 si devono aggiungere aggiustamenti di aliquota.

Meritano una parentesi le maggiori "benefattrici" dei terremotati. Le VLT, quelle che consentono di cimentarsi anche con il poker, il black jack e la roulette, sono l'ultima generazione del gioco legalizzato. Sono simili alle slot, ma più evolute dal punto di vista tecnico, sia per quanto riguarda l'hardware clic il software, e non è escluso che in un futuro, neanche troppo remoto le soppiantino. A differenza delle macchine di generazione precedente, inoltre, non sono dotate di una scheda di aggiornamento, che poteva essere alterata tutto sommato facilmente, Le VLT si aggiornano on line e li loro successo è dovuto al pay out che riconoscono ai giocatori, l'85 per cento delle giocate. In altre parole si ha una probabilità di vincere più elevata di dieci o quindici punti rispetto alle new slot. E in genere il massimo della vincita è di 100 mila euro, mentre altri "tagli" vanno dai 100 ai 5000 euro. Inoltre accettano, oltre alle banconote, carte prepagate, smart card e sistemi dl ticket per l'acquisto in blocco. Si può dunque tentare la fortuna quasi indipendentemente da ciò che si ha in tasca.

Anche il Win For Life della Sisal ha fatto la sua parte - o così si dice - per l'Abruzzo. Lanciato nel settembre 2009, ha generato puntate per quasi un miliardo e mezzo di euro, di cui 320 milioni da destinare al post terremoto. È un gioco a estrazione che garantisce ai vincitori rendite ventennali versate a cadenza mensile e, sempre in ragione di incertezze economiche crescenti, ha attirato tanti giocatori alla ricerca di un'entrata fissa non derivante da attività lavorative. Il gioco, a cui fa da controcanto il Turista Per Sempre da grattare per vincere, è stato così apprezzato che nel febbraio 2010 si è fatto trino con l'introduzione delle sue declinazioni Viva l'Italia, Grattacieli e Cassaforte, che diversificano importi e possibilità di garantirsi una vita spensierata, dal punto di vista pecuniario. Se prima infatti le estrazioni erano fissate ogni ora, poi sono diventate ogni cinque minuti, un cardiopalma continuo che nel primo mese ha prodotto 33 milioni di curo in giocate, con percentuali di crescita di settanta punti.

Anche il Lotto si è messo a ricostruire l'Abruzzo, con il 10eLotto in versione riveduta e corretta. La partenza delle nuove modalità introdotte nel giugno 2009, proprio in conseguenza del sisma a L'Aquila, è stata faticosa perché le regole di gioco erano percepite come troppo stringenti. Allora, nel 2010, si è provveduto a correggerle rendendole più disinvolte e l'anno successivo se ne sono raccolti i frutti con una crescita del 17 per cento e con un aumento del gettito passato da 1,5 miliardi di euro a 1,7.

Entrate che non bastano mai

Più deludenti invece i risultati di poker cash, casinò games e del Gratta Quiz. I primi due, con un regime fiscale agevolato per contrastare il settore illegale (allo Stato si paga il 20 per cento di ciò che rimane al concessionario una volta pagate le vincite), hanno prodotto risultati sotto le aspettative perle casse pubbliche, rispettivamente 42 e 15 milioni di euro. Invece il Gratta Quiz di Lottomatica (il costo del biglietto è di tre euro e se ne possono vincere fino a 200 mila), da quando è stato lanciato nel maggio 2009 è andato poco lontano, nonostante l'aggio - cioè il guadagno - dei rivenditori sia stato portato presto all'8 per cento, al livello di altri giochi del genere, mentre all'inizio avrebbe dovuto mantenersi tra il 3 e il 4. Alla faccia, insomma, del, progetto Solidarietà Abruzzo, quello con cui «l'Amministrazione autonoma dei monopoli di Stato, il Consorzio lotterie nazionali e i rivenditori devolvono il ricavato di "Gratta Quiz" escluse le vincite, e parte del loro compenso, in favore della ricostruzione delle aree terremotate».

A valle di tutto ciò, nel 2012 le popolazioni terremotate dell'Abruzzo si sarebbero aspettate di ricevere (o di aver ricevuto nel corso del tempo) gli 1,2 miliardi generati dal settore dei giochi. E invece niente, neanche qualche manciata di monetine è arrivata a destinazione, mentre il sospetto che via via si è fatto largo grazie anche a inchieste della magistratura è che la declinazione del decreto sia stata un sistema per arricchire i padroni del gioco d'azzardo in Italia. «Siccome il piatto è ricco» dice l'inviato della trasmissione Report Sigfrido

Ranucci nell'aggiornamento dell'8 maggio 2011 alla puntata "I Biscazzieri", «al tavolo si accomodano nuove concessionarie. L'ultima è arrivata a giugno; si chiama Glaming. E di chi è la Glaming? Il 30 per cento del Gruppo Bassetti, il 70 di Mondadori, società che è del presidente del Consiglio», ai tempi Silvio Berlusconi. E qui si innestano inchieste su quella zona grigia tra legale e illegale, tra Stato e antistato.

Intanto si pensi che, nel pieno dell'estate 2011, quando la crisi diventa sempre più mordace e la necessità del morente governo Berlusconi di sistemare i conti pubblici non è più eludibile, attraverso il decreto dl Ferragosto viene avanzata quella che è stata definita una «riforma strutturale» del gioco d'azzardo che, in altri termini, tende a semplificare il settore, gravato, a suo dire, da pistole burocratiche che ne limitano lo sviluppo. Eppure dal 18 luglio precedente è diventato possibile giocare a poker on line da casa, contribuendo a un giro d'affari da un miliardo e mezzo di euro.

Si badi che tutta questa lungimiranza nei confronti del settore si lega alla mordacità della situazione economica contingente e alla pressione di trovare nuove entrate per le casse pubbliche. Nella finanziaria del 2011, identificata dal decreto legge 138 del 13 agosto, infatti, si dava spazio a «tutte le disposizioni in materia di giochi pubblici utili al fine di assicurare maggiori entrate, potendo introdurre nuovi giochi, indire nuove lotterie, anche a estrazione istantanea, adottare nuove modalità di gioco del Lotto, variare l'assegnazione della posta di gioco di montepremi ovvero vincite in denaro». Inoltre è in questo momento che si dice sì anche al poker live, inserendo nella manovra la possibilità di concedere mille licenze per l'apertura di circoli in cui si possa praticare la versione "sportiva" del celebre gioco di carte. Il bando - è state scritto - parte da una base d'asta di 100 mila euro, vincono le società che presentano l'offerta economicamente più vantaggiosa e ogni licenza concessa ha la durata di nove anni.

Il consulente finanziario Ernesto Salvi ha scritto in proposito dal suo blog sul «Fatto Quotidiano»:

È chiaro l'intento del governo liberale e liberista, tassare la speranza in un momento in cui questa è vista dal giocatore come l'unica via d'uscita da una condizione insopportabile. Il tutto senza tenere in considerazione le ricadute sociali e i costi a lungo termine di una tale scellerata politica fiscale. Basta dare un'occhiata ai siti che si occupano di dipendenze da gioco d'azzardo come www.sosazzardo.it o www.gambilng.it per rendersi conto della gravità della situazione attuale.

Dopo tre anni di non-governo è quindi arrivata la prima, vera liberalizzazione "epocale". Potremo giocare di più, da casa e con poste più alte. I datori di lavoro potranno offrire il Gratta e vinci in busta paga o il Texas hold'em al posto della tredicesima. Il ministro Brunetta potrà organizzare estrazioni ai tornelli, Nitto Palma farà giocare i detenuti e La Russa offrirà licenze-premio collegate al Super Enalotto. La Gelmini farà studiare la Smorfia in tutte le scuole di ogni ordine e grado. Grandi entrate arriveranno anche dal Ministero degli Esteri e dalla rete dei consolati e delle ambasciate, che rilasceranno visti e passaporti in cambio di una giocata al lotto (secondo la Smorfia se si viaggia in Paesi "forestieri" bisogna giocare il numero 8).

Fallito il "meno tasse per tutti", oggi la rivoluzione liberale è finalmente iniziata con lancio di dadi, puntate alla roulette e con molto più Super Enalotto per tutti: *les jeux sont faits, rien ne va plus!*

I grandi affari delle imprese

Andiamo alla scoperta delle concessionarie. Oltre a quelle ritenute minori ma non meno attive, come si avrà modo di raccontare rappresentate da Cirsa, Codere, Cogetech, Gmatica, Gamenet, Bplus e Hbg, ci sono innanzitutto Lottomatica e SNAI. La prima è stata creata a Roma il 6 dicembre 1990 e ha sede in via del Campo Boario. A costituirla è un consorzio composto di cui fanno parte la Banca nazionale del lavoro, la società per azioni Sogei che si occupa di tecnologie dell'informazione e della comunicazione e che è controllata dal Ministero dell'Economia e delle Finanze, Olivetti, Alenia, MAEL, CNI (Consorzio nazionale per l'informatica) e la potentissima Federazione Italiana Tabaccai. Quotata in Borsa dal 2001, l'anno di Opa e contro Opa per l'aggiudicazione della proprietà, Lottomatica con il tempo vive una serie di riassetti, compreso l'ingresso di De Agostini e, nella seconda metà del 2011, la creazione di Lottomatica Group Spa e l'articolazione di una trentina di società a cascata.

La Consob, Commissione nazionale per le società e la borsa, i1 27 settembre 2012 la descriveva così in termini di azionariato, tralasciando le quote centesimali: il 53,7 per cento della De Agostini, il 5,84 di DeA Partecipazioni Spa, il 12,7 di Mediobanca, i1 2,9 di Assicurazioni Generali e il 2 di Oppenheimerfunds Inc con sede in Liborty Street, a New York. Con il tempo Lottomatica si è aggiudicata la fascia di blue chip, tributata alle aziende quotate più solide prima dell'avvento dei nuovi indici, e con ottomila dipendenti e una presenza in sessanta Paesi, ormai è diventata una realtà multinazionale che va dall'Argentina alla Cina, ha ricavi consolidati da 3 miliardi di euro e ha piantato una bandierina pure negli Stati Uniti.

Lo ha fatto tramite la controllata Gtech, acquisita nel 2006, che ha avuto la gestione delle lotterie dell'Illinois, del New Jersey e della Pennsylvania. Va poi detto che Lottomatica è stata la prima del comparto a pubblicare un bilancio sociale e a dotarsi di un documento di responsabilità sociale per un approccio responsabile e consapevole al gioco, ottenendo per questo certificazioni internazionali. E nel 2006 ha presentato alla Consob un prospetto informativo di quattrocentonovantasei pagine e una relazione sui dati di previsione redatta da Ernst & Young.

Inoltre nel 2012, mentre il rating di titoli di Stato italiani veniva declassato, per Standard & Poor's nel Belpaese si salvava quasi soltanto Lottomatica, forte dell'outlook positivo che era riuscita a garantirsi. Si aggiunga che nel febbraio dello stesso anno Alitalia annunciava che i suoi biglietti aerei si potevano pagare in una delle trentamila ricevitorie della società romana, perché aveva affermato Marco Sansavini, direttore vendite e distribuzione della compagnia, «ancora molti italiani non si fidano a immettere il numero della propria carta di credito per gli acquisti on line».

L'altra big dei concorsi a pronostico, delle scommesse e del gioco d'azzardo in Italia è Snai, che ha sede a Porcari, in provincia di Lucca, al civico 38 di via Luigi Boccherini (altre sedi sono a Roma, in via di Settebagni, e a Milano, in via Ippodromo). Nata come Lottomatica nel 1990, nove anni più tardi diventa Gruppo Snai, che comprende anche reti televisive a tema su satellite che fanno capo a Teleippica e che annoverano i canali Unire Verde, Unire Grigio, Unire Blu e Snai Tv, Se questi sono visibili solo all'interno del circuito delle sale scommesse, su Sky invece si può vedere Snai Sat (nel 2011 si aggiungono anche le trasmissioni radiofoniche, sempre dentro le sale scommesse, e oggi anche su internet). Inoltre Snai possiede gli ippodromi San Siro a Milano per trotto e galoppo e quello di Sesana a Montecatini Terme (solo trotto), mentre in passato si è occupata - immagine compresa - di Varenne, il purosangue che vinceva "a zampa bassa" tutte le più importanti competizioni ippiche, da Roma a Parigi, da Stoccolma a Meadowlands nel New Jersey. Tramite la Hippogroup Roma Capannelle, Snai gestisce anche l'ippodromo del galoppo della capitale.

Per il 67,2 per cento è di proprietà, secondo comunicazioni Consob del 2011, di Global Games Spa, a sua volta partecipata da fondi d'investimento e società di entertainment. Si vede poi aggiungere la decina di società controllate o collegate alla Snai che, sul proprio sito, porta avanti una politica di trasparenza pubblicando documenti di corporate governance, informazioni azionarie, assemblee dei soci e bilanci annuali. In Italia, Snai ha oltre 4400 punti di accettazione di scommesse, a cui se ne devono aggiungere altri 380 soli per i clienti: i primi comprendono realtà per gli operatori mentre i secondi anche per il pubblico dei giocatori. Nel 2001 lancia il Bingo, mentre nel 2004 vara il sistema di scommesse via sms e ottiene la concessione per collegare in rete le new slot.

Ma lo spettro dello scommettibile continua ad allargarsi: l'anno successivo Snai consente di puntare sul Festival di Sanremo, sull'assegnazione degli Oscar e sul festival cinematografico di Cannes. Nel 2006, quando si inizia a giocare pure sui reality show cercando di azzeccare l'identità di chi lascerà case o isole per famosi, si può scommettere anche tramite decoder digitale terrestre e satellitare, mentre negli anni successivi sarà una continua fiera delle novità con l'avvio di nuove agenzie, il gioco tramite i primi modelli evoluti di telefoni cellulari (oggi esiste anche l'applicazione Snai Sport per le nuove generazioni di smartphone e tablet con relative versioni a seconda dei sistemi operativi), nuovi punti di accettazione che arrivano tino a seimila, il lancio del brand Gioca per vincere sul gioco responsabile e l'avvio del conti del clienti Snai card.

E poi, tra le grandi concessionarie, c'è la più antica, Sisal, nata nel 1946 insieme alla schedina del Totocalcio e oggi insediata a Milano, in via Alexis de Tocqueville. Nell'album delle glorie aziendali figurano nel 1948 il Totip (contrazione derivante dall'espressione Totalizzatore Ippico) e più avanti, nel 1997, il Superenalotto, gioco a estrazione che fa sognare aspiranti plurimilionari. Forte di un fatturato da 860 e rotti milioni di euro e di millecinquecento dipendenti al 2011, sul territorio italiano ha 46 punti vendita distribuiti nei più vari esercizi commerciali del Paese, dalle tabaccherie ai caffè, passando per le sale scommesse e le edicole. A questi si devono aggiungere 130 agenzie Sisal Matchpoint, e dai dati forniti dall'azienda, ormai una holding, sono 20 milioni i loro clienti e 500 milioni i suoi ricavi nel 2011. Avvalendosi di una settantina di partner, Sisal riesce a gestire circa 300 servizi di pagamento, tra on line e off line. Come le altre concessionarie, si è affacciata al mondo del social network e su Facebook, la vetrina più curata, ha creato «la pagina Facebook del Superenalotto [che] ha superato i 610 mila fan, ponendosi come una delle prime brand italiane per numero di iscritti, oltre a essere la "community lottery" più numerosa al mondo».

Rapporto sociale, bilancio e codice etico sono disponibili sul sito internet di Sisal, e anche in questo caso c'è la disponibilità di un programma di gioco responsabile battezzato con il nome di Gioca il Giusto. Inoltre, Sisal si è orientata anche verso la solidarietà internazionale, avviando varie iniziative. Tra queste, il Sisal Junior Stars per minori che versano in condizioni di emergenza, una vera e propria "accademy" per valorizzare talenti in erba, programmi a sostegno dello sport (e relative sponsorizzazioni a squadre come il Pescara e il Torino) e delle arti, stringendo partnership con il Piccolo Teatro e il Teatro Grassi di Milano, Inoltre ha partecipato a iniziative di raccolta fondi per la ricerca scientifica, spaziando dalla

Fondazione Veronesi a Telethon fino all'Airc, mettendosi a disposizione di quest'ultima associazione come partner tecnico durante la giornata nazionale per la ricerca sul cancro.

A valle delle concessionarie, ecco entrare in scena i gestori, aziende private che raccolgono il denaro dei giocatori e lo ridistribuiscono tra vincitori, concessionarie e Stato. Tra di loro compaiono le società proprietarie degli apparecchi che, ufficialmente, si attengono alle norme e affidano la gestione delle macchinette agli esercenti, ricevendone in cambio una percentuale sulle somme giocate.

L'allarme degli osservatori: si sta esagerando

Un mondo all'apparenza dorato e responsabile sul quale, tuttavia, lo Stato, dopo aver affidato il gioco a concessionarie in regola con i requisiti richiesti, prende la parola per lanciare l'allarme. Lo fa anche nella primavera 2012, quando la dodicesima commissione affari sociali della Camera dei deputati presenta la sua «indagine conoscitiva relativa agli aspetti sociali e sanitari della dipendenza dal gioco d'azzardo». Se degli aspetti legati alla ludopatia si è parlato altrove, già i dati complessivi in termini di persone che scommettono dimostrano quanto il settore sia esteso. Secondo i dati elaborati nel 2009 da Nomisma e inseriti nell'indagine parlamentare, nel 2008 i giocatori sono stati ventotto milioni. Tanti, infatti, quelli che almeno una volta si sono avvicinati a una qualche forma di scommessa. E un quarto è stato più assiduo, riprovandoci con cadenza settimanale.

Aggiunge il documento della dodicesima commissione:

Il forte incremento di proposte legali, in particolare dagli anni Novanta in poi, ha portato a un aumento esponenziale di soldi spesi dai cittadini italiani nell'azzardo, portando l'Italia a raggiungere tristi primati mondiali: si spendono circa 1330 euro pro capite per tentare la fortuna, compresi i neonati e gli ultracentenari. Se nel 2003 la quota investita era pari a 326 euro, nel 2006 questa è quasi raddoppiata, nel 2008 è risultata pari a 956 euro e nel 2011 è lievitata a 1330 euro, non abbiamo dati particolarmente aggiornati. Analizzando la sola parte della popolazione che per legge può giocare d'azzardo, i 47,7 milioni di maggiorenni, vediamo che la spesa pro-capite in Italia sale a 1673 euro a testa. [Inoltre] il mercato del gioco (in particolare quello del gioco d'azzardo legale e illegale) è in fortissima espansione anche con riferimento alle modalità on line. Dal 2000 in poi la spesa nazionale nel comparto del gioco d'azzardo legalizzato, come dimostrano i dati dell'AAMS, ha registrato incrementi sempre maggiori (14,3 i miliardi di euro incassati nel 2000, 18 nel 2002, 24 nel 2004, 28 nel 2005, e 35,2 miliardi di euro nel 2006, 47,5 miliardi nel 2008, 54,4 nel 2009, ai 61,5 del 2010) arrivando a fatturare oltre 79,8 miliardi nel corso del 2011 (come possiamo vedere dati del 29 febbraio 2012) a fronte dei 17 fatturati in Spagna e 19,3 in Francia nel 2009.

Una parte dello Stato, insomma, punta il dito su ciò che l'altra ha autorizzato. Vecchia storia che si ripete per molti altri settori. Restando però su quello dell'azzardo, sempre dall'indagine conoscitiva della Camera si vede come ci sia differenza nelle abitudini e dunque nelle spese - di gioco. Il 55 per cento preferisce macchinette come le slot machine e le Vtl (con 44 miliardi e 896 milioni di euro di raccolta nel 2011), poi seguite dalle lotterie, dal Gratta e vinci e dal Lotto nelle sue varie declinazioni, Completano la classifica gli skill games praticati in rete, le scommesse sportive, Superenalotto, WinForLife e il Bingo.

In totale si è arrivati a 79 miliardi e 814 milioni di euro smossi dal settore, quattrini dei quali l'11 per cento è andato allo Stato, che ne ha incassati poco meno di nove miliardi. In base al rapporto 2011 sul coordinamento della finanza pubblica della Corte dei Conti nel 2004 su 14 miliardi di curo giocati l'erario ne ha beneficiato per 4,2, pari al 30,3 per cento.

Un decremento costante di soldi introiettati dalla sfera pubblica, insomma, per incentivare il gioco legale (per quanto non sottoposto, come visto, a tecniche che lo tolgano dalla portata dei minori) e ridurre l'appeal di quello più remunerativo gestito dalla malavita. Così facendo si sarebbero preservati «gli affari di cinquemila aziende, grandi e piccole», racconta ancora l'indagine parlamentare, che aggiunge:

Le big del mercato delle new slot, delle lotterie e delle scommesse sportive in Italia sono dieci e rappresentano metà di quel fatturato. Dietro a loro ci sono altri millecinquecento concessionari-gestori che si spartiscono l'altra metà. Alcune made in Italy sono perfettamente trasparenti per esempio Lottomatica e Snai, mentre per altre con sedi all'estero è arduo stabilire proprietari e intrecci societari. L'ultima legge di stabilità, ad esempio, ha reso obbligatoria la "tracciabilità" di tutta la catena societaria di ogni singolo operatore. Le relazioni della Commissione parlamentare antimafia evidenziano, inoltre, come il gioco d'azzardo sia oggi "la nuova frontiera della criminalità mafiosa" stimando in cinquanta miliardi di euro il fatturato annuale della criminalità organizzata.

Per evitare "l'offerta concorrenziale" delle mafie, Aams già nel 2001 aveva avuto il compito di gestire con la «legge dei cento giorni» Il gioco, ereditando competenze che erano state del Coni e del Ministero delle Finanze. Due erano state le linee seguite. Da un lato si era ampliata la gamma dei giochi sottraendo giocatori o tentando di farlo al mondo dell'illegalità, e dell'altro si era rafforzato il sistema delle concessioni.

In questo modo era stato possibile effettuare controlli e dalle attività di verifica delle forze dell'ordine era emersa una «crescita esponenziale», ha scritto la Commissione antimafia, dei movimenti illeciti intorno al videopoker. A oggi Sogei, la società tecnologica del Ministero dell'Economia e delle Finanze, ha creato una banca dati che contiene le informazioni relative al settore. Se il tracciamento dei giocatori reso obbligatorio nel 2009 ha ridotto i tentativi di frode dell'80 per cento circa, rimane una sacca di sommerso che i dati della guardia di finanza per il 2010 cristallizzano in oltre 6200 violazioni accertate e 8337 soggetti verbalizzati. Un aumento rispetto al 2009, hanno sottolineato le fiamme gialle, del 39 per cento, che diventa ancora più macroscopico quando si passa ad analizzare i punti di raccolta di scommesse clandestine (più 165) e delle somme sequestrate (più 517 per cento).

Il sommerso e la guerra dei Comuni

Tra gli episodi più rilevanti, c'è stato quello avvenuto nel febbraio 2010 al casino di Saint Vincent, dove venivano scambiati assegni in fiches e, al termine della serata, le fiches diventavano moneta sonante. Controllando la provenienza degli assegni, si era scoperto che arrivavano dal conto corrente di una società di Torino già sotto inchiesta per evasione dell'Iva nella compravendita all'ingrosso di materiale informatico. Altro caso è stato quello registrato tra Puglia e Basilicata qualche mese dopo, in settembre, quando sono stati controllati operatori telematici che avevano sede a Bari, Barletta, Andria, Trani, Taranto e Matera. E qui sono saltate fuori decine di postazioni elettroniche non collegate all'Aams e tessere che consentivano di non essere registrati, una volta che si iniziava a giocare.

Poco tempo prima in Emilia Romagna, Lombardia, Veneto e Sicilia, una sessantina di perquisizioni aveva portato al sequestro di 159 apparecchi, 56 cambiamonete e gettoniere, 93 schede giochi, 14 schede video, apparecchiature wi-fi, 62 telecomandi e un duplicatore di telecomandi. Inoltre erano state denunciate 163 persone che avevano attestati di conformità e nulla osta di messa in esercizio fasulli. Per i soggetti finiti nel mirino del nucleo di polizia tributaria di Bologna erano partite denunce per associazione a delinquere, truffa, frode, gioco d'azzardo, istigazione alla corruzione, corruzione, porto abusivo e detenzione di armi e violazioni al Tulps.

Proseguendo in un giro d'Italia del gioco illegale, operazioni di polizia e inchieste della magistratura hanno toccato Frascati, Roma, Perugia (dove sono stati evidenziati rapporti commerciali con l'Asia per l'acquisto di materiale non omologato dall'Aams), Siena e Civitanova Marche. Da un'interrogazione parlamentare presentata il 26 giugno 2011 al sottosegretario al Ministero delle Finanze, Bruno Cesario, si viene a sapere che sugli 87.050 apparecchi con vincite in denaro e sui 13.250 senza ritorno economica controllati nei dodici mesi precedenti dalla guardia di finanza, il 13 percento era irregolare, pari in valore assoluto a 12.717 macchinette. Il 5 per cento delle new slot (cioè oltre cinquemila dispositivi) è stato sequestrato, e nella sola città di Torino almeno il 10 per cento non è in regola con le leggi vigenti. Se poi ci si sposta al Sud, area geografica più depressa e che registra percentuali più elevate dl giocatori» si arriva fino al 40 per cento di apparecchi irregolari, se si prendono i dati che riguardano le province di Messina, Ragusa, Catania e Siracusa.

Le mani delle mafie

Non solo le famiglie, ma anche le città, i paesi, i luoghi si impoveriscono sempre più, negando spazio, centralità e tempo alla persona. Il gioco ha una sua funzione-speranza, che se spinta come oggi all'eccesso - un eccesso di sistema, non solo individuale, è bene ribadirlo - mina l'etica del lavoro e della condivisione, a tutto vantaggio di un'etica dell'affidamento. Si confida nel caso, si confida nella sorte, si perde fiducia negli altri e le comunità si disgregano secondo un processo tanto drammatico, quando logico e inevitabile se non si pone rimedio.

Il confine tra legale e illegale si confonde sino a divenire labile anche la tutela giuridica. La giustizia amministrativa nel maggio 2011 ha invalidato l'ordinanza di Verbania perché la questione riguardava la pubblica sicurezza e la sua regolamentazione dunque spettava solo allo Stato. Ma, come se non bastasse, l'amministrazione comunale è stata condannata a rimborsare un danno da un milione e 300 mila euro. A inizio 2012 l'attuale primo cittadino di Verbania, Marco Zacchera, commentando la vicenda ha detto «Noi siamo convinti che ci siano gravi risvolti dal punto di vista sociale e sanitario e che per questo la materia rientra nelle competenze del sindaco. Per questo abbiamo già dato mandato ai nostri avvocati di ricorrere contro la richiesta di risarcimento». E poi la stoccata contro Roma «Lo Stato dovrebbe intervenire con un regolamento così come si stabiliscono i massimi livelli di alcool nel sangue, allo stesso modo, per ragioni di sicurezza pubblica e di ragionevolezza, le slot machine vanno limitate nel numero o nell'orario di apertura»

Nell'ottobre 2012 anche il Comune di Genova è sceso in campo rinnovando un impegno che era già iniziato durante l'amministrazione precedente, quella di Marta Vincenzi. Francesco Oddone, l'assessore allo sviluppo economico, parla di «piaga sociale» riferendosi al gioco d'azzardo e alta sua crescita. Le sale da gioco nel capoluogo ligure sono cinquantanove, sedici delle quali solo in zona Sampierdarena e Cornigliano, mentre altre quindici sono concentrare a San Fruttuoso. Seicento le postazioni da gioco a Genova città mentre, a livello provinciale, se ne devono aggiungere altre duecento, senza contare le macchinette - tra le cinque e le seimila - distribuite in bar, tabaccherie ed esercizi pubblici di vario genere. Viste le esperienze precedenti, a iniziare da quella di Verbania, l'amministrazione del capoluogo ligure ci va con i piedi di piombo. Valuta, come Pavia, l'imposizione di una distanza minima da scuole, ospedali, chiese e centri anziani. Oppure l'obbligatorietà per le sale di avere aree di parcheggio che le spingerebbe in quartieri periferici, dove lo spazio sarebbe maggiore e la concentrazione di popolazione inferiore. Ma qualcosa, promette l'assessore Oddone, verrà fatto sia dalla giunta sia dai singoli municipi genovesi.

Nello stesso periodo il sindaco di Vicenza, Achille Variati, commentando un'indagine condotta sul suo territorio, ha parlato di «dati inquietanti e a Roma non possono fare finta di niente». Già in precedenza qui era stata approvata una variante urbanistica per arginare la diffusione di luoghi in cui si può scommettere e a valle del convegno ha aggiunto: «Quest'indagine è la migliore risposta a chi ha accusato l'amministrazione comunale di voler fare una crociata contro il

gioco d'azzardo. La nostra battaglia per limitare la prolifera-
zione senza regole di sale giochi e sale scommesse ha come
obiettivo la tutela della popolazione, in particolare delle fasce
più deboli e indifese come giovani, disoccupati e anziani che
sono continuamente sollecitati a buttare i pochi soldi che
hanno».

Su linee analoghe si sono mosse molte altre amministra-
zioni comunali, in questa declinazione della guerra dello Stato
contro lo Stato. Reggio Emilia, Cesena, Torino, Lucca, Mug-
giò, Udine, Como (con qualche spaccatura interna al
Comune), Diamante, Potenza, Villa Lagarina, Cosio Valtellino
sono solo alcuni dei centri che stanno cercando di contenere
un fenomeno in espansione sempre più rapida. E in un dossier
presentato all'inizio dell'estate 2012 da Legautonomie si legge
che nell'arco di dieci anni il territorio urbano è stato via via oc-
cupato capillarmente da installazioni di gioco di alea
generando rilevanti problemi di pertinenza delle amministra-
zioni comunali, provinciali e delle Asl. Da tutto questo
complesso di gestione, offerta, promozione, è stato - per legge
- deliberatamente escluso il sistema dei poteri locali e regionali. Le Regioni non hanno alcun potere né d'indirizzo, né
regolativo, né ispettivo pur vedendosi ricadere sulle responsabilità regionali gran parte degli effetti (sociali,
economici, urbanistici, finanziari). I Comuni e le Province, che
pure devono adottare piani per il commercio, l'artigianato, l'industria e i servizi, sono deliberatamente esautorati di ogni
potestà amministrativa, anche laddove si trovino come nei fatti
avviene - a doversi far carico e a gestire gli "effetti collaterali"
di questo complesso "insediamento". Per limitare danni e ricadute, alcuni Comuni hanno emanato provvedimenti di natura
amministrativa successivamente annullati dalla giustizia amministrativa. Le più qualificate associazioni che si occupano
dei riflessi sociali e clinici del gioco d'azzardo - Consulta nazionale delle fondazioni antiusura, Associazione azzardo e

nuove dipendenze, Associazione Alea stanno valutando quali iniziative intraprendere per limitare o governare il difficile compito di arginare usi o abusi di gioco d'azzardo.

In viaggio per gioco

La strategia di trasformare gli aerei in luoghi in cui non si viaggia soltanto è stata perseguita per anni. Nel 2005 il Chief Executive O'Leary aveva annunciato che il gioco d'azzardo ad alta quota era «una grande opportunità di sviluppo» e quattro anni più tardi era tornato a proporre l'idea dei casinò volanti che, un po' come accade per le navi da crociera in acque internazionali, avrebbero beneficiato di deroghe alle legislazioni delle singole nazioni sul gioco d'azzardo. Prima ci aveva provato anche l'inglese Virgin Airways, quando nel 1993 aveva manifestato intenzioni analoghe.

Ancora oggi luci lampeggianti, allarmi e suoni accompagnano il desiderio di vittoria sulle navi da crociera. Si tratta ovviamente di giochi strategici che utilizzano il casinò per attrarre più persone possibile.

Alcune navi da crociera fanno bella mostra di vere e proprie regole che disciplinano l'utilizzo dei giochi a bordo:
- "le slot machine non sono tue amiche", anche se sono divertenti colorate e fanno sacco di rumore possono portarti via tanti soldi;
- posizione delle slot machine, se si ha intenzione di giocare bisogna fare attenzione a non utilizzare le slot machine per troppo tempo, privilegiando quelle non nascoste;
- la posizione delle bevande, il gioco d'azzardo e il bere vano di pari passo. È bene evitare l'alcol mentre ci si diverte al gioco;

- scommettere il minimo per iniziare, scommettere poco significa rimanere padroni dei propri soldi, senza lasciarsi prendere la mano dal gioco;
- sapere quando andare via, rimanere padroni del proprio tempo, senza rischiare di lasciarsi coinvolgere troppo dal gioco consente di dimostrarsi capaci di gestire sé stessi e non rimanere vittima del gioco."

Da questo vademecum si capisce quanta importanza e attrattiva sia rappresentata dal gioco in navi da crociera, ma lo stesso criterio può riguardare anche viaggi organizzati in aereo o altri luoghi pubblici o privati. Ciò che conta in questa sede è comprendere quanto e come il gioco d'azzardo rappresenti uno strumento attrattivo di eccezionale rilevanza, quasi come se sia più importante "giocare" che viaggiare; "scommettere" diventa essenziale per divertirsi.

Questo "sistema viziato" porta l'essere umano a perdere la sua innata capacità di socializzare, senza dover necessariamente spendere soldi. Oggi la vacanza, in qualsiasi luogo si svolga, deve tornare ad essere un fonte genuina di divertimento sociale e non un'occasione per alimentare potenziali azioni patologiche legate alla perdita di lucidità ed alla conseguente disgregazione economica ed interpersonale, con il conseguente distacco dai nuclei famigliari e da coloro che intendono svolgere una vacanza per mero divertimento.

Dai casinò volanti a quelli natanti

Mentre si studia come fare - per l'amministratore della società aerea ci sarebbero voluti dal 2009 tra i tre e i cinque anni per realizzare l'idea del casinò per aria - dal primo novembre 2006 è stato lanciato il Jackpot Joy, in partnership con un operatore britannico del Bingo (non raggiungibile via web da un collegamento italiano). Obiettivo: offrire ai clienti una serie di instant win games che avrebbero messo in palio 200 mila sterline alla settimana. Di fatto, però, per limitarsi solo al caso dei Gratta e vinci, le probabilità di portarsi a casa uno dei premi messi in palio da Ryanair non sembrano troppo elevate se si conta che la società ha raggiunto quasi gli 80 milioni di passeggeri all'anno, con un aumento del 4 per cento dei biglietti (aerei) venduti. Per risultare vincitore ci vorrebbe insomma un bel colpo di fortuna, per quanto non manchino altri esempi di come il viaggio possa trasformarsi in una ragione - se non nella ragione vera e propria - per giocare.

A iniziare, come già accennato, dal mondo delle crociere. Per esempio la compagnia Carnevival Cruise Lines, a cui sono associate Holland America Line, Princess Cruise, Cunard e l'italiana Costa Crociere, è nota per la sua flotta allestita come se fosse un casinò di Las Vegas. La Royal Caribbean Cruises Ltd ha varato nel 2007 la Freedom of the Seas, una nave con una capienza di 1800 camere e quasi 3500 passeggeri, mentre altre società che hanno allestito sale da gioco a bordo dei loro mezzi sono la Celebrity, la Disney (che tuttavia non consente scommesse in denaro), la Nel e la Crystal. Gli introiti consentono di contribuire alle spese di mantenimento dei mezzi e di incrementare i profitti degli armatori e, se ci si spinge oltre i confini dell'Europa, addirittura si può salire su navi che sono solo casinò, senza alcuna vacanza inclusa nel pacchetto.

Accade nei principali scali della Florida, con partenze al calar della sera e rientri a ridosso dell'alba successiva, e i giochi si aprono una volta che si esce dalle acque territoriali. Così si evitano le leggi che regolamentano negli Usa l'azzardo e che concedono deroghe solo all'interno delle riserve indiane distribuite in molti Stati centro-orientali del Paese. Lo stesso succede anche in Estremo Oriente, con Singapore in testa ai luoghi in cui si concentra il maggior numero di case da gioco che solcano gli oceani. Ci sono poi le competizioni fluttuanti diventate un appuntamento fisso per gli appassionati, come il Party Poker Million Cruise (anche in questo caso esiste un sito internet non raggiungibile dall'Italia), rimandata su piccolo schermo in diretta televisiva. Più vicino, inoltre, il Mediterraneo è solcato da navi affittate all'uopo da alcune sale da gioco straniere come la 888, la Eurobet, la TitanPoker e la Unibet. Per essere al corrente di iniziative di questo tipo, però, bisogna frequentare i casinò "committenti" e seguire le novità pubblicizzate al loro interno.

Come si è giunti a tutta ciò? A fine 1984, con le cosiddette «provvidenze a favore dell'industria armatoriale», è stato concesso alle navi che veleggiano oltre lo stretto di Gibilterra e il canale di Suez di aprire ai propri passeggeri le case da gioco. Ma se con gli anni il budget investito qui dai turisti è andato via via crescendo, rimane comunque una forma di turismo d'élite o quasi, nonostante i prezzi delle crociere siano stati resi progressivamente più popolari. Di certo un effetto sul "popolo" che non gioca c'è stato dal punto di vista formativo e occupazionale. Le gaming school si sono infatti infittite e oltre che croupier si può diventare un addetto ai giochi elettronici come Vlt, new slot e altri apparecchi da casinò. Si può poi aspirare a trasformarsi in un dealer per il poker o per altri giochi imparando a distribuire carte e fiches e a riconoscere a naso eventuali bari. Ci si può preparare anche a prendere la gaming board, una specie di patente per lavorare in casinò all'estero, come accade in Gran Bretagna o in Francia.

Di scuole del genere ce ne sono un po' ovunque in Italia. Se ne rintracciano sedi a Palermo, Padova, Abano Terme, Milano o Roma, e una volta entrati nel mondo del lavoro le prospettive di reddito vanno da un compenso base mensile di 1200 euro fino a massimi poco sotto i 10.000. In media, comunque, ci si aggira su entrate da 2500 euro al mese. I costi dei corsi vanno da qualche centinaio di euro fino a qualche migliaio e alcune scuole, che presentano certificazioni varie per attestare la propria serietà, consentono di accedere a forme di finanziamento per pagarsi gli studi o il periodo di residenza fuori sede per frequentare le lezioni. Raggiunte via mail o per telefono, però, queste scuole preferiscono non sbilanciarsi dando informazioni su istituti finanziari con cui lavorano o tassi d'interesse.

Di fatto, tuttavia, sembra vero che la richiesta di «professionisti del settore» da assumere non sia così risicata, soprattutto se si è disponibili a spostarsi, magari all'estero. A fine 2011 le nuove aperture di casinò a Zurigo e a Neuchàtel, sempre in terra elvetica, si erano tramutate in ricerche per decine di persone a cui si sono aggiunte quelle a Bruxelles con stipendi da 1800 euro per i principianti. Chi invece ha esperienza può aspirare a compensi più elevati fin da subito. Le navi da crociera rimangono un altro indotto per trovare lavoro, così come i villaggi turistici in paradisi non solo naturalistici nei due emisferi del pianeta, dalle latitudini della Lettonia fino a quelle australiane, laddove il gioco d'azzardo è meno regolamentato. E i croupier italiani, raccontava nello stesso periodo il «Corriere della Sera», «sono i più richiesti perché "gentili, predisposti all'accoglienza, pazienti con i giocatori difficili e più tecnici"».

Vacanze per giocatori poveri

Insomma, se quello raccontato nelle righe precedenti è riservato a giocatori vip, c'è anche un aspetto meno lussuoso del turismo dell'azzardo, quello delle «gite organizzate» per giocatori poveri o comunque mediamente male in arnese rispetto a chi può permettersi una crociera. Pensate a un pensionato o a una pensionata che con i chiari di luna che corrono non se la passa bene e che magari ha figli adulti in condizioni economiche ancora peggiori. Non sono giocatori abituali o, almeno, non sono professionisti del gioco né, persone che hanno perso il controllo. Di solito sono quelli che uscendo di casa per andare a fare la spesa o per una passeggiata si fermano in tabaccheria e acquistano qualche Gratta e Vinci. "Investimento" misurato con la speranza che prima o poi qualcosa svolti.

È lo stesso meccanismo che arriva a spingerli, a ridosso dei week end, a salire su un pullman che prende l'autostrada verso Trieste e raggiunge la sua meta in Slovenia o in Croazia. Se una volta un anziano approfittava di viaggi organizzati per andare al mare, beneficiando nei mesi freddi di un po' d'aria salubre e di un clima più temperato per fare rientro nel giro di qualche ora o di qualche giorno, adesso si va al casinò. Nel Triveneto, ma anche in Emilia Romagna, in Lombardia o nelle Marche, ci sono ormai appuntamenti fissi con i tour organizzati da piccole agenzie di viaggio e riservati in via quasi esclusiva a chi ha più di sessant'anni. Il "pacchetto" è modico in genere con venti euro si ha il trasporto assicurato e il cestino per il pranzo. Poi, una volta giunti a destinazione, i turisti del gioco d'azzardo mordi e fuggi si giocano qualche decina di euro, al massimo un paio di centinaia (anche se ci sono casi di persone che ci hanno lasciato la mesata di pensione), e in tarda serata ripartono per tornare a casa.

All'inizio il fenomeno era autogestito: un capo comitiva raccoglieva le adesioni tra amici e conoscenti, si rivolgeva a una società che noleggiava con autista bus e si partiva. Poi, visti l'interesse e i risultati, la faccenda si è fatta però più professionale ed ecco allora che le agenzie, forse per recuperare un po' degli affari decurtati dalle vacanze vendute on line e dal self made rispetto al vecchio servizio di biglietteria ferroviaria, hanno lanciato la possibilità di giocare per un pomeriggio e per una sera. Nella versione più evoluta dell'offerta, aperta anche a una clientela più giovane e non di rado più spregiudicata quando si tratta dl puntare, si può ridurre lo stress da andata e ritorno quasi in giornata e fermarsi a dormire negli hotel che hanno casinò nei pressi, se non proprio al loro interno. Spesso la quota di iscrizione al viaggio viene "restituita" in fiches o altri buoni da giocare al tavolo verde o alle roulette. E non mancano nemmeno ulteriori benefit a disposizione dei clienti.

Su internet, come per qualsiasi altro servizio o prodotto offerto on line, ci sono le recensioni di chi ha partecipato a viaggi del genere lasciando opinioni valutate come «utili» o «attendibili» dagli utenti che leggono e che magari potrebbero aver voglia di partecipare Rodrigo è uno di quelli che hanno descritto la propria esperienza, e ha ricevuto vari feedback positivi da chi è inciampato nella sua cronaca di un week end a Lubiana, descritta innanzitutto attraverso due caratteristiche; la prima, positiva, è che si può trascorrere «un bel week end in una bella capitale europea»; mentre la seconda, compresa tra gli svantaggi, parla del rischio di «perdere al casinò». Ma vale la pena di leggere direttamente dalle sue parole la dettagliata descrizione che Rodrigo fa del suo fine settimana con gita in una sala da gioco inclusa:

"Partendo con un pullman gran turismo lusso, sedili larghi e confortevoli, bagno e tv turisti sono quasi tutti giocatori e per loro non è certo la prima volta che partecipano a questi tour in Slovenia che vengono organizzati prevalentemente in bassa stagione, quando gli alberghi hanno meno richieste Arriviamo per il pranzo, il nostro hotel è veramente bello e supera di gran lunga le mie aspettative visto il prezzo che abbiamo pagato per tre giorni in pensione completa Il centro si può raggiungere con il bus locale, ma per il nostro giorno d'arrivo preferiamo rilassarci in albergo con un bel massaggio rilassante nella spa veramente affascinante, in stile orientale, incensi profumati, luce soffusa all'interno una grande vasca idromassaggio, sauna, bagno turco e il menu propone trattamenti cosmetici e massaggi di tutti i tipi e per ogni necessità e gusto. Dimenticavo la cosa più importante, l'hotel è famoso per il casinò che si trova al suo interno, Il nostro soggiorno prevede un'entrata obbligatoria, ma la cosa non ci dispiace di certo, siamo venuti a posta. Ci registriamo al casinò ed entriamo, l'atmosfera è veramente coinvolgente, si sente nell'aria un misto di allegria e di tensione, passeggiamo attraverso il dedalo di slot machine, quasi tutte occupate. Alcune anziane signore occupano ben due di quelle macchinette infernali che continuano a suonare, illuminare, talvolta a sputare i tanto sospirati gettoni.

Non so come facciano queste signore a fare tutto contemporaneamente mettere i gettoni in entrambe le macchinette, spingerei pulsanti luminosi, fumare una sigaretta dietro l'altra e raccogliere le monete quando la macchinetta si decide di pagare. Molto divertente comunque osservare i vari giocatori.

Mi cimento anche io, nella slot di Playboy, e dopo aver introdotto prima dieci curo e poi venti la macchinetta ha iniziato a impazzire, a suonare e illuminarsi perché sono usciti i tre coniglietti! Tutti si voltano verso di me, qualcuno mi guarda stupito, altri con invidia. Vinco circa 350 euro ed esco dal casinò vincente per stasera. Ma sarà la prima e l'ultima volta, almeno per quanto mi riguarda".

Tra i motivi per cui aggregarsi a viaggi organizzati del genere, come in molte vacanze, c'è la voglia di «fuggire dalle solite faccende domestiche» dice un'utente in rete, «alzarmi la mattina in una stanza accogliente senza dover pensare di rifare il letto e ritrovarsela la sera linda e con il letto ben fatto, farmi un idromassaggio e poi scendere al ristorante per la colazione dove i tavoli sono ben apparecchiati e dove tutto è già lì pronto che aspetta solo di essere mangiato». Il profumo dell'azzardo fa poi il resto, aggiungendo del senso di trasgressione che sembra attirare un pubblico sempre più esteso. E la soddisfazione sembra la stessa anche per chi ha provato a comprarsi un viaggetto low cost a Nova Gorica, in assoluto la località più gettonata. «Il casinò è perfetto» scrive Roberto al rientro dalla sua trasferta, «e si può effettivamente vincere sulle macchine a differenza dei casinò in Austria, che sono programmate per farvi perdere ogni volta. L'hotel contiene alcuni ristoranti, il più comodo in sé [è quello del] casinò che offre un buffet perfetto per la cena per 15 euro e che ha anche un'arena con spettacoli per la maggior parte della giornata».

Le fiere di settore si adeguano

Per chi ha maggiore disponibilità economica c'è il settore dei viaggi al casinò per vip, che porta i turisti a Montecarlo, sulle isole del Pacifico o alle Mauritius, nell'Oceano Indiano. Ma sono tanti gli operatori del settore che non disdegnano affatto le fasce di reddito più basse. Allora ecco che compaiono altre mete nell'ex Jugoslavia come Kranjska Gora, Moscenicka Draga o Laurana, Se c'è tempo, per qualche fervente cattolico, si può programmare anche una tappa a Medjugorje, ma più che le apparizioni mariane oggi si affida il proprio fervore alla fortuna, che almeno allude a una monetizzazione immediata. In mezzo a mercatini di Natale e fiere dell'artigianato, sono ormai innumerevoli le offerte di tour ai casinò. Si pensi solo al Perla, una delle sale più grandi d'Europa, con cinquantanove tavoli da gioco e un migliaio di slot machine condite da cabaret e intrattenimenti vari.

Al pendolare del gioco d'azzardo, che ormai può avere fino a quattro proposte al mese di viaggi lampo da parte dell'agenzia sotto casa, non sembra nemmeno di fare qualcosa per cui sentirsi in imbarazzo. Certo, i pensionati magari non dicono ai figli qual è lo scopo vero del viaggio, e i partecipanti meno attempati sublimano con gli amici relegando la serata al casinò come uno dei tanti optional proposti dal tour. Che ci sarà mai di male nel puntare sul rosso o sul nero se prima ci si è rilassati in una vasca con l'idromassaggio e il mattino dopo si visitano le attrazioni architettoniche della città? Queste gite svuotano di significato il gesto di puntare denaro

e di perderlo il più delle volte e riverniciano con tonalità eso-
tiche ciò che più o meno fanno gli oscuri personaggi che si
assiepano nelle sale per le videolottery sotto casa.

Il turismo si è aperto al gioco d'azzardo al punto che le
fiere di settore, dopo aver fatto spazio agli operatori specializzati in viaggi religiosi. lo hanno fatto anche in questo ambito.
Il direttore esecutivo di Fiera Milano Rassegne, Marco Seriali,
alla vigilia dell'edizione 2011 dei Bit (la Borsa internazionale
del turismo), aveva parlato della tendenza al «gioco d'azzardo,
una passione degli italiani, che ora vede la possibilità per gli
alberghi di dotarsi di piccole sale da gioco». E nel 2008 a Venezia è nato addirittura «En plein! Il salone del gioco e del
turismo del gioco», ospitato nei locali del casinò dl Ca' Nog-
hera è aperto non solo agli addetti ai lavori, ma anche ai
visitatori privati. A queste si devono poi aggiungere le fiere che
si occupano in via esclusiva di gioco d'azzardo. Solo in Italia
ci sono a Roma e a Rimini rispettivamente l'Enada Autunno e
l'Enada Primavera, mentre nelle Marche il Pesaro Poker Fest
è un evento interamente dedicato al poker sportivo.

Il trionfo delle lobby

Era il 1958 quando il sociologo francese Roger Caillois suddivideva il gioco in quattro categorie. C'erano i giochi di alea (fortuna, dal termine latino usato per i giochi di dadi), quelli ilinx (vertigine), gli agon (abilità) e i mimicry (maschera). Se gli ultimi tre erano presenti anche nel mondo animale, i primi erano invece una peculiarità umana, perché - come sottolineato nel più recente studio "Il crescente mercato del gioco d'azzardo in Italia: violenza nascosta o indifferenza collettiva?" Di Raffaele Bianchetti e Mauro Croce - gli animali sono «esclusivamente immersi nel loro immediato e troppo schiavi dei loro impulsi, non sono in grado di immaginare una potenza astratta e insensibile al cui verdetto sottomettersi anticipatamente per gioco e senza reagire».

Sul gioco d'azzardo e su una sua regolamentazione vera diceva a fine ottobre 2012 il premio Nobel Dario Fo.

"A un certo punto scopriamo che la legge che doveva limitare il gioco d'azzardo, dove ci sono ammalati, persone in preda a una mania spaventosa e che non vivono se non giocano, lo favorisce invece. Siamo arrivati al punto di permettere che fosse bloccata una legge molto civile che imponeva a coloro che vanno a giocare in queste case o in questi bar di presentarsi con un tesserino che permetteva loro di giocare. Per evitarlo sono subito intervenuti i politici perché noi abbiamo uno Stato che è biscazziere e che si preoccupa di guadagnare su dei "poveri cristi" che sono entrati nell'orbita anche degli strozzini. Questo modo di giocare è incivile, brutale e una brutalità del genere è da eliminare. Invece quando c'è da raccogliere contro le regole della civiltà, ecco che subito sono tutti d'accordo. I politici e molti dei partiti non hanno fatto una piega e siamo allora in una situazione disastrosa, perché ci giocano i bambini, la gente disperata, quelli che sperano col colpo gobbo di farcela, di trovare l'equilibrio".

Dario Fo si riferisce alla relazione già raccontata del 16 ottobre 2012, quella che per il momento lascia mano libera ai minorenni e agli adulti, che magari scommetterebbero di meno se fossero «identificati» per via elettronica. Ma le sue parole identificano un aspetto più ampio che inizia quando in maggio è divenuta pubblica la notizia delle dimissioni a sorpresa del colonnello della Guardia di Finanza Umberto Rapetto, colui che aveva creato il G.A.T., il Gruppo Anticrimine Telematico delle fiamme gialle; si era riflettuto sulle operazioni che potevano averlo indotto a lasciare la divisa. Tra tutte primeggiava un'inchiesta contro le lobby del videopoker, quelle che potrebbero aver fatto pressione perché il loro giro d'affari non fosse scalfito, con vantaggi anche per lo Stato, la vicenda, raccontata più estesamente altrove, che chiama in causa Bplus-ex Atlantis con la complicità di tutti gli altri operatori nazionali e con responsabilità accertate, anche per alcuni ex manager dell'Aams. A loro carico Rapetto aveva raccolto prove che attestavano un'evasione fiscale da 98 miliardi, 456 milioni e 756 mila euro nel periodo 2004-2006.

Mica briciole, nemmeno in periodi economicamente più floridi di quelli odierni. Agli imputati non è rimasto che il patteggiamento - l'ex ufficiale era contrario a questo rito alternativo - con il beneficio di un terzo di sconto della pena. E una volta che le sentenze hanno definitivamente inchiodato alle loro responsabilità gli evasorila questione è passata alla Corte dei Conti, che ha quantificato l'importo da restituire alle casse dello Stato: 2 miliardi e mezzo di euro. Per rendersi bene conto del beneficio per i signori del videopeker viene in aiuto una percentuale: delle imposte non versate è stato chiesto solo il 3,5 per cento, con uno sconto pecuniario del 96,5%.

L'allarme; «Le leggi sono inquinate»

Richiamare qui questa storiaccia e il suo esito ha lo scopo di dimostrare il livello di impunità di cui godono certe realtà, quelle a favore delle quali sembra giocare lo Stato, come sottolineava Fo, rendendo il settore terreno di tanta inciviltà. Addirittura un esponente del Pdl, a metà ottobre 2012 è intervenuto per ribadire quanto sia intollerabile la situazione. A farlo è stato il senatore Raffaele Lauro, membro della Commissione antimafia, che è tornato a denunciare «un inquinamento dei procedimenti legislativi, in materia di regolamentazione del gioco d'azzardo, avvenuto in passato, sotto la gestione ministeriale di Giulio Tremonti, a opera di alcune potentissime lobby del settore, e proseguito anche sotto la gestione Monti, specie sul ritiro delle norme antimafia». E ha aggiunto: «Questo governo, sul gioco d'azzardo, non merita fiducia. Invece di fissare ad almeno un chilometro la distanza delle sale giochi dai luoghi sensibili, a partire da quelle esistenti, Monti e Balduzzi l'hanno ridotta a duecento metri, e solo per i futuri esercizi: duecento metri di vergogna e di resa».

Ad oggi, l'impressione è quella di una resa incondizionata del governo alle istanze delle lobby. Lo sottolineano altre realtà, come l'Unione nazionale consumatori, che rimangono sconcertate da una persistente volontà di lasciare le cose come stanno. Ciò anche per il semplice obbligo di apporre una scritta sulle macchinette che mette in guardia dai rischi del gioco, come invece avviene già da anni con i pacchetti di sigarette. Achille Variati, l'ex sindaco di Vicenza che come altri suoi colleghi aveva cercato di contenere l'espansione del fenomeno, parla di «un governo che svende la salute dei cittadini per accontentare le lobby del gioco d'azzardo». Raffaele Colombara, rappresentante nella stessa città di Avviso pubblico (organizzazione che riunisce enti locali e Regioni per la formazione civile contro le mafie), chiede che sia privilegiata la salute delle persone rispetto alle azioni dei gruppi di pressione del settore e mette in guardia da un altro pericolo: la conversione del decreto sanità in legge, che potrebbe ulteriormente ridimensionare le misure contenute nel provvedimento del governo.

Ed ecco a voi la tassa sulla povertà

A fronte di ciò, ribadisce il terapeuta Raffaele Bianchetti confermando le parole di Dario Fo:

Il gioco d'azzardo rappresenta oggigiorno una sorta di moltiplicatore negativo per l'economia [...]. La proletarizzazione sistematica del gioco d'azzardo di questi anni ha comportato non solo la sua massificazione consumistica, ma ha anche consentito allo Stato, promotore e "propositore del gioco legalizzato, di recuperare le entrate proprio laddove il prelievo tributario diretto e indiretto risulta di fatto inferiore. Detto diversamente il gioco d'azzardo è divenuto in buona sostanza la tassa sulla povertà per eccellenza.

E questa tassa sulla povertà, va sottolineato, rappresenta un'imposta indiretta, neanche fosse l'Iva, perché è uguale per tutti, indipendentemente dalle fasce di reddito. Inoltre, pubblicità e marketing di chi vende illusioni arrivano ovunque sugli autobus e dentro i supermercati, in televisione anche in fasce protette e sotto le mentite spoglie di spot progresso, quello che dovrebbe predicare il gioco prudente e invece informa" sulla molteplicità delle occasioni per scommettere. La promozione del gioco insegue i suoi potenziali clienti pure agli sportelli delle poste, dove oltre alla cedola per la raccomandata si può prendere anche quella del Gratta e vinci. Solo nel 2017, è stato detto il 28 marzo 2017 durante il convegno: "A che gioco giochiamo?", tenutosi presso la Camera dei Deputati, sono stati investiti oltre 72 milioni e 300 mila euro per promuovere l'industria del gioco, e nel 2017 si è arrivati a più dI 106 milioni. In barba a una legislazione che da qualche anno punisce messaggi ingannevoli che promuovano «prodotti suscettibili di porre in pericolo la salute e la sicurezza dei soggetti che essa raggiunge [omettendo] di darne notizia in modo tale da indurre tali soggetti a trascurare le normali regole di prudenza e vigilanza»; non sembra placarsi nemmeno il fenomeno del misleading advertising sul gioco d'azzardo, a iniziare dai "lottologi" che infestano televisioni private e satellitari.

Scrive l'osservatorio regionale di Libera Piemonte, a fine ottobre 2012, nel proprio studio il gioco d'azzardo tra legale e illegale:

"Chiunque, dotato di buonsenso, alla luce delle riflessioni svolte, concorderebbe sulla necessità di approvare modifiche legislative atte ad arginare in qualche modo le derive provocate dalla presenza di sempre maggiori quote di giocatori, anche patologici, nella popolazione, con tanto di costi sociali annessi. Tuttavia la prassi sta portando nella direzione opposta, e il motivo è semplice intorno al settore del gioco d'azzardo si catalizzano in misura crescente interessi economici ineludibili anche da quanti considerano poco etico di lapidare i patrimoni".

Eppure, tra conflitti d'interesse bipartisan, pare che al momento non ci sia nessuno che intende porre rimedio al problema del gioco d'azzardo legalizzato.

CONCLUSIONI

Il lavoro svolto ha dimostrato la grandissima rilevanza odierna della realtà virtuale, sin dalla prima infanzia. Tale rilevanza, spesso, è ancora più evidente se si considerano le dipendenze comportamentali che vengono a crearsi tra tutti coloro che, più o meno consapevolmente, si relazionano con sistemi interattivi di gioco e videogioco attraverso internet.

Sicuramente, come si è visto, se si vuole affrontare un'attenta analisi dei molteplici aspetti attinenti al tema in questione, è indispensabile considerare aspetti fisiologici, patologici e sociali attualmente presenti sia in ambito ludico (giochi, videogiochi e concorsi a premi) che più strettamente comportamentali (connessi allo stato sociale, emotivo e psicologico) dei soggetti coinvolti.

Mai ci si può limitare a considerare i citati ambiti di analisi, solo dal punto di vista economico e di business, se così fosse ogni argomentazione rivestirebbe solamente una valenza numerica, assai poco significativa. Alla luce di tale convinzione il presente lavoro è stato strutturato in modo tale da non trascurare l'impatto sociale, a volte patologico, che determinate condotte distorsive del comportamento adolescenziale dimostrano, in modo più o meno esplicito.

Accanto agli adolescenti dipendenti dal gioco/videogioco su internet abbiamo visto esserci spesso nuclei familiari, non perfettamente esemplari dal punto di vista affettivo o relazionale; abbiamo dimostrato la completa, o parziale, sottovalutazione di condotte sintomatiche di disagio, quasi sempre, radicato e trasmesso in modo "spontaneo" tra genitori e figli. Certo, la scuola, i genitori stessi, la società devono, ognuno per loro parte, assumere maggiore consapevolezza e responsabilità verso gli strumenti digitali e quelli comunicativi in senso lato, ma va detto che per far questo occorre partire proprio dal suscitare ed argomentare lavori d'indagine come questi, in cui si predilige una visione interdisciplinare dei problemi connessi al tema de quo.

Non secondario è stato considerato il profilo marketing connesso al "gioco d'azzardo", a quello "di Stato" e a quello veicolato attraverso la rete web: in base ai dati raccolti ed alle risultanze derivate da studi di settore si è visto come ogni "dipendenza o abitudine sociale" possa sfociare in un business fuori controllo alimentandosene nel contempo, se non adeguatamente disciplinato da norme e sottoposto ad attento e capillare controllo da parte delle Istituzioni preposte. In Italia la materia è stata recentemente affrontata in diversi provvedimenti che hanno anche potenziato strumenti di repressione e presidio. Tuttavia, manca, a mio modesto avviso, una visione unitaria e globale del "fenomeno dipendenza da gioco", soprattutto rivolto agli adolescenti.

Mi auguro, infatti, che siano proprio gli adolescenti ad assumere quelle conoscenze e competenze che, da adulti, potranno trasmettere ai propri figli. In tal modo la società del domani sarà sicuramente più pronta ed immune ai disturbi comportamentali indotti da una crescente digitalizzazione. Il "progresso" è tale solo se reale crescita umana e sociale, altrimenti rimane una semplice meta per coloro che intendono far soldi, anche a discapito delle nuove generazioni.

BIBLIOGRAFIA

- Allely C.S. (2014). The Association of ADHD symptoms to self-harm behaviours: a systematic prisma review. BMC Psychiatry, 14(1), 133. DOI: 10.1186/1471-244X-14-133.
- American Psychiatric Association (2014). Manuale diagnostico e statistico dei disturbi mentali. Quinta edizione. DSM-5. Raffaello Cortina.
- Ammaniti M. (a cura di) (2010). Psicopatologia dello sviluppo. Modelli teorici e percorsi a rischio. Raffello Cortina.
- Angelucci A., Bartolucci C. (2017). Non è solo il gioco. San Paolo.
- Arbuthnott A.E., Lewis S.P. & Bayley H.N. (2015). Rumination and Emotions in Non-Suicidal Self-Injury and Eating Disorders Behaviors: A Preliminary Test of the Emotional Cascade Model. Journal of Clinical Psychology, 71(1), 62-71.
- Asarnow J.R., Porta G., Spirito A., Emslie G., Clarke G., Wagner K.D. & Brent D.A. (2011). Suicide Attempts and Nonsuicidal Self-Injury in the Treatment of Resistant Depression in Adolescents: Findings from the TORDIA Study. Journal of the American Academy of Child and Adolescent Psychiatry, 50(8), 772-781.
- Baetens I., Claes L., Hasking P., Smits D., Grietens H., Onghena P. & Martin G. (2015). The Relationship Between Parental Expressed Emotions and Non-Suicidal Self-Injury: the Mediating Roles of Self-Criticism and Depression. Journal of Child and Family Study, 24(2), 491-498.
- Barnes A.J., Eisenberg M.E. & Resnick M.D. (2010). Suicide and Self-Injury Among
- Children and Youth with Chronic Health Conditions. Pediatrics, 125(5), 889-895.
- Barrocas A.L., Hankin B.L., Young J.F. & Abela J.R.Z. (2012). Rates of Nonsuicidal Self-Injury in Youth: Age, Sex, and Behavioral Methods in a Commuoity Sample. Pediatrics, 130(1),39-45.
- Batejan K.L., Swenson L.P., Jarvi S.M. & Muehlenkamp J.J. (2015). Perceptions of the Functions of Nonsuicidal Self-Injury in a College Sample. Crisis, 36(5), 338-344.
- Berger E., Hasking P. & Martin G. (2013). "Listen to them": Adolescents' Views on Helping Young People Who Self-Injure. Journal

of Adolescence, 36(5), 935-945.

- Brady T. (2014). Cutting the silence: initial, impulsive self-cutting in adolescence. Journal of Child Psychoterapy, 40(3), 287-301.
- Becker M.W., Alzahabi R. & Hopwood C.J. (2013). Media multitasking is associated with symptoms of depression and social anxiety. Cyberpsychology, Behavior and Social Networking 16(2), 132-135.
- Boyd D., Ryan J. & Leavitt A. (2011). Pro-self-harm and the visibility of youth-generated problematic content. J. of Law and Policy for the Information Society, 7(1), 1-32.
- Brown S.A., Williams K. & Collins A. (2010). Past and recent deliberate self-harm: emotion and coping strategies differences. Journal of Clinical Psychology, 63(9), 791-803.
- Buckholdt K.E., Parra G.R. & Jobe-Shields L. (2009). Emotion Regulation as a Mediator of the Relation Between Emotion Socialization and Deliberate Self-Harm. American Journal of Orthopsychiatry, 79(4), 482-490.
- Boyd D., Ryan J. & Leavitt A. (2011). Pro-Self-Harm And The Visibility Of Boyd D. (2014). It's Complicated: The Social Lives of Networked Teens. Yale University Press.
- Youth-Generated Problematic Content. Journal of Law and Policy or the Information Society, 7(1),1-32.
- Cain M.S., Leonard J.A., Gabriei J.D. & Finn A.S. (2016). Media multitasking in adolescence. Psychonomic Bulletin &Review, 23(6), 1932-1941. DOI: 10.3758/s13423¬016-1036-3.
- Calabretta M. (2013). Sempre connessi. Per non perdere le tracce dei propri ragazzi tra Facebook e social network. Una guida per genitori ed insegnanti. FrancoAngeli.
- Cavazos-Rehg P.A., Krauss M.J., Sowles S.J., Connolly S., Rosas C., Bharadwaj M., Grucza R. & Bierut L.J. (2016). An analysis of depression, self-harm, and suicidal ideation content on Tumblr. Crisis, 22, 1-9. DOI: 10.1027/0227-5910/ a000409.
- Cerutti R., Manca M. & Presaghi F. (2010). Correlati psicopatologici delle condotte autolesive in adolescenza. Psichiatria dell'Infanzia e dell'Adolescenza, 77(2), 393-405.
- Cerutti R., Manca M., Presaghi E. & Gratz K. L. (2011). Prevalence and Clinical Correlates of Deliberate Self-Harm among a Community Sample of Italian Adolescents. Journal of Adolescence, 34(2), 337-347.
- Cerutti R., Presaghi F., Manca M. & Gratz K.L. (2012). Deliberate

Self-Harm Behavior among Italian Young Adults: Correlations with Clinical and Nonclinical Dimensions of Personality. American Journal of Orthopsychiatry, 82(3), 298-308.

- Claes L., Klonsky E.D., Muehlenkamp J., Kuppens P. & Vandereycken W. (2010a). The Affect-Regulation Function of Nonsuicidal Self-Injury in Eating-Disordered Patients: Which Affect States are Regulated? Comprehensive Psychiatry, 51(4), 386-392.
- Claes L., Houben A., Vandereycken W., Bijttebier P. & Muehlenkamp J. (2010b). Brief report: the association between non-suicidal self-injury, self-concept and acquaintance with self-injurious peers in a sample of adolescents. J. of Adolescence, 33(5), 775-78.
- Claes L., Luyckx K., Bijttebier P., Turner B., Ghandi A., Smets J., Norre J., Van Assche L., Verheyen E., Goris Y., Hoksbergen I. & Schoevaerts K. (2015). Non-Suicidal Self-Injury in Patients with Eating Disorders: Associations with Identity Formation Above and Beyond Anxiety and Depression. European Eating Disorders Review, 23(2), 119-125.
- Cliristian A.S. & McCabe K.M. (2011). Coping Style as a Mediator of the Relationship Between Depressive Symptoms and Deliberate Self-Harm. Crisis, 32(5), 272-279.
- Cosimi S. Rossetti A. (2017). Nasci, cresci e posta. Città Nuova.
- Crocetti G. & Agosta R. (a cura di) (2007). Preadolescenza. Il bambino caduto dalle fiabe. Teoria della clinica e prassi psicoterapeutica. Pendragon.
- Dahlstròm O., Zetterqvist M., Lundh L.G. & Svedin C.G. (2015). Functions of Nonsuicidal Self-Injury: Exploratory and Confirmatory Factor Analyses in a Large Community Sample of Adolescents. Psychological Assessment, 27(1), 302-313.
- Davis K. & Gardner H. (2014). Generazione app. La testa dei giovani e il loro mondo digitale. Feltrinelli.
- Daine K., Hawton K., Singaravelu V., Stewart A., Simkin S. & Montgomery P. (2013). The Power Of The Web: A Systematic Review Of Studies Of The Influence Of The Internet On Self-Harm And Suicide In Young People. PLOS ONE, 8(10), e77555.
- Drackford O. (2015). Poil reveals affect of online self-harm images on children and young people. The Mix. Retrieved from www.the-mix.org.uk/news-and-research.
- Dyson M.P., Hartling L., Shulhan J., Chisholm A., Milne A., Sundar P., & Newton A. S. (2016). A systematic review of social media use to discuss and view deliberate self-harm acts. PLoS one, 11(5),

e0155813.

- Evren C., Evren B., Bozkut M. & Can Y. (2014). Non-Suicidal Self-Harm Behavior Within the Previous Year Among l0th-grade Adolescents in Istanbul and Related Variables. Nordic Journal of Psychiatry, 68(7), 481-487.
- Englander E. (2012). Digital Self-Harm: Frequency, Type, Motivations, and Outcomes. MARC Research Reports. Retrieved from http://vc.btidgew.edu/marc_reports
- Facci M. (2010). Le reti nella Rete. Erickson.
- Fisher H.L., Moffitt T.E., Houts R.M., Belsky D.W., Arseneault L. & Caspi A. (2012). Bullying victimization and risk of self harm in early adolescence: longitudinal cohort study. British Medical Journal, 344, e2683 e2683. DOI: 10.1136/bmj. e 2683.
- Frost M., Casey L. & Rando N. (2015). Self-Injury, Help-Seeking, and the Internet. Informing Online Service Provision for Young People. Crisis, 37, 68-76. DOI: 10.1027/0227-5910/a000346.
- Frost M., Casey L.M. & O'Gorman J.G. (2016). Self-Injury in Young People and the Help-Negation Effect. Psychiatry Research. DOI: http://dx.doi.org/10.1016/j. psychres.2016.12.022 .
- Giletta M., Scholte R.H., Engels R.C., Ciairano S. & Prinstein M.J. (2012). Adolescent non-suicidal self-injury: A cross-national study of community samples from Italy, the Netherlands and the United States. Psychiatry Research, 197(1), 66-72.
- Glenn C.R. & Klonsky E.D. (2010). A Multimethod Analysis of Impulsivity in Nonsuicidal Self-Injury. Personality Disorders: Theory, Research, and Treatment, 1(1), 67-75.
- Goldstein A.L., Gordon L.F. & Wekerle C. (2009). Personality, child maltreatment, and substance use: examining correlates of deliberate self-harm among university students. Canadian J. of Behavioural Science, 41(4), 241-51.
- Gormley G. & McNiel D.E. (2010). Adult Attachment Orientations, Depressive Symptoms, and Self-Directed Aggression by Psychiatric Patients. Cognitive Therapy &Research, 34(3), 272-281.
- Guan K., Fox K.R. & Prinstein M.J. (2012). Nonsuicidal Self-Injury as a Time-Invariant Predictor of Adolescent Suicide Ideation and Attempts in a Diverse Community Sample. Journal of Consulting and Clinical Psychology, 80(5), 842-849.
- Grata K.L., Latzman R.D., Young J., Heiden L.J., Damon J., Hight T. & Tull M.T. (2012). Deliberate Self-Harm among Underserved Adolescents: The Moderating Roles of Gender, Race, and School-

Level and Association With Borderline Personality Features. Personality Disorders: Theory, Research and Treatment, 3(1), 39-54.

- Groschwitz R.C. & Plener P. L. (2012). The Neurobiology of Non-suicidal Self Injury (NSSI): a review. Suicidology Online, 3, 24-32.
- Hall J.A. & Baym N.K. (2012). Calling and texting (too much): Mobile maintenance expectations, (over) dependence, entrapment, and friendship satisfaction. New Media &Society, 14(2), 316-331.
- Hankin B.L. & Abela J.R.Z. (2011). Nonsuicidal self-injury in adolescence: prospective rates and risk factors in a 2 1/2 year longitudinal study. Psychiatry research, 186(1), 65-70.
- Hay C. & Meldrum R. (2010). Bullying victimization and adolescent self-harm: testing hypotheses from general strain theory. Journal of Youth Adolescence. 39(5), 446¬459. DOI: 10.1007/s10964-009-9502-0.
- Hilton C. (2016). Unveiling self-harm behaviour: what can social media site twitter tell us about self-harm? A qualitative exploration. Journal of Clinical Nursing. DOI: 10.1111/jocn.13575.
- In-Albon T., Bùrli M., Ruf C. & Schrnid M. (2013). Non-suicidal self-injury and emotion regulation: a review on facial emotion recognition and facial mimicry. Child and Adolescent Psychiatry and Mental Health, 7(1), 5. DOI: 10.1186/1753-2000-7-5.
- Johnson G.M., Zastawny S. & Kulpa A. (2010). E-Message Boards for Those Who Self-Injure: Implications for E-Health. International Journal of Mental Health Addiction, 8(4), 566-569.
- Klomek A.B., Snir A., Apter A., Carli V., Wasserman C., Hadlaczky G., & Brunner R. (2016). Association between victimization by bullying and direct self injurious behavior among adolescence in Europe: a ten-country study. European Child & Adolescent Psychiatry, 25(11), 1183-1193.
- Lancini M. (2015). Adolescenti navigati: come sostenere la crescita dei nativi digitali. Centro Studi Erickson.
- Klonsky E.D., Muehlenkamp J.J., Lewis S.P. & Walsh B. (2012). Nonsuicidal Self Injurv. Hogrefe Publisching.
- Klonsky E.D., May A.M. & Glenn C.R. (2013). The Relationship between Nonsuicidal Self-Injury and Attempted Suicide: Converging Evidence From Four Samples. Journal of Abnormal Psycho1ogy, 122(1), 231-237.
- Klonsky E.D., Victor S.E. & Saffer B.Y. (2014). Nonsuicidal Self-Injury: What We Know, and What We Need to Know. The Canadian Journal of Psychiatry, 59(11), 565-568.
- Lavender J.M., De Young K.P., Wonderlich S.A., Crosby R.D., Engel S.G., Mitchell J.E., Crow S.J., Peterson C.B. & Le Grange D.

(2013). Daily Patterns of Anxiety in Anorexia Nervosa: Associations with Eating Disorder Behaviors in the Natural Environment. Journal of Abnormal Pychology, 122(3), 672.

- Lazzari M. & Jacono Quarantino M. (a cura di) (2013). Identità, fragilità e aspettative nelle reti sociali degli adolescenti. Sestante edizioni.

- Leone L. (2009). Apprendimento digitale e comportamenti violenti. Criminologia 4, 12(11), 525-545.

- Lewis S.P., Heath N.L., St Denis J.M. & Noble R. (2011). The Scope of Non Suicidal Self-Injury on YouTube. Pediatrics, 127(3), e552-e557.

- Lewis S.P., Heath N.L., Sornberger M.J. & Arbuthnott A.E. (2012). Helpful or harmful? An examination of viewers' responses to non-suicidal self-injury videos on YouTube. Journal of Adolescent Health, 51(4), 380-385.

- Loh K.K. & Kanai R. (2014). Higher Media Multi-Tasking Activity Is Associated with Smaller Gray-Matter Density in the Anterior Cingulate Cortex. PLoS ONE, 9(9), e106698. DOI:10.1371/journal.pone.0106698.

- Lunde C. (2013). Acceptance of cosmetic surgery, body appreciation, body ideal internalization, and fashion blog reading among late adolescents in Sweden. Body Image, 10(4), 632-635.

- Madden M., Lenhart A., Duggan M., Cortesi S. & Gasser, U. (2013). Teens and technology 2013. Pew Internet & American Life Project.

- Madge N., Hewitt A., Hawton K., Jan de Wilde E., Corcoran P., Fekete S., van Heeringen K., De Leo D. & Ystgaard M. (2012). Deliberate self-harm within an international community sample of young people: comparative findings from the Child & Adolescent Self-harm in Europe (CASE) Study. Journal of Child Psychology and Psychiatry, 49(6), 667-677.

- Manca M. (2009). Condotte autolesive in adolescenza. Tesi di dottorato (XIXI ciclo).

- Manca M. & Cerutti R. (2010). Autolesionismo Episodico e Ripetitivo e Disturbo Borderline di Personalità in Adolescenza. XII Congresso Nazionale della Associazione Italiana di Psicologia (AIP) - Sezione Psicologia Clinica e Dinamica.

- Manca M. (2012). Attacchi al corpo in adolescenza: ridefinire i confini corporei o sfida evolutiva? Psychomedia. Retrieved from http://www.psychomedia.it.

- Manca M. & Petrone L. (2014). La rete del bullismo. Il bullismo nella rete. Alpes.
- Manca M., Presaghi F. & Cerutti R. (2014). Clinical Specificity of Acute Versus Chronic Self-Injury: Measurement and Evaluation of Repetitive Non-Suicidal Self-Injury. Psychiatry Research, 215(1), 111-119.
- Manca M. (a cura di) (2016). Generazione Hashtag. Gli adolescenti dis-connessi. Alpes.
- Manca M. (2017). L'autolessionismo nell'era digitale. Alpes.
- McAndrews S. & Warne T. (2014). Hearing the Voice of Young People who Self-Harm: Implications for the Service Providers. International Journal of Mental Health Nursing, 23(6), 570-579.
- Menduni E., Nencioni G. & Pannozzo M. (2011). Social network: Facebook, Twitter, Youtube e gli altri: relazioni sociali, estetica, emozioni. Mondadori.
- Messina E.S. & Iwasaki Y. (2011). Internet use and self-injurious behaviors among adolescents and young adults: an interdisciplinary literature review and implications for health professionals. Cyberpsychology, Behavior, and Social Networking, 14(3), 161-168.
- Michelmore L. & Hindley P. (2012). Help-seeking for suicidal thoughts and selfharm in young people: A systematic review. Suicide and Life-Threatening Behavior, 42(5), 507-524.
- Minkkinen J., Oksanen A., Kaakinen M., Keipi T. & Rasanen P. (2016). Victimization and Exposure to Pro-Self-Harm and Pro-Suicide Websites: A Cross-National Study. Suicide and Life-Threatening Behavior. DOI: 10.1111 /sltb.12258.
- Moreno M.A., Ton A., Selkie E. & Evans Y. (2016). Secret Society 123: understanding the language of self-harm on Instagram. Journal of Adolescent Health, 58(1), 78-84.
- Nicolò A.M. & Ruggiero I. (a cura di). (2016). La mente adolescente e il corpo ripudiato. FrancoAngeli.
- Nicolais G. (2010). Eventi stressanti, Esperienze Traumatiche ed Implicazioni per lo Sviluppo. In: Ammaniti M. (a cura di), Psicopatologia dello sviluppo. Modelli teorici e percorsi a rischio. Raffaello Cortina.
- Niwa K.D. & Mandrusiak M.N. (2012). Self-Injury Groups on Facebook. Canadian Journal of Counselling and Psychotherapy, 46(1), 1-20.
- Nock M.K. (2009). Understanding Nonsuicidal Sef-Injury. Origins, assessment and Treatment. American Psychological Association.
- O'Keeffe G.S. & Clarke-Pearson K. (2011). The impact of social

media on children, adolescents, and families. Pediatrics, 127(4), 800-804.

- Osservatorio Nazionale Adolescenza (2016). Troppi adolescenti nascosti nella rete Instagram i profili finti all'insaputa dei genitori. AdoleScienza. Retrieved from http:// www.adolescienza.it/osservatorio

- Osservatorio Nazionale Adolescenza (2016). Adolescenti dis-connessi. Sociale web 2.0: quali insidie per i giovani? AdoleScienza. www.adolescienza.it/comunicati-stampa/

- Quigley J., Rasmussen S. & McAlaney J. (2016). The Associations Between Children's and Adolescents' Suicidal and Self-Harming Behaviors, and Related Behaviors Within Their Sodal Networks: A Systematic Review. Archives of Suicide Research, 7,1-52. DOI: 10.1080/13811118.2016.1193075.

- Page A., Lewis G., Kidger J., Heron J., Chittleborough C., Evans J. & Gunnel D. (2014). Parental socio-economic position during childhood as a determinant of self-harm in adolescence. Social Psychiatry and Psychiatric Epidemiology, 49(2), 193-203.

- Price M. & Dalgleish J. (2010). Cyberbullying: Experiences, impacts and coping strategies as described by Australian young people. Youth Studies Australia, 29(2), 51-59.

- Ralph B., Thomson D., Cheyne J. & Smilek D. (2014). Media multitasking and failures of attention in everyday life. Psychological Research, 78(5), 661-669.

- Rasmussen S., Hawton K., Philpott-Morgan S. & O'Connor R.C. (2016). Why do adolescents self-harm? Crisis, 37,176-183. DOI: 10.1027/0227-5910/a000369.

- Riva G. (2016). I social network. Il Mulino.

- Rossow I. & Norstròm T. (2014). Heavy episodic drinking and Deliberate Self-Harm in young people: a longitudinal cohort study. Addiction, 109(6), 930-36.

- Rossow I., Màkelà P. & Kerr W.C. (2014). The Collectivity of Changes in Alcohol Consumption Revisited. Addiction, 109(9), 1447-1455.

- Sadeh N., Londahl-Shaller E.A., Piatigorsky A., Fordwood S., Stuart B.K., McNiel D.E., Klonsky E.D., Ozer E.M. & Yaeger A.M. (2014). Functions of Non-Suicidal Self-Injury in Adolescents and Young Adults with Borderline Personality Disorder Symptoms. Psychiatry Research, 216(2), 217-222.

- Sayal K., Yates N., Spears M. & Stallard P. (2014). Service Use in

Adolescents at Risk of Depression and Self-Harm: Prospective Longitudinal Study. Social Psychiatry & Psychiatric Epidemiology, 49(8), 1231-1240.

- Serafin G. (2010a). Violenza verso il sé negli "emo". Profiling. I profili dell'abuso, 1(3), 1-8.
- Serafin G. (2010b). Emo. Origini, significati e caratteristiche della "sottocultura delle emozioni". Rivista di Criminologia, Vittimologia e Sicurezza, 4(3), 79-93.
- Shu C. (2016). Facebook's suicide prevention tools will now be available in all users. TechCrunch. Retrieved from https://techcrunch.com.
- Simone R. (2012). Presi nella rete: la mente ai tempi del web. Garzanti.
- Skegg K., Nada-Raja S., Paul C. & Skegg D.C.G. (2007). Body Piercing, Personality, and Sexual Behavior. Archives of Sexual Behaviors, 36, 47-54.
- Sleglova V. & Cerna A. (2011). Cyberbullying in Adolescent Victims: Perception and Coping Cyberpsychology. Journal of Psychosocial Research on Cyberspace, 5(2), article 4. Retrieved from http://cyberpsychology.eu
- Spina G.M.A. (2014). Corpo adolescente, corpo in crisi. AdoleScienza. Retrieved from http://www.adolescienza.it/autolesionismo-suicidio
- Spurr S., Berry L. & Waiker K. (2013). Exploring adolescent views of body image: the influence of media. Issues in Comprebensive Pediatric Nursing 36(1-2), 17-36.
- Stanley B., Sher L., Wilson S., Ekman R., Huang Y.Y. & Mann J.J. (2010). Non-suicidal self-injurious behavior, endogenous opioids and monoamine neurotransmitters. Journal of Affective Disorders, 124(1-2), 134-140.
- Suisman J.L., Thompson J.K., Keel P.K., Burt S.A., Neale M., Boker S., Sisk C. & Klump K.L. (2014). Genetic and environmental influences on thin-ideal internalization across puberty and preadolescent, adolescent, and young adult development. International Journal of Eating Disorders, 47(7), 773-7 83.
- Swanson E.N., Owens E.B. & Hinshaw S.P. (2014). Pathways to Self-Harmful Behaviors in Young Women with and without ADHD: A Longitudinal Examination of Mediating Factors. Journal of Child Psychology and Psychiatry, 55(5), 505-515.
- Tiggemann M. & Slater A. (2013). NetGirls: The internet, Facebook and body image concern in adolescent girls. International Journal of Eating Disorders, 46(6), 630-633.

- Tiggemann M. & Slater A. (2014). NetTweens: The internet and body image concerns in pre-teenage girls. Journal of Early Adolescence, 34(5), 606-620.
- Tobin S.J., Vanman E.J., Verreynne M. & Saeri A.K. (2014). Threats to belonging on Facebook: lurking and ostracism. Social Influence, 10, 31-42.
- Turkle S. (2012). Insieme ma soli. Perché ci aspettiamo sempre di più dalla tecnologia. Codice.
- Valkenburg P.M. & Peter J. (2011). Online communication among adolescents: An integrated model of its attraction, opportunities, and risks. Journal of Adolescent Health, 48(2), 121-127.
- Van der Schuur W.A., Baumgartner S.E., Sumter S.R. & Valkenburg P.M. (2015). The consequences of media multitasking for youth: A review. Computers in Human Behavior, 53, 204-215.
- Voon D., Hasking P. & Martin G. (2014). The roles of emotion regulation and ruminative thoughts in Non-Suicidal Self Injury. British Journal of Clinical Psychology, 53(1), 95-113.
- Whitlock J., Exner-Cortens D. & Purington A. (2014). Assessment of nonsuicidal self-injury: Development and initial validation of the Non-Suicidal Self-Injury Assessment Tool (NSSI-AT). Psychological Assessment, 26(3), 935-946.
- Williams F. & Hasking P. (2010). Emotion Regulation, Coping and Alcohol Use as a Moderators in the Relationship between Non-Suicidal Self-Injury and Psychological Distress. Prevention Science, 11(1), 33-41.
- Zetterqvist M., Lundh L.G. & Svedin C.G. (2014). A Cross-Sectional Study of Adolescent Non-Suicidal Self-Injury: Support for a Specific Distress-Function Relationship. Child and Adolescent Psychiatry and Mental Health, 8, 23. DOI: 10.1186/1753¬-2000-8-23.
- Zhang W., Finy M., Bresin K. & Verona E. (2015). Specific Patterns of Family Aggression and Adolescent's Self and Other- Directed Harm: The Moderating Role of Personality. Journal of Family Violence, 30(2), 1-10.
- Zhu L., Westers N.J., Horton S.E., King J.D., Diederich A., Stewart S.M., & Kennard B.D. (2016). Frequency of exposure in and engagement in nonsuicidal self-injury among inpatient adolescents. Archives of Suicide Research, 20(4), 580-590.